Cinnte!

1 EAGRÁN NUA

CÚRSA GAEILGE DON tSRAITH SHÓISEARACH NUA

Yvonne O'Toole
Elizabeth Wade

An Comhlacht Oideachais

An Chéad Chló 2019
An Comhlacht Oideachais
Bóthar Bhaile an Aird
Baile Uailcín
Baile Átha Cliath 12

www.edco.ie

Ball den Smurfit Kappa cpt
© 2019 Yvonne O'Toole, Elizabeth Wade

Tháinig an páipéar a úsáideadh sa leabhar seo ó fhoraoisí rialaithe i dtuaisceart na hEorpa. In aghaidh gach crainn a leagtar, cuirtear crann amháin eile ar a laghad.

ISBN 978-1-84536-848-7

Clúdach:	Slick Fish Design
Grianghraif chlúdaigh:	Shutterstock
Dearadh:	Identikit Design Consultants
Clóchur:	Carole Lynch
Eagarthóirí:	Alicia McAuley, Ciara McNee
Léitheoir profaí:	Dorothy Ní Uigín
Obair ealaíne:	Beehive Illustration (Fausto Bianchi, Daniel Limon, Dusan Pavlic, Ricard Zaplana Ruiz), James Cottell, Brian Fitzgerald, Maria Murray
Grianghraif:	Alamy, Getty Images, Shutterstock. Buíochas speisialta le Network Ireland Television as na híomhánna ar leathanach 95 a chur ar fáil agus TG4 as na híomhánna ar leathanach 191 a chur ar fáil.
Cainteoirí:	Caoimhe Ní Áinle, Ciarán Ó Fearraigh, Marcus Lamb, Saffron Rosenstock, Tristan Rosenstock, Con Ó Tuama
Innealtóir fuaime:	Gerard Gogan, Beacon Studios

Cóipcheart
Gabhaimid buíochas leo seo a leanas a thug cead dúinn ábhar dá gcuid a úsáid sa leabhar seo:
Fios Feasa as an taifead ar 'Bean Pháidín' (giotár agus amhránaí), ón albam *Amhrán is Fiche*; Dough Productions as *Yu Ming is Ainm Dom*; Clann Shéamuis Uí Néill as 'Duilleoga ar an Life'; Network Ireland Television as *Clare sa Spéir*; Mícheál Ó Ruairc as 'Ar an tSeilf sa Leabharlann' agus 'Draíocht an Cheoil'; Real World agus The Gloaming as 'Samhradh Samhradh' (Iarla Ó Lionaird/Caoimhín Ó Raghallaigh/ Dennis Cahill/Martin Hayes/Thomas Bartlett), © Real World Works Ltd / WOMAD Music Ltd, © 2014 Real World Records Ltd; Irish Defence Forces/Army Band as an taifead ar 'Amhrán na bhFiann'; Seán Monaghan as 'An Dreoilín'; Gabriel Rosenstock as 'Teilifís'; an t-údar as 'Calua'; El Zorrero Films as *El Toro*

Rinne na foilsitheoirí a ndícheall teacht ar úinéirí cóipchirt; beidh siad sásta na gnáthshocruithe a dhéanamh le haon duine eile acu a dhéanann teagmháil leo.

05M20

Clár

Trí Shnáithe	Feasacht Teanga agus Chultúrtha			Cumas Cumarsáide		
Scileanna	**An Cultúr Gaelach**	**Gramadach**	**Uimhríocht**	**Éisteacht**	**Léitheoireacht**	
Aonad 1: Mé Féin agus Mo Theaghlach (lch 2)	amhrán: 'Bean Pháidín' (lch 4)	réamhfhocail (ar, ag), céimeanna comparáide na n-aidiachtaí, an aidiacht shealbhach	aois, ag comhaireamh daoine	cluastuiscint, amhrán, éist agus scríobh	léamhthuiscint, píosaí gearra, blag, próifíl, scéal, abairtí a mheaitseáil	
Aonad 2: Mo Shaol ar Scoil (lch 32)	gearrscannán: *Yu Ming is Ainm Dom* (lch 34)	an aimsir chaite, ag comhaireamh, an aimsir láithreach	ag comhaireamh, an t-am	cluastuiscint, féach agus scríobh	léamhthuiscint, blag, alt, ríomhphost, amchlár, scéal, abairtí a mheaitseáil	
Aonad 3: An Fómhar agus an Geimhreadh (lch 64)	dán: 'Duilleoga ar an Life' (lch 66)	an aimsir láithreach, an aimsir chaite, céimeanna comparáide na n-aidiachtaí	an t-am, míonna na bliana	cluastuiscint, dán	léamhthuiscint, dialann, blag, dán, ailt, scéal, abairtí a mheaitseáil	
Aonad 4: An Teach (lch 92)	gearrscannán: *Clare sa Spéir* (lch 94)	forainmneacha réamhfhoclacha, réamhfhocail chomhshuite, an aimsir láithreach, aidiachtaí	ag comhaireamh	cluastuiscint, féach agus scríobh	ríomhphost, léamhthuiscint, fógra, blag, abairtí a mheaitseáil	

Scríbhneoireacht	Ceapadóireacht	Cumarsáid	Teicneolaíocht	Ealaín/ Cruthaitheacht	Féinfheasacht an Fhoghlaimeora — Taighde/ Féinfhoghlaim
abairtí, píosaí gearra, alt, éist agus scríobh, líon na bearnaí, comhrá, dialann	scéal: Mo bhreithlá	déan cur síos ort féin, déan cur síos ar do theaghlach, ciorcal oibre, aimsigh na difríochtaí, pléigh an clár teilifíse *Aifric*	clár ar TG4, déan ceachtanna breise ar an idirlíon	crann mór, tarraing pictiúr de do theaghlach, tarraing pictiúr le dul leis an amhrán 'Bean Pháidín'	grianghraif a phlé, foclóir, eolas a bhailiú faoi do chara
blag, éist agus scríobh, líon na bearnaí, abairtí, alt, ríomhphost, cárta poist	scéal: Scrúdú ar scoil	ábhair scoile a phlé, áiseanna na scoile a phlé, rólghlacadh, suirbhé, ríomhphost	blag, lúbra, amchlár, ríomhphost, clár ar TG4	pictiúir, siombailí, tarraing pictiúr le dul leis an ngearrscannán *Yu Ming is Ainm Dom*	siombailí
blag, dialann, éist agus scríobh, abairtí le scríobh, dán	scéal: An Nollaig, dialann	réamhaisnéis na haimsire, pléigh na séasúir sa rang	blag, déan taighde sa seomra ríomhairí, féach ar réamhaisnéis na haimsire	cárta, tarraing pictiúr le dul leis an dán 'Duilleoga ar an Life'	ainmhí fiáin, Oíche Shamhna
blag, ríomhphost, script, abairtí, éist agus scríobh	scéal: Mo sheomra leapa	rólghlacadh, pléigh ríomhphost, tuairimí a nochtadh	ríomhphost, clár ar TG4	póstaer, pictiúir, tarraing bróisiúr	tithe ar díol, foclóir

Trí Shnáithe	Feasacht Teanga agus Chultúrtha			Cumas Cumarsáide	
Scileanna	An Cultúr Gaelach	Gramadach	Uimhríocht	Éisteacht	Léitheoireacht
Aonad 5: An Chathair agus an Baile Mór (lch 120)	dán: 'Ar an tSeilf sa Leabharlann' (lch 122)	an aimsir chaite, ag comhaireamh	ag comhaireamh	cluastuiscint, dán	ríomhphost, léamhthuiscint, litir, comhrá, dán, scéal, abairtí a mheaitseáil
Aonad 6: An tEarrach agus an Samhradh (lch 144)	amhrán: 'Samhradh Samhradh' (lch 146)	céimeanna comparáide na n-aidiachtaí, an aimsir chaite, an aimsir láithreach, an aimsir fháistineach	an t-am	cluastuiscint, dán, scéal	blag, léamhthuiscint, fógra, comhrá
Aonad 7: Caithimh Aimsire agus Spórt (lch 170)	gearrscéal: 'Draíocht an Cheoil' (lch 172)	an aimsir láithreach, forainmneacha réamhfhoclacha	an t-am, ag comhaireamh	cluastuiscint, gearrscéal, Rí-Rá ar RnaG	ríomhphost, fógra, léamhthuiscint, abairtí a mheaitseáil
Aonad 8:An Cultúr Gaelach (lch 204)	Amhrán: 'Amhrán na bhFiann' (lch 206) Amhrán: 'An Dreoilín' (lch 207)				
Aonad 9: Gramadach (lch 220)	Briathra (lch 222) An aimsir chaite (lch 223) An aimsir láithreach (lch 246)				

	Scríbhneoireacht	Ceapadóireacht	Cumarsáid	Teicneolaíocht	Ealaín/ Cruthaitheacht	Féinfheasacht an Fhoghlaimeora
						Taighde/ Féinfhoghlaim
	ríomhphost, abairtí, litir, scéal, éist agus scríobh, liosta siopadóireachta	scéal: Oifig an phoist	ciorcal oibre, rólghlacadh, tuairimí a nochtadh, dráma	ríomhphost	pictiúir, léarscáil, tarraing pictiúr le dul leis an dán 'Ar an tSeilf sa Leabharlann'	baile in Éirinn, liosta siopadóireachta, foclóir
	abairtí, blag, éist agus scríobh, comhrá, alt, abairtí a mheaitseáil	scéal: Saoire champála le mo theaghlach, dán	suirbhé, comhrá, pléigh an t-earrach agus an samhradh	clár ar TG4	pictiúr, fógra, léarscáil, tarraing pictiúr le dul leis an amhrán 'Samhradh Samhradh'	ainmhithe agus bláthanna, contae in Éirinn, foclóir, nósanna an tsamhraidh
	abairtí, ríomhphost, próifíl, éist agus scríobh, blag	scéal: Cuairt a thug mé ar Wimbledon	pictiúir a phlé, ciorcal oibre, cluiche spóirt a phlé	cláir ar TG4, sceideal TG4, blag, ríomhphost	póstaer, pictiúr, tionscadal, brat	caithimh aimsire, foclóir, uirlis cheoil Ghaelaigh, Fleadh Cheoil na hÉireann, próifíl, aisteoir, iománaíocht, dathanna do chontae, an grúpa ceoil is fearr leat

Dán: 'Teilifís' (lch 208)   Gearrscéal: 'Calua' (lch 212)   Gearrscannán: El Toro (lch 216)

An aimsir fháistineach (lch 268)   An aidiacht shealbhach (lch 286)   An séimhiú (lch 291)   An t-urú (lch 295)
Réamhfhocail agus forainmneacha réamhfhoclacha (lch 298)

Eolas

 Cluastuiscint Cluastuiscintí atá ar fáil ar dhlúthdhioscaí na ndaltaí

CD 1: Téacsleabhar

CD 2: Leabhar Féinmheasúnaithe

 Dlúthdhiosca an mhúinteora
Amhráin, ceol, dánta agus gearrscéalta atá ar fáil ar dhlúthdhiosca an mhúinteora

 Lorg Foclóra

Ullmhúchán – Mír a hAon agus Mír a Dó.

Aimsigh na focail san fhoclóir nó ar an suíomh idirlín www.focloir.ie nó www.teanglann.ie.

Acmhainní Digiteacha

Cuirfidh na hacmhainní digiteacha a bhaineann le *Cinnte! 1* leis an bhfoghlaim sa seomra ranga trí rannpháirtíocht na ndaltaí a chur chun cinn. Tagann siad leis an mbéim nua a chuireann Sraith Nua an Teastais Shóisearaigh ar úsáid na nuatheicneolaíochta sa seomra ranga agus dearadh iad le freastal ar stíleanna éagsúla foghlama.

Le cuidiú le comhtháthú na n-acmhainní digiteacha sa seomra ranga, úsáidtear na siombailí thíos sa leabhar le tagairt a dhéanamh dóibh:

 Suíomh idirlín na ndaltaí – **www.edco.ie/cinnte1** – ar a bhfuil idirghníomhaíochtaí gramadaí agus teanga agus quizeanna

 Sraith beochaintí a chuireann le beocht na n-eochairphíosaí léamhthuisceana agus cultúrtha

Is féidir le teagascóirí teacht ar acmhainní digiteacha *Cinnte! 1* chomh maith le formáid dhigiteach na dtraiceanna CD, cur i láthair PowerPoint, agus bileoga oibre na mbeochaintí ar ríomhleabhar idirghníomhach *Cinnte! 1* atá ar fáil ag **www.edcolearning.ie**.

Réamhrá

> Is leabhar nua-aimseartha spleodrach, mealltach é *Cinnte! 1* atá dírithe ar dhaltaí sa chéad bhliain.

> Tá an leabhar ildaite seo in oiriúint don chúrsa nua Gaeilge sa tSraith Shóisearach.

> Cuirtear béim ar leith ar an gcumas cumarsáide, ar an bhfeasacht teanga agus chultúrtha agus ar fhéinfheasacht an fhoglaimeora, béim atá ag teacht le spriocanna chúrsa Gaeilge na Sraithe Sóisearaí.

> Tosaíonn gach aonad le cuid den litríocht atá molta ag an NCCA a fheidhmíonn mar bhunús foghlama don chuid eile den aonad. Tá gníomhaíochtaí spraíúla cruthaitheacha ag dul le gach píosa a chabhróidh go mór leis na daltaí taitneamh a bhaint as an litríocht.

> Tá an leabhar cruthaitheach seo lán le gníomhaíochtaí éagsúla a mbainfidh na daltaí idir thaitneamh agus tairbhe astu.

> Múintear scileanna scríofa agus léitheoireachta i ngach aonad den leabhar, trí úsáid a bhaint as léamhthuiscintí, sleachta gearra, ailt agus blaganna agus próifíl a léamh agus a scríobh.

> Cuirtear béim ar leith ar na scileanna éisteachta, trí úsáid a bhaint as cluastuiscintí, amhráin, dánta, gearrscéalta agus gearrscannáin.

> Spreagann cur chuige an leabhair na daltaí chun taighde agus féinfhoghlaim a dhéanamh, rudaí a chabhróidh leo an teanga a shealbhú.

> Dírítear aird na ndaltaí ar an gcultúr Gaelach, trí úsáid a bhaint as amhráin, dánta, gearrscéalta agus gearrscannáin, a chabhróidh go mór leis na daltaí tuiscint agus meas a fháil ar a gcultúr.

> Dírítear ar an litearthacht agus ar an uimhríocht tríd an leabhar ar fad.

> Tá súil ag na húdair go mbainfidh daltaí na chéad bhliana an-sult as *Cinnte! 1*.

Yvonne O'Toole agus Elizabeth Wade

Ba dheas le Yvonne O'Toole *Cinnte! 1* a thiomsú dá cuid comhleacaithe i Meánscoil an Chreidimh Naofa, Cluain Tarbh, Baile Átha Cliath, agus buíochas a ghabháil leo as a gcuid tacaíochta i gcaitheamh na mblianta. Ba dheas léi freisin buíochas a ghabháil le Marian Campbell, Muireann O'Connell, Maria Hazel, daltaí na hidirbhliana, Meánscoil an Chreidimh Naofa agus An Comhlacht Oideachais as a gcuid cúnaimh leis an leabhar seo.

Aonad a hAon

Mé Féin agus Mo Theaghlach

San aonad seo foghlaimeoidh tú na scileanna seo:

SCIL	ÁBHAR
an cultúr Gaelach	amhrán: 'Bean Pháidín'
léitheoireacht	léamhthuiscint, píosaí gearra, blag, próifíl, scéal, abairtí a mheaitseáil
scríbhneoireacht	abairtí, píosaí gearra, alt, éist agus scríobh, líon na bearnaí, comhrá, dialann
gramadach	réamhfhocail (ar, ag), céimeanna comparáide na n-aidiachtaí, an aidiacht shealbhach
éisteacht	cluastuiscint, amhrán, éist agus scríobh
teicneolaíocht	clár ar TG4, déan ceachtanna breise ar an idirlíon
cumarsáid	déan cur síos ort féin, déan cur síos ar do theaghlach, ciorcal oibre, aimsigh na difríochtaí, pléigh an clár teilifíse *Aifric*
uimhríocht	aois, ag comhaireamh daoine
ealaín/cruthaitheacht	crann mór, tarraing pictiúr de do theaghlach, tarraing pictiúr le dul leis an amhrán 'Bean Pháidín'
taighde/féinfhoghlaim	grianghraif a phlé, foclóir, eolas a bhailiú faoi do chara
ceapadóireacht	scéal: Mo bhreithlá

Tá dhá chuid san aonad seo

1 Mé féin

2 Mo theaghlach

 Téigh go dtí **www.edco.ie/cinnte1** agus bain triail as na hidirghníomhaíochtaí.

Clár

Amhrán

Dlúthdhiosca an mhúinteora, rian 3

Is amhrán é seo ó Chonamara faoi chailín atá in éad (*jealous*)
le bean Pháidín agus ar mhaith léi bean Pháidín a mharú! Dia idir sinn agus an t-olc.
Éist leis an amhrán ar dhlúthdhiosca an mhúinteora agus can an t-amhrán sa rang.
Déan na cleachtaí a ghabhann leis.

Bean Pháidín

amhrán traidisiúnta

Curfá:
'Sé an trua nach mise, nach mise,
'Sé an trua nach mise bean Pháidín,
'Sé an trua nach mise, nach mise,
Is an bhean atá aige bheith caillte.

tá aiféala orm
nach bhfuilim pósta le Páidín

agus go bhfuil a bhean chéile marbh

Rachainn go Gaillimh, go Gaillimh,
'Gus rachainn go Gaillimh le Páidín,
Rachainn go Gaillimh, go Gaillimh,
'Gus thiocfainn abhaile sa mbád leis.

Curfá

Rachainn go haonach an Chlocháin,
Is siar go Béal Átha na Báighe,
Bhreathnóinn isteach tríd an bhfuinneog,
A' súil is go bhfeicfinn bean Pháidín.

Curfá

Rachainn-se siar Tóin an Roisín,
Is thiocfainn aniar Barr an tSáilín,
Isteach tigh Mhaitias Uí Chathasaigh,
Ag féachaint an bhfeicfinn bean Pháidín.

Curfá

Go mbristear do chosa, do chosa,
Go mbristear do chosa, a bhean Pháidín,
Go mbristear do chosa, do chosa,
Go mbristear do chosa 's do chnámha!

tá súil agam go mbeidh timpiste agat a bhean Pháidín agus go mbrisfidh tú do chosa agus do chnámha (bones)!

Curfá

Scríbhneoireacht › Obair bheirte
Léitheoireacht

A Meaitseáil na habairtí i mBéarla agus i nGaeilge thíos.

B Scríobh na habairtí meaitseáilte thíos i do chóipleabhar.

1 Is amhrán é seo faoi chailín éadmhar.	a *Páidín travels to Galway by boat.*
2 Tá Páidín pósta cheana féin.	b *The jealous girl would like Páidín's wife to have an accident.*
3 Ba mhaith leis an gcailín éadmhar go mbeadh bean Pháidín marbh.	c *The jealous girl would like to go to Galway with Páidín.*
4 Téann Páidín go Gaillimh i mbád.	d *The jealous girl would like to see Páidín's wife.*
5 Ba mhaith leis an gcailín éadmhar dul go Gaillimh le Páidín.	e *This is a song about a jealous girl.*
6 Ba mhaith leis an gcailín éadmhar dul go dtí aonach an Chlocháin agus go dtí Béal Átha na Báighe.	f *The girl in the song is very jealous.*
7 Ba mhaith leis an gcailín éadmhar bean Pháidín a fheiceáil.	g *Páidín is already married.*
8 Ba mhaith leis an gcailín éadmhar go mbeadh timpiste ag bean Pháidín.	h *The girl in the song is not a nice person.*
9 Ní duine deas í an cailín san amhrán seo.	i *The jealous girl would like if Páidín's wife were dead.*
10 Tá an cailín san amhrán ite ag an éad.	j *The jealous girl would like to go to Clifden fair and to Ballinaboy.*

1	2	3	4	5	6	7	8	9	10

Fíor nó bréagach? › Obair bheirte

	Fíor	Bréagach
1 Is cairde iad bean Pháidín agus an cailín éadmhar (*jealous*).	☐	☐
2 Tá an cailín éadmhar go mór i ngrá le Páidín.	☐	☐
3 Níl Páidín pósta.	☐	☐
4 Téann Páidín go Gaillimh ar bhus.	☐	☐
5 Ba mhaith leis an gcailín go mbeadh bean Pháidín marbh.	☐	☐

An cailín éadmhar

Cén pictiúr atá i d'intinn den chailín éadmhar?

1 Cén aois í, an dóigh leat?

ocht mbliana déag d'aois ☐

tríocha bliain d'aois ☐

aois eile _____

2 Cén dath atá ar a cuid gruaige, an dóigh leat?

tá gruaig rua uirthi ☐

tá gruaig dhubh uirthi ☐

tá gruaig fhionn uirthi ☐

3 Cén dath atá ar a cuid súl?

tá súile donna aici ☐   tá súile gorma aici ☐   tá súile liatha aici ☐

4 An bhfuil sí …

ard ☐   beag ☐   tanaí ☐   ramhar ☐

Obair ealaíne

Tarraing pictiúr den chailín éadmhar i do chóipleabhar.

Bosca foclóra

Scríobh na focail thíos i do chóipleabhar, foghlaim iad agus ansin cuir in abairtí iad.

is trua .... *it's a pity*   pósta .... *married*

in éad le .... *jealous of*   as a meabhair .... *mad*

i mbaol .... *in danger*   i ngrá le .... *in love with*

timpiste .... *accident*   ba mhaith léi .... *she would like*

Samplaí

Is trua go bhfuil an samhradh thart.

Bhí mé in éad le mo chara mar fuair sí fón póca nua.

Ba mhaith léi fón nua a fháil.

6

Obair bheirte

Is tusa bean Pháidín agus tá tú ag caint le do chara faoin gcailín éadmhar. Scríobh an comhrá. Cabhróidh na focail seo leat.

Go bhfóire Dia orainn	*God help us*
Tá cailín éadmhar i ngrá le Páidín	*There's a jealous girl in love with Páidín*
Bhí sí ag féachaint isteach an fhuinneog aréir	*She was looking in the window last night*
Is fuath liom an cailín sin	*I hate that girl*
Tá sí as a meabhair	*She is mad*
Tá eagla orm roimpi	*I'm afraid of her*
Chonaic mé an cailín ag aonach an Chlocháin an tseachtain seo caite	*I saw her at Clifden fair last week*
Rachaidh mé go dtí na gardaí	*I'll go to the guards*
Cad a dhéanfaidh tú?	*What will you do?*
Cad is ainm di?	*What's her name?*
Tá aithne agam ar an gcailín sin	*I know that girl*

Dialann > Obair bheirte

Is tusa an cailín éadmhar. Scríobh do dhialann. Cabhróidh na focail seo leat.

Táim i ngrá le Páidín	*I'm in love with Páidín*
Tá Páidín an-dathúil	*Páidín is very handsome*
Is fuath liom bean Pháidín	*I hate Páidín's wife*
Ba mhaith liom a bheith pósta le Páidín	*I'd like to be married to Páidín*
Tá plean agam	*I have a plan*
Caithfidh mé bean Pháidín ar na clocha	*I'll throw Páidín's wife on the rocks*
Brisfidh sí a cosa	*She'll break her legs*
Rachaidh mé go Gaillimh le Páidín amárach	*I'll go to Galway with Páidín tomorrow*

Obair ghrúpa

An eol daoibh aon charachtar ó chlár teilifíse, ó scannán nó ó leabhar atá cosúil leis an gcailín éadmhar seo? Déan cur síos ar an duine sin.

Obair ealaíne

Dear pictiúr le dul leis an amhrán seo.

Mé féin

Haigh! Cén t-ainm atá ort?

Féach ar na daoine sna grianghraif thíos. An bhfuil aithne agat orthu?

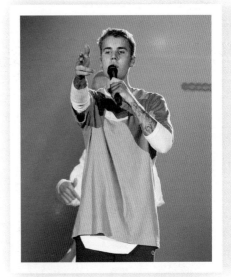

Justin Bieber is ainm dom.

Taylor Swift an t-ainm atá orm.

Haigh! Is mise Shane Long.

*Ariana Grande an
t-ainm atá orm.*

*Dia daoibh! Saoirse Ronan
an t-ainm atá orm.*

Is mise Ed Sheeran.

Taighde

Tabhair isteach grianghraif de dhaoine cáiliúla agus fiafraigh de na daltaí sa rang an bhfuil aithne acu orthu.

Cad is ainm duit? Cén t-ainm atá ort?

Labhair amach > Ciorcal oibre

Cuir na ceisteanna thíos ar gach duine i do chiorcal. Féach ar an sampla thíos.

1 Cén t-ainm atá ort?
2 Cén t-ainm atá ar do dhearthháir?
3 Cén t-ainm atá ar do dheirfiúr?
4 Cén t-ainm atá ar do mham?
5 Cén t-ainm atá ar do dhaid?
6 Cén t-ainm atá ar d'aintín?
7 Cén t-ainm atá ar d'uncail?
8 Cén t-ainm atá ar do chara sa rang?

Sampla

Daithí an t-ainm atá orm.

Jeaic an t-ainm atá ar mo dhearthháir.

Ailbhe an t-ainm atá ar mo dheirfiúr.

Caitríona an t-ainm atá ar mo mham.

Dónall an t-ainm atá ar mo dhaid.

Úna an t-ainm atá ar m'aintín.

Cormac an t-ainm atá ar m'uncail.

Eoin an t-ainm atá ar mo chara sa rang.

Obair bhaile > An teaghlach

ainmfhocal	noun	ainmfhocail	nouns

Scríobh na hainmfhocail thíos i do chóipleabhar agus foghlaim iad mar cheacht obair bhaile.

dearthháir/dearthháireacha	brother/brothers	deirfiúr/deirfiúracha	sister/sisters
máthair	mother	athair	father
aintín	aunt	uncail	uncle
mamó	granny	daideo	grandad
tuismitheoir	parent	col ceathrar	cousin

Feasacht teanga > Réamhfhocal: ar

Léigh na habairtí thíos os ard sa rang. Céard is brí leo?

ar
Máire an t-ainm atá **orm**.
Aoife an t-ainm atá **ort**.
Niall an t-ainm atá **air**.
Siobhán an t-ainm atá **uirthi**.
Caoimhe agus Colm na hainmneacha atá **orainn**.
Máirtín agus Mairéad na hainmneacha atá **oraibh**.
Úna agus Brian na hainmneacha atá **orthu**.

Spórt agus spraoi sa rang!

Cuir an cheist thíos ar dhalta sa rang.

> Cén t-ainm atá ort? *nó* Cén t-ainm atá air/uirthi? (*pioc dalta eile sa rang*)

Iarr ar an dalta an cheist sin a chur ar dhalta eile sa rang. Lean ar aghaidh timpeall an ranga.

Ceacht le déanamh anois

Líon na bearnaí thíos. Cabhróidh na focail sa bhosca leat.

1. Bhí an-áthas _____ nuair a bhuaigh sé fón nua.
2. Bhí brón _____ nuair a fuair mo mhadra bás.
3. Bhí fearg _____ nuair a thug an múinteoir Béarla a lán obair bhaile dúinn.
4. Bhí an-díomá _____ nuair a chaill siad an cluiche peile.
5. An raibh brón _____ nuair a d'fhág tú an bhunscoil?
6. Bhí eagla _____ nuair a chonaic sí an garda ag an doras.
7. An raibh eagla _____ nuair a chonaic sibh an príomhoide ag geata na scoile?

orm   ort   air   uirthi   orainn   oraibh   orthu

Cén dath atá ar do chuid gruaige?

Meaitseáil

Meaitseáil na pictiúir agus na habairtí thíos.

1 Tá gruaig dhubh orm.

2 Tá gruaig dhonn orm.

3 Tá gruaig fhionn orm.

4 Tá gruaig rua orm.

5 Tá gruaig liath orm.

6 Tá mé maol.

 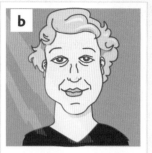 

1	2	3	4	5	6

Obair bhaile › Ag déanamh cúr síos ort féin

Scríobh amach na focail thíos i do chóipleabhar agus foghlaim iad mar cheacht obair bhaile.

gruaig chatach...............*curly hair*

gruaig fhada ....*long hair*

gruaig dhonn..................*brown hair*

gruaig fhionn..................*blond hair*

gruaig rua ....*red/auburn hair*

gruaig dhíreach....................*straight hair*

gruaig ghearr.......................*short hair*

gruaig dhubh........................*black hair*

gruaig liath ....*grey hair*

maol ....*bald*

Labhair amach › Ciorcal oibre

Cuir an cheist thíos ar gach duine i do ghrúpa.

Cén dath atá ar do chuid gruaige?

Éist agus scríobh

Éist leis an múinteoir ag léamh an ailt thíos os ard sa rang agus scríobh i do chóipleabhar é. Ceartaigh an t-alt ansin.

"

Cathal an t-ainm atá orm. Tá gruaig dhíreach dhubh orm. Tá deartháir amháin agam. Peadar an t-ainm atá air. Tá gruaig chatach dhonn air. Is í Siún mo dheirfiúr. Tá gruaig fhada fhionn uirthi. Tá áthas orainn inniu mar níl aon scoil againn.

"

Obair bhaile > Ag déanamh cur síos ort féin

Scríobh amach na focail thíos i do chóipleabhar agus foghlaim iad mar cheacht obair bhaile.

bricíní	*freckles*	croiméal	*moustache*
féasóg	*beard*	frainse	*fringe*
spéaclaí	*glasses*	teanntáin fiacla	*braces*

Labhair amach > Ciorcal oibre

Féach ar na grianghraif thíos agus freagair na ceisteanna.

Eoin   Liam   Áine   Úna   Ruairí   Diarmaid

1 An gcaitheann Eoin spéaclaí?   2 Cén dath atá ar ghruaig Eoin?

3 Cén dath atá ar ghruaig Liam?   4 An bhfuil frainse ag Áine?

5 Cén dath atá ar ghruaig Úna?   6 An bhfuil croiméal ar Ruairí?

7 An bhfuil bricíní ar Ruairí?   8 An bhfuil Diarmaid maol?

Cum ceisteanna breise agus scríobh ar an gclár bán sa seomra ranga iad.

Feasacht teanga > Réamhfhocal: ag

Léigh na habairtí thíos os ard sa rang. Céard is brí leo?

ag
Tá a lán obair bhaile **agam**.
Tá súile donna **agat**.
Tá teach nua **aige**.
Tá carr nua **aici**.
Tá múinteoir nua **againn**.
Tá leabhair scoile nua **agaibh**.
Tá príomhoide nua **acu**.

Obair bhaile

Cum abairtí anois leis na forainmneacha réamhfhoclacha thuas. Scríobh cúig abairt i do chóipleabhar. Scríobh na habairtí ar an gclár bán.

Ceacht le déanamh anois

Líon na bearnaí thíos. Cabhróidh na focail sa bhosca leat.

1 Is í Síle mo chara. Tá madra nua _____.

2 'Haigh, a Pheadair! An bhfuil fón nua _____?'

3 Tá beirt deartháireacha agam. Tá suim _____ sa cheol.

4 'Haigh, a Lorcáin agus a Liam! An bhfuil múinteoir Gaeilge nua _____ i mbliana?'

5 Is é Breandán mo chol ceathrar. Tá cat nua _____.

6 Bhí tuirse orm mar bhí cluiche _____ ar maidin.

7 Bhí múinteoir Béarla nua _____ agus bhí áthas an domhain orainn.

agam   agat   aige   aici   againn   agaibh   acu

Cén dath atá ar do shúile?

Scríobh amach na focail thíos i do chóipleabhar agus foghlaim iad mar cheacht obair bhaile.

súile donna......................	*brown eyes*	súile glasa.........................	*green eyes*
súile gorma	*blue eyes*	súile liatha.......................	*grey eyes*

Is mise Laoise.
Tá súile gorma agam.
Tá gruaig fhada fhionn orm.

Is mise Pól.
Tá súile donna agam.
Tá gruaig ghearr dhonn orm.

Labhair amach > Ciorcal oibre

Cuir na ceisteanna thíos ar na daltaí i do ghrúpa. Ansin scríobh freagraí na gceisteanna i do chóipleabhar.

1 Cén t-ainm atá ort?
2 Cén dath atá ar do chuid gruaige?
3 Cén dath atá ar do shúile?

Éist agus scríobh

Éist leis an múinteoir ag léamh an ailt thíos os ard sa rang agus scríobh i do chóipleabhar é. Ceartaigh an t-alt ansin.

66

Is mise Clíona. Tá gruaig fhada chatach dhubh orm. Tá súile donna agam. Tá beirt dearthaíreacha agam. Eoin agus Antaine na hainmneacha atá orthu. Tá gruaig ghearr dhonn orthu agus tá súile donna acu.

99

Cén aois thú?

Feasacht teanga > Aois

Is mise Maidhc. Tá mé dhá bhliain déag d'aois.
Is é Cathal mo chara. Tá sé trí bliana déag d'aois.

Labhair amach > Ciorcal oibre

Freagair na ceisteanna thíos i do ghrúpa sa rang.
Bain úsáid as na nótaí thíos.

> 1 Cén aois thú?
> 2 Cén aois iad na daoine i do ghrúpa?

Obair bhaile

Líon na bearnaí thíos. Foghlaim na haoiseanna.

1–2		
Tá mé **aon bhliain** d'aois.	Tá mé **aon bhliain déag** d'aois.	Tá mé **bliain is fiche** d'aois.
Tá mé **dhá bhliain** d'aois.	Tá mé dhá _____ déag d'aois.	Tá mé dhá _____ is fiche d'aois.

3–6		
Tá mé **trí bliana** d'aois.	Tá mé **trí bliana déag** d'aois.	Tá mé **trí bliana is fiche** d'aois.
Tá mé **ceithre bliana** d'aois.	Tá mé ceithre _____ déag d'aois.	Tá mé ceithre _____ is fiche d'aois.
Tá mé **cúig bliana** d'aois.	Tá mé cúig _____ déag d'aois.	Tá mé cúig _____ is fiche d'aois.
Tá mé **sé bliana** d'aois.	Tá mé sé _____ déag d'aois.	Tá mé sé _____ is fiche d'aois.

7–9		
Tá mé **seacht mbliana** d'aois.	Tá mé **seacht mbliana déag** d'aois.	Tá mé **seacht mbliana is fiche** d'aois.
Tá mé **ocht mbliana** d'aois.	Tá mé ocht _____ déag d'aois.	Tá mé ocht _____ is fiche d'aois.
Tá mé **naoi mbliana** d'aois.	Tá mé naoi _____ déag d'aois.	Tá mé naoi _____ is fiche d'aois.

Cé mhéad duine atá i do theaghlach?

Feasacht teanga > Uimhreacha arís: ag comhaireamh daoine

Scríobh amach na huimhreacha pearsanta thíos i do chóipleabhar agus foghlaim iad mar cheacht obair bhaile.

duine	beirt	triúr
ceathrar	cúigear	seisear
seachtar	ochtar	naonúr
deichniúr	aon duine dhéag	dáréag

Labhair amach > Ciorcal oibre

Freagair na ceisteanna thíos i do ghrúpa sa rang. Bain úsáid as na nótaí thíos.

1 Cén t-ainm atá ort?

2 Cén dath atá ar do chuid gruaige?

3 Cén dath atá ar do shúile?

4 Cén aois thú?

5 Cé mhéad duine atá i do theaghlach?

6 Cé mhéad dearthár agus deirfiúr atá agat?

Fíor nó bréagach?

Léigh an píosa faoi Cháit os ard. An bhfuil na habairtí thíos fíor nó bréagach?

Haigh, is mise Cáit. Tá mé dhá bhliain déag d'aois. Tá gruaig fhada dhonn orm agus tá súile donna agam. Tá cúigear i mo theaghlach. Tá deartháir amháin agus deirfiúr amháin agam. Seán an t-ainm atá ar mo dheartháir. Tá Seán seacht mbliana déag d'aois. Tá gruaig ghearr dhubh air agus tá súile donna aige. Is í Siún mo dheirfiúr. Tá Siún naoi mbliana d'aois. Tá gruaig fhionn fhada uirthi agus tá súile gorma aici. Is cailín spórtúil í Siún.

	Fíor	Bréagach
1 Tá Cáit trí bliana déag d'aois.	☐	☐
2 Tá gruaig fhionn ar Cháit.	☐	☐
3 Tá cúigear ina teaghlach.	☐	☐
4 Is é Seán a deartháir.	☐	☐
5 Tá Seán seacht mbliana déag d'aois.	☐	☐
6 Tá gruaig ghearr dhubh ar Sheán.	☐	☐

Feasacht teanga > Aidiachtaí

Scríobh amach na haidiachtaí thíos i do chóipleabhar agus foghlaim iad mar cheacht obair bhaile.

áthasach ....*happy*	beomhar.........*lively*	cabhrach.......*helpful*
cainteach ....*chatty*	ceolmhar.......*musical*	foighneach ....*patient*
leisciúil ....*lazy*	spórtúil..........*sporty*	sona................*happy*

Taighde

Cén sórt duine é nó í do chara? Bain úsáid as aidiachtaí chun cur síos a dhéanamh ar do chara. Tá níos mó aidiachtaí le fáil ar an suíomh idirlín www.teanglann.ie nó i d'fhoclóir.

Sampla

Seo é mo chara Tomás. Is buachaill spórtúil, cainteach agus ceolmhar é.

Obair bhaile > Céimeanna comparáide na n-aidiachtaí

Scríobh amach na céimeanna comparáide thíos i do chóipleabhar agus foghlaim iad mar cheacht obair bhaile.

cairdiúil .....*friendly*	níos cairdiúla ...*friendlier*	is cairdiúla .....*friendliest*
dathúil.......*handsome*	níos dathúla.....*more handsome*	is dathúla.......*most handsome*
spórtúil......*sporty*	níos spórtúla....*sportier*	is spórtúla......*sportiest*

ard..............*tall*	níos airde..........*taller*	is airde............*tallest*
beag...........*small*	níos lú ....*smaller*	is lú ....*smallest*
óg................*young*	níos óige ....*younger*	is óige ....*youngest*
sean ....*old*	níos sine ....*older*	is sine.............*oldest*

Ceacht le déanamh anois

Cum abairtí leis na haidiachtaí thuas i do chiorcal oibre. Caithfidh gach grúpa trí abairt a scríobh ar an gclár bán sa rang.

Samplaí

Is í Máiréad an cailín **is spórtúla** sa rang.   Is mise an duine **is óige** sa teaghlach.

Lúbra

Aimsigh na haidiachtaí thíos sa lúbra.

| beag |
| ard |
| spórtúil |
| cairdiúil |
| óg |
| sean |
| dathúil |

é	i	f	a	l	a	é	p	a	h	b	a
l	u	l	é	c	i	a	ú	r	é	o	s
i	c	i	r	b	é	d	s	d	n	a	e
ú	r	ú	b	e	a	g	o	t	b	g	a
i	d	h	p	a	h	f	d	a	é	ú	n
d	r	t	i	c	t	d	b	n	r	d	m
r	d	a	s	p	ó	r	t	ú	i	l	o
i	ú	d	n	a	m	u	c	s	i	a	i
a	o	i	c	h	é	f	b	ó	p	b	é
c	l	é	t	i	g	c	u	g	t	a	s

Labhair amach > Ciorcal oibre

Bain úsáid as na nathanna cainte thíos chun an cheist seo thíos a fhreagairt.

> Cén sórt duine thú?

is maith liom ……………………… *I like …*	ní maith liom … ………*I don't like …*
is aoibhinn liom ……………………… *I love …*	is fuath liom … …………*I hate …*
taitníonn … go mór liom…………… *I really enjoy …*	

Sampla > Muiris

Is duine cainteach, cairdiúil agus spórtúil mé. Is aoibhinn liom spórt agus taitníonn ceol go mór liom freisin. Is maith liom a bheith ag caint le mo chairde ar m'fhón póca. Ní maith liom obair bhaile agus is fuath liom scrúduithe.

Scríbhneoireacht

Scríobh alt gearr i do chóipleabhar fút féin. San alt, freagair na ceisteanna thíos.

1 Cad is ainm duit?

2 Cén aois thú?

3 Cén dath atá ar do chuid gruaige?

4 Cén dath atá ar do shúile?

5 Cé mhéad duine atá i do theaghlach?

6 An tusa an duine is óige nó an duine is sine sa teaghlach?

7 Cén sórt duine thú?

8 Luaigh rud amháin a thaitníonn leat.

9 Luaigh rud amháin nach dtaitníonn leat.

Cluastuiscint 1.1 > CD 1 Rian 2–4

	Lorg Foclóra
	catach
	fuath
	teaghlach
	aoibhinn

Foirmeacha ceisteacha le foghlaim

Scríobh na foirmeacha ceisteacha thíos i do chóipleabhar agus foghlaim iad mar cheacht obair bhaile.

cá?.....................*where?*		cathain?.....................*when?*	
cén aois?.....................*what age?*		cé mhéad duine?.........*how many people?*	
cén dath?.....................*what colour?*		cén saghas?.....................*what type?*	
ainmnigh.....................*name*		luaigh.....................*mention*	

Éist go cúramach leis na míreanna cainte ar an dlúthdhiosca agus ansin freagair na ceisteanna seo thíos. Cloisfidh tú gach mír dhá uair.

Mír a haon

1 Cén aois é Peadar?

_____

2 Cén dath atá ar a shúile?

_____

3 Ainmnigh cairde Pheadair.

_____

4 An maith le Peadar agus a chairde obair bhaile?

_____

Mír a dó

1 Cé mhéad duine atá i dteaghlach Úna?

_____

2 Cén saghas duine í Úna?

_____

3 Cén aois é Pól? _____

4 Luaigh rud amháin a thaitníonn le Pól agus Colm.

_____

Ceapadóireacht > Mo bhreithlá

> Tá Leo trí bliana déag d'aois. Scríobh an scéal i do chóipleabhar faoin mbreithlá.

> Léigh an scéal os ard i do ghrúpa agus scríobh an scéal ar an gclár bán sa seomra ranga.

> Bain úsáid as na nótaí chun alt a scríobh faoi do bhreithlá féin.

Pictiúr a haon

Breithlá Leo a bhí ann agus bhí an-áthas air.	*It was Leo's birthday and he was very happy.*
Tháinig fear an phoist chuig an doras.	*The postman came to the door.*
Bhí cártaí breithlae agus beart aige do Leo.	*He had birthday cards and a parcel for Leo.*
Bhí sceitimíní ar Leo.	*Leo was excited.*

Pictiúr a dó

D'oscail Leo na cártaí.	*Leo opened the cards.*
Ansin d'oscail sé a bhronntanais.	*Then he opened his presents.*
Fuair sé fón nua agus geansaí spraoi.	*He got a new phone and a sweatshirt.*
Ghabh sé buíochas lena thuismitheoirí.	*He thanked his parents.*

Pictiúr a trí

Shuigh gach duine ag an mbord sa chistin.	*Everyone sat at the table in the kitchen.*
Ansin las siad na coinnle ar an gcáca breithlae.	*Then they lit the candles on the birthday cake.*
Chan gach duine 'Lá Breithe Sona Duit'.	*Everyone sang 'Happy Birthday'.*
Bhí áthas an domhain ar Leo.	*Leo was delighted.*

Pictiúr a ceathair

Tháinig cairde Leo chuig an teach.	*Leo's friends came to the house.*
Bhí an teach plódaithe lena chairde.	*The house was crowded with his friends.*
Bhí gach duine ag damhsa.	*Everyone was dancing.*
Bhí cóisir iontach ag Leo.	*Leo had a wonderful party.*

Mo theaghlach

Obair bhaile

Scríobh na nathanna cainte thíos i do chóipleabhar agus foghlaim iad mar cheacht obair bhaile.

Is mise an duine is óige sa teaghlach..................	*I am the youngest in the family.*
Is mise an duine is sine sa teaghlach...................	*I am the eldest in the family.*
Tá mé i lár na clainne.	*I am in the middle of the family.*
Is páiste aonair mé..	*I am an only child.*
Réitím/Ní réitím go maith le mo dheirfiúr.	*I do/don't get on well with my sister.*
Tá mo thuismitheoirí foighneach.......................	*My parents are patient.*
Ní éiríonn siad cancrach go minic........................	*They don't often get cranky.*

Labhair amach › Ciorcal oibre

Freagair na ceisteanna thíos i do ghrúpa agus ansin scríobh na freagraí i do chóipleabhar.

1 Ainmnigh an páiste is óige i do theaghlach.
2 Ainmnigh an páiste is sine i do theaghlach.
3 An réitíonn tú go maith le gach duine i do theaghlach?
4 Cén saghas daoine iad do thuismitheoirí?

Scríbhneoireacht

Líon na bearnaí thíos agus ansin scríobh an t-alt i do chóipleabhar. Cabhróidh na focail sa bhosca leat.

Is mise Sam Ó Néill. Tá mé dhá _____ déag d'aois. Is duine cairdiúil mé. Tá gruaig ghearr _____ orm agus tá súile glasa agam. Is aoibhinn liom a bheith ag féachaint ar an _____. Tá ceathrar againn sa _____. Is mise an páiste is sine sa teaghlach. Tá _____ amháin agam. Saoirse an t-ainm atá _____. Tá sí naoi mbliana d'aois. Ní réitím go maith léi. Bíonn sí i gcónaí ag canadh sa teach. Siobhán an t-ainm atá ar mo mham agus Seán an t-ainm atá ar mo dhaid. Is daoine foighneacha iad mo _____. _____ go maith leo.

bhliain	deirfiúr	dhonn	réitím	teaghlach	teilifís	thuismitheoirí	uirthi

Léamhthuiscint › Aoife Ní Laoi

 Léigh an t-alt thíos agus freagair na ceisteanna a ghabhann leis.

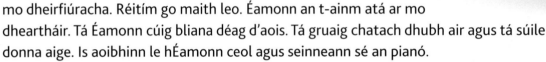

Aoife Ní Laoi an t-ainm atá orm. Bhí mé trí bliana déag d'aois an tseachtain seo caite. Tá gruaig fhada rua orm agus tá súile glasa agam. Is cailín cainteach, ceolmhar agus spórtúil mé. Imrím peil agus camógaíocht gach seachtain. Is fuath liom a bheith ag féachaint ar an teilifís.

Tá seisear i mo theaghlach. Tá mé i lár na clainne. Tá beirt deirfiúracha agam, atá níos óige ná mé, agus tá deartháir amháin agam, atá níos sine ná mé. Is iad Áine agus Máirín mo dheirfiúracha. Réitím go maith leo. Éamonn an t-ainm atá ar mo dheartháir. Tá Éamonn cúig bliana déag d'aois. Tá gruaig chatach dhubh air agus tá súile donna aige. Is aoibhinn le hÉamonn ceol agus seinneann sé an pianó.

Dónall an t-ainm atá ar mo dhaid agus Eibhlín an t-ainm atá ar mo mham. Is múinteoirí iad mo thuismitheoirí. Is daoine cairdiúla iad agus réitím go han-mhaith leo.

1 Cén aois í Aoife?
2 Ainmnigh dhá spórt a imríonn sí.
3 Cé mhéad duine atá ina teaghlach?
4 Cén t-ainm atá ar a deartháir?
5 Cén post atá ag tuismitheoirí Aoife?
6 Cén saghas daoine iad a tuismitheoirí?

Níos mó oibre le déanamh ar an alt thuas

Léigh an t-alt os ard i do ghrúpa sa rang. Scríobh amach an t-eolas a thugtar dúinn faoi Aoife san alt.

TG4

Féach ar an gclár *Aifric* ar TG4 agus pléigh an clár sa rang.

Aimsigh na difríochtaí

Pléigh an dá phictiúr seo sa rang agus ansin freagair na ceisteanna i do chóipleabhar.

Teaghlach Uí Thuama

Teaghlach Uí Néill

1 Cé mhéad duine atá i dteaghlach Uí Thuama?

2 Cé mhéad duine atá i dteaghlach Uí Néill?

3 Cén dath atá ar ghruaig an chailín i dteaghlach Uí Thuama?

4 Cén saghas gruaige atá ar an mbuachaill i dteaghlach Uí Néill?

5 Cén saghas gruaige atá ar an gcailín i dteaghlach Uí Néill?

6 Cé mhéad páiste atá i dteaghlach Uí Thuama?

7 Cé mhéad páiste atá i dteaghlach Uí Néill?

Obair ealaíne > Scríobhneoireacht

Tarraing pictiúr de do theaghlach i do chóipleabhar. Faoin bpictiúr, scríobh alt faoi do theaghlach.

Labhair amach > Ciorcal oibre

Tabhair grianghraf teaghlaigh isteach sa rang agus déan cur síos ar do theaghlach. Iarr ar na daltaí eile sa rang ceisteanna a chur ort faoin ngrianghraf.

1 Cé mhéad duine atá i do theaghlach?

2 Cén dath atá ar ghruaig do thuismitheoirí?

3 Cén aois í do dheirfiúr?

4 Cén aois é do dhearthhair?

5 Ainmnigh an páiste is óige sa teaghlach.

6 Ainmnigh an páiste is sine sa teaghlach.

Cum ceisteanna breise agus scríobh na ceisteanna ar an gclár bán sa seomra ranga.

Blag Thomáis › Mo chairde

Léigh an blag os ard sa rang agus freagair na ceisteanna thíos.

Haigh, a chairde, Tomás anseo arís! Tá mé tuirseach traochta anocht mar bhí mé ag cóisir Chathail aréir. Bhí Cathal ceithre bliana déag d'aois ar an dara lá de Mhárta. Bhí cóisir mhór aige ina theach agus bhí gach duine ó mo rang ar scoil ag an gcóisir. Fuair sé a lán bronntanas óna thuismitheoirí agus óna bheirt deirfiúracha agus thug a aintín caoga euro dó. Bhí áthas an domhain ar Chathal.

Bhuail mé le Leo agus Jeaic ag an gcóisir. Nuair a tháinig tuismitheoirí Chathail isteach leis an gcáca breithlae, mhúch siad na soilse agus chan gach duine 'Lá breithe sona duit!' Ansin d'itheamar píotsa agus d'ólamar líomanáid. Bhí cóisir sa teach ina dhiaidh sin. Bhí an teach plódaithe agus bhí an chóisir ar fheabhas. Chríochnaigh an chóisir ar a haon déag a chlog.

---

1 Cén fáth a raibh Tomás tuirseach traochta? *Bhí Tomás tuirseach traochta mar bhí sé …*

2 Cé a bhí ag an gcóisir? *Bhí gach duine ó …*

3 Céard a thug a aintín do Chathal dá bhreithlá? *Thug a aintín …*

4 Céard a tharla nuair a tháinig tuismitheoirí Chathail isteach leis an gcáca breithlae? *Nuair a tháinig tuismitheoirí Chathail isteach leis an gcáca breithlae …*

---

tuirseach traochta	*exhausted*	cóisir	*party*
bronntanas	*present*	cáca breithlae	*birthday cake*
píotsa	*pizza*	ar fheabhas	*excellent*
bhí áthas an domhain ar Chathal	*Cathal was delighted*		
mhúch siad na soilse	*they turned off the lights*		

Scríobh amach na focail sa bhosca thuas i do chóipleabhar agus foghlaim iad mar cheacht obair bhaile. Scríobh abairtí leis na focail ar an gclár bán sa seomra ranga.

Labhair amach > Ciorcal oibre

Freagair na ceisteanna thíos i do ghrúpa agus ansin scríobh na freagraí i do chóipleabhar.

1 An raibh tú ag cóisir le déanaí?
2 An raibh breithlá ag do chara le déanaí?
3 Cé a bhí ag an gcóisir?
4 Ainmnigh na bronntanais a fuair do chara.
5 Cén t-am a thosaigh an chóisir?
6 Céard a tharla ag an gcóisir?

Obair bheirte > Próifíl

Cuir na ceisteanna thíos ar dhalta amháin i do ghrúpa. Scríobh síos na freagraí a thugann an dalta duit agus ansin léigh amach na freagraí os comhair an ranga.

1 Cad is ainm duit?
2 Cén aois thú?
3 Cén dath atá ar do shúile?
4 Cén dath atá ar do chuid gruaige?
5 Cé mhéad duine atá i do theaghlach?
6 Cé mhéad deirfiúr atá agat?
7 Cé mhéad deartháir atá agat?
8 Ainmnigh rud amháin a thaitníonn leat.
9 Ainmnigh rud amháin nach dtaitníonn leat.
10 Cén saghas duine thú?

Sampla > Nuala

Seo í Nuala. Tá sí dhá bhliain déag d'aois. Tá súile gorma aici agus tá gruaig fhionn uirthi. Tá ceathrar ina teaghlach. Tá deirfiúr amháin ag Nuala agus níl aon deartháir aici. Is aoibhinn léi a bheith ag siopadóireacht agus is fuath léi obair bhaile. Is cailín cainteach agus ceolmhar í Nuala.

Feasacht teanga › An aidiacht shealbhach 1: roimh chonsan

mo..............*my*	do............*your*	a...............*his/her*
ár...............*our*	bhur.........*your (plural)*	a...............*their*

Scríobh na samplaí thíos i do chóipleabhar.

mo d**h**eartháir	mo **c**hara	mo **mh**úinteoir
do d**h**eartháir	do **c**hara	do **mh**úinteoir
a d**h**eartháir (*his*)	a **c**hara (*his*)	a **mh**úinteoir (*his*)
a deartháir (*her*)	a cara (*her*)	a múinteoir (*her*)
ár **n**deartháir	ár **g**cara	ár múinteoir
bhur **n**deartháir	bhur **g**cara	bhur múinteoir
a **n**deartháir	a **g**cara	a múinteoir

mo + séimhiú	do + séimhiú	a (*his*) + séimhiú a (*her*): ní chuireann tú aon rud leis
ár + urú	bhur + urú	a (*their*) + urú

Ceachtanna le déanamh anois

Líon na bearnaí thíos.

1 Tháinig (*mo cara*) _____ isteach sa rang ar leathuair tar éis a naoi.

2 Bhí breithlá ag (*a dheartháir*) _____ agus thug sé bronntanas dó.

3 Bhí an sneachta ag titim agus chuireamar (*ár cótaí*) _____ orainn sa rang.

4 Rinne Máire dearmad ar (*a cóipleabhar*) _____ agus bhí fearg ar an múinteoir léi.

5 Bhí brón ar na buachaillí nuair a chaill siad (*a cluiche*) _____.

Ceartaigh na botúin san alt thíos agus scríobh an t-alt i do chóipleabhar. ✗

Bhí breithlá ag mo deirfiúr inné agus tháinig a chairde chuig ár teach. Thug siad bronntanais do mo deirfiúr agus bhí áthas an domhain uirthi. Cheannaigh mo tuismitheoirí rothar nua di agus thug mo dearthár geansaí nua di. Ansin, tháinig mo daid isteach agus bhí cáca mór breithlae do mo deirfiúr aige. Mhúch sí na coinnle ansin ar a cháca.

Feasacht teanga > An aidiacht shealbhach 2: roimh ghuta

Scríobh na samplaí thíos i do chóipleabhar.

m'úll	**m'**aintín	**m'**athair
d'úll	**d'**aintín	**d'**athair
a úll (*his*)	a aintín (*his*)	a athair (*his*)
a **h**úll (*her*)	a **h**aintín (*her*)	a **h**athair (*her*)
ár **n**-úll	ár **n**-aintín	ár **n**-athair
bhur **n**-úll	bhur **n**-aintín	bhur **n**-athair
a **n**-úll	a **n**-aintín	a **n**-athair

m'	d'	a (*his*): ní chuireann tú aon rud leis	a (*her*) + h
ár + urú	bhur + urú	a (*their*) + urú	

Ceachtanna le déanamh anois

Líon na bearnaí thíos.

1 Tháinig (*a uncail*) _____ ar cuairt agus bhí áthas an domhain uirthi.

2 D'fhág mo mham (*a oifig*) _____ go luath chun an cluiche peile a fheiceáil.

3 Thug mé (*mo oráiste*) _____ do mo dheartháir mar nach raibh aon lón aige.

4 Bhí (*ár athair*) _____ an-chrosta linn nuair a bhriseamar an fhuinneog sa chistin.

5 Thit (*a úll*) _____ óna mhála agus ní raibh aon lón aige ar scoil an lá sin.

Ceartaigh na botúin san alt thíos agus scríobh an t-alt i do chóipleabhar. ✗

Bhí na buachaillí an-sásta nuair a tháinig a uncail chuig a teach ar cuairt. Bhí bronntanais aige ina carr do na buachaillí agus bhí an-áthas orthu nuair a d'oscail siad na bronntanais. Bhain Uncail Seán a cóta de agus d'fhág sé a cóta sa seomra suí. Ansin chonaic sé a deirfiúr ag ullmhú tae sa chistin. Shuigh an bheirt acu sa chistin agus d'ól siad tae.

Obair ealaíne

Tarraing crann mór i do chóipleabhar agus scríobh ainm gach duine i do theaghlach ar
an gcrann. Tosaigh le do sheantuismitheoirí (roghnaigh muintir do mháthar nó muintir
d'athar). Ansin scríobh ainmneacha do thuismitheoirí, d'aintíní, d'uncailí agus do chol
ceathracha ar an gcrann. Ar deireadh, scríobh ainmneacha do dheirfiúracha agus do
dhearthaireacha air. Bain taitneamh as!

Cluastuiscint 1.2 › CD 1 Rian 5–7

Éist go cúramach leis na míreanna cainte ar an dlúthdhiosca agus ansin freagair na ceisteanna seo thíos. Cloisfidh tú gach mír dhá uair.

Lorg Foclóra

tuirseach traochta

cóisir bhreithlae

cairdiúil

Mír a haon

1 Cén fáth a bhfuil tuirse ar Chonall inniu?

(a) Bhí sé ag cóisir breithlae a charad aréir.

(b) Bhí sé ag cóisir bhreithlae a dhaideo aréir.

(c) Bhí sé ag an zú aréir.

(d) Bhí sé ag an bpictiúrlann aréir.

2 Cuir tic sa bhosca ceart.

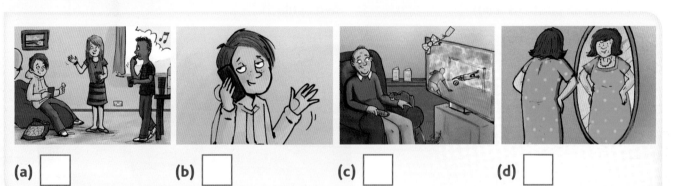

(a) ☐   **(b)** ☐   **(c)** ☐   **(d)** ☐

3 Cathain a thugann Conall cuairt ar a dhaideo? _____

Mír a dó

1 Cén aois í Aoife? _____

2 Cuir tic sa bhosca ceart.

(a) ☐   **(b)** ☐   **(c)** ☐   **(d)** ☐

3 Céard a thaitníonn le hAoife?

(a) Is aoibhinn léi a bheith ag siopadóireacht.

(b) Is aoibhinn léi a bheith ag féachaint ar an teilifís.

(c) Is aoibhinn léi obair bhaile.

(d) Is aoibhinn léi an scoil.

Dul siar

Líon na bearnaí thíos. Cabhróidh na focail sa bhosca leat.

Is mise Niall. Tá mé (*12*) _____.

Is í Nóirín mo dheirfiúr. Tá sí (*14*) _____.

Tá gruaig (*fada dubh*) _____ uirthi agus tá súile (*donn*) _____ aici.

Tá (*4*) _____ againn sa teaghlach.

Is í Nóirín an páiste (*is sean*) _____ sa teaghlach.

Is mise an páiste (*is óg*) _____ sa teaghlach.

Tá (*ár tuismitheoirí*) _____ an-chairdiúil.

Seán an t-ainm atá ar (*mo athair*) _____.

Eibhlín an t-ainm atá ar (*mo mháthair*) _____.

Tá gruaig (*gearr donn*) _____ ar mo dhaid.

Tá gruaig (*fionn*) _____ ar mo mham agus tá súile (*gorm*) _____ aici.

Seinneann mo dheirfiúr an pianó – is cailín _____ í.

Imrím peil agus leadóg – is buachaill _____ mé.

Fuair mé bronntanas ó (*mo tuismitheoirí*) _____ an tseachtain seo caite.

Mo _____ a bhí ann.

Tháinig mo chairde chuig an teach agus bhí _____ againn.

Bhí an chóisir ar _____.

Bhí mé _____ traochta ag deireadh na hoíche.

bhreithlá	ceolmhar	cóisir	fheabhas	spórtúil	tuirseach

Dul siar ar an eolas a bhailigh mé san aonad seo

Tarraing pictiúr díot féin sa bhosca thíos. Ansin, líon isteach an t-eolas fút féin.

Cad is ainm duit? _____

Cén aois thú? _____

Cén dath atá ar do shúile? _____

Cén dath atá ar do chuid gruaige? _____

Cé mhéad duine atá i do theaghlach? _____

Cé mhéad deartháir atá agat? _____

Cé mhéad deirfiúr atá agat? _____

Céard iad na rudaí a thaitníonn leat? _____

Céard iad na rudaí nach dtaitníonn leat? _____

Cén sórt duine thú? _____

Cé hiad do chairde ar scoil? _____

Cuimhnigh!

Téigh go dtí **www.edco.ie/cinnte1** agus bain triail as na hidirghníomhaíochtaí.

Aonad a Dó

Mo Shaol ar Scoil

San aonad seo foghlaimeoidh tú na scileanna seo:

SCIL	ÁBHAR
an cultúr Gaelach	gearrscannán: *Yu Ming is Ainm Dom*
léitheoireacht	léamhthuiscint, blag, alt, ríomhphost, amchlár, scéal, abairtí a mheaitseáil
scríbhneoireacht	blag, éist agus scríobh, líon na bearnaí, abairtí, alt, ríomhphost, cárta poist
gramadach	an aimsir chaite, ag comhaireamh, an aimsir láithreach
éisteacht	cluastuiscint, féach agus scríobh
teicneolaíocht	blag, lúbra, amchlár, ríomhphost, clár ar TG4
cumarsáid	ábhair scoile a phlé, áiseanna na scoile a phlé, rólghlacadh, suirbhé, ríomhphost
uimhríocht	ag comhaireamh, an t-am
ealaín/cruthaitheacht	pictiúir, siombailí, tarraing pictiúr le dul leis an ngearrscannán *Yu Ming is Ainm Dom*
taighde/féinfhoghlaim	siombailí
ceapadóireacht	scéal: Scrúdú ar scoil

Tá ceithre chuid san aonad seo

1 An mheánscoil
2 Ábhair scoile agus amchlár na scoile
3 Mo mhála scoile
4 Seomraí na scoile

 Téigh go dtí **www.edco.ie/cinnte1** agus bain triail as na hidirghníomhaíochtaí.

Clár

Gearrscannán

Yu Ming is Ainm Dom

Féach ar an ngearrscannán *Yu Ming is Ainm Dom* agus déan na cleachtaí a ghabhann leis.

Scríbhneoireacht > Obair bheirte

Léitheoireacht

A Meaitseáil na habairtí i mBéarla agus i nGaeilge thíos.

B Scríobh na habairtí meaitseáilte thíos i do chóipleabhar.

Achoimre ar an scéal

1 Is as an tSín é Yu Ming.

2 Níl sé sásta sa tSín.

3 Foghlaimíonn sé Gaeilge.

4 Tagann Yu Ming go hÉirinn.

5 Níl Gaeilge ag daoine i mBaile Átha Cliath.

6 Tá díomá ar Yu Ming.

7 Tá Yu Ming brónach.

8 Labhraíonn sé le fear Éireannach.

9 Tá Gaeilge ag an bhfear.

10 Deir an fear nach labhraíonn daoine Gaeilge.

11 Tar éis tamaill, téann Yu Ming go dtí an Ghaeltacht.

12 Tá sé ag obair i dteach tábhairne.

13 Tá sé ag labhairt Gaeilge.

14 Tá sé sona sásta sa deireadh.

a *Yu Ming is sad.*

b *He speaks to an Irish man.*

c *People don't speak Irish in Dublin.*

d *He is speaking Irish.*

e *He learns Irish.*

f *The man says that people don't speak Irish.*

g *After a while, Yu Ming goes to the Gaeltacht.*

h *Yu Ming is from China.*

i *He is working in a pub.*

j *Yu Ming is disappointed.*

k *Yu Ming comes to Ireland.*

l *He's happy in the end.*

m *The man speaks Irish.*

n *He isn't happy in China.*

1	2	3	4	5	6	7	8	9	10	11	12	13	14

Fíor nó bréagach?

	Fíor	Bréagach

1 Tá Yu Ming sásta sa tSín.

2 Labhraíonn gach duine Gaeilge in Éirinn.

3 Foghlaimíonn daltaí Gaeilge ar scoil in Éirinn.

4 Tá an tSín san Eoraip.

5 Tá Conamara sa Ghaeltacht.

Obair ealaíne

Tarraing pictiúr i do chóipleabhar d'íomhá amháin ón scannán agus cuir isteach líne ón scannán.

Obair bheirte

Freagair na ceisteanna seo.

1 Cé mhéad ábhar a dhéanann tú ar scoil?

2 Céard iad na teangacha a fhoghlaimíonn tú ar scoil?

3 An bhfuil aon teanga eile ann ar mhaith leat a fhoghlaim?

4 Ar mhaith leat Sínis a fhoghlaim?

5 Cad é an t-ábhar is fearr leat ar scoil?

6 Cén cineál scoile í seo?

7 Cad iad na háiseanna atá sa scoil seo?

8 Cé mhéad dalta atá sa scoil?

9 Tháinig Yu Ming ón tSín go hÉirinn. Céard iad na tíortha eile ina raibh tusa go dtí seo?

10 An raibh tusa sa Ghaeltacht go fóill? Cén Ghaeltacht?

11 An rachaidh tú go dtí an Ghaeltacht an bhliain seo chugainn? Cén Ghaeltacht?

Obair bheirte

Is tusa Yu Ming. Tá tú sa Ghaeltacht ag freastal ar choláiste samhraidh. Scríobh ríomhphost chuig an bhfear Éireannach (Pádraig) ag insint dó faoi *thrí rud is maith leat* faoin áit agus faoi *thrí rud nach maith leat* faoin áit. Bain úsáid as na frásaí seo a leanas mar chabhair.

❭ Conas atá tú?

❭ Bíonn / Ní bhíonn an ghrian ag spalpadh gach lá.

❭ Is aoibhinn liom / Ní maith liom na háiseanna atá ar fáil.

❭ Is scoil mhór í / Is scoil bheag í.

❭ Tá / Níl na daoine an-chairdiúil / an-deas.

❭ Is breá liom / is fuath liom an bia.

❭ Tá an áit an-te / an-fhuar.

❭ Tá na ranganna an-leadránach / an-suimiúil.

❭ Tá na múinteoirí an-deas / an-chrosta.

❭ Tá / Níl an teach go deas / an-chompordach (*comfortable*).

❭ Tá / Níl bean an tí an-deas.

❭ Slán go fóill.

An Ghaeltacht

@

Cárta poist > Obair bheirte

Scríobh an cárta poist a chuir Yu Ming chuig a chairde nuair a tháinig sé go hÉirinn ar dtús (*in the beginning*) agus an cárta poist a scríobh sé abhaile tar éis dó a bheith sa Ghaeltacht.

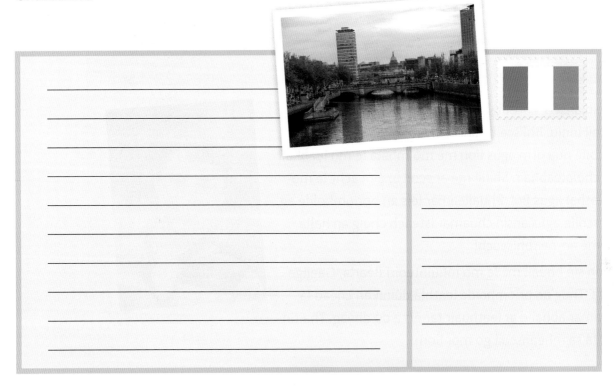

An mheánscoil

Blag Eoin > Mo chéad lá sa mheánscoil

Léigh an blag thíos os ard sa rang agus ansin freagair na ceisteanna i do chóipleabhar.

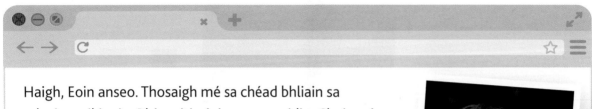

Haigh, Eoin anseo. Thosaigh mé sa chéad bhliain sa mheánscoil inniu. Bhí sceitimíní orm ar maidin. Chuir mé m'éide scoile nua orm agus líon mé mo mhála le mo leabhair agus mo chóipleabhair. Shiúil mé ar scoil in éineacht le mo chairde Cathal agus Pól. Bhuaileamar leis an bpríomhoide ag doras na scoile agus ansin chuamar isteach chuig an halla mór. Bhí mé an-neirbhíseach!

Ina dhiaidh sin bhuail mé le mo mhúinteoirí Béarla, Gaeilge agus mata. Thug an príomhoide leathlá dúinn an chéad lá agus chuamar abhaile ar leathuair tar éis a dó dhéag. Thaitin an chéad lá sa mheánscoil go mór liom.

1 Céard a chuir Eoin ina mhála scoile?
2 Cár bhuail na daltaí leis an bpríomhoide?
3 Céard a thug an príomhoide do na daltaí an chéad lá?
4 Cén t-am a chuaigh na daltaí abhaile?
5 Ar thaitin an chéad lá sa mheánscoil le hEoin?

meánscoil............*secondary school*		bhí sceitimíní orm...................*I was excited*	
éide scoile............*school uniform*		leabhair agus cóipleabhair.....*books and copybooks*	
in éineacht le......*along with*		príomhoide..............................*principal*	
neirbhíseach........*nervous*		leathlá......................................*half day*	

Obair bhaile

Scríobh na nathanna cainte thuas i do chóipleabhar agus foghlaim iad mar cheacht obair bhaile.

Feasacht teanga > An aimsir chaite

Pioc amach ocht mbriathar san aimsir chaite ón mblag agus scríobh liosta i do chóipleabhar. Foghlaim na briathra mar cheacht obair bhaile.

thosaigh mé			

Scríbhneoireacht

Cum abairtí simplí leis na briathra faoin gcéad lá a chaith tú sa mheánscoil. Léigh amach na habairtí sa rang.

Samplaí

Thosaigh mé sa mheánscoil an mhí seo caite.

Shiúil mé ar scoil le mo dhearthair.

Bhuail mé leis an múinteoir Fraincise.

Thaitin an lá go mór liom.

Bhí sceitimíní orm an chéad lá.

Cúinne na teicneolaíochta

Téigh chuig an seomra ríomhairí agus bain úsáid as do liosta briathra thuas chun blag a scríobh faoi do chéad lá sa mheánscoil. Seol an blag chuig do mhúinteoir Gaeilge.

Cén saghas scoile í do scoil?

Scríobh na hainmfhocail thíos i do chóipleabhar agus foghlaim iad mar cheacht obair bhaile.

pobalscoil .... *community school*

meánscoil .... *secondary school*

scoil chónaithe .... *boarding school*

scoil chuimsitheach . *comprehensive school*

Feasacht teanga > Ag bailiú aidiachtaí

Céard é do thuairim faoi do scoil nua? Pléigh an cheist seo sa rang.

Is scoil bheag í.	*It is a small school.*
Is scoil ollmhór í.	*It is an enormous school.*
Is scoil chairdiúil í.	*It is a friendly school.*
Is scoil dhian í.	*It is a strict school.*
Is scoil bheomhar í.	*It is a lively school.*
Is scoil iontach í.	*It is a wonderful school.*
Tá atmaisféar deas inti.	*There is a nice atmosphere in it.*

Labhair amach > Ciorcal oibre

Cuir na ceisteanna thíos ar gach duine i do chiorcal. Ansin scríobh na freagraí i do chóipleabhar.

1 An scoil mhór í an scoil seo?

2 An scoil bheag í an scoil seo?

3 An scoil chairdiúil í an scoil seo?

4 An bhfuil atmaisféar deas inti?

Samplaí

Is scoil mhór í an scoil seo.

Ní scoil mhór í an scoil seo.

Éist agus scríobh

Éist leis an múinteoir ag léamh an ailt thíos os ard sa rang agus scríobh i do chóipleabhar é. Ceartaigh an t-alt ansin.

66

Is mise Zoe. Thosaigh mé sa mheánscoil an mhí seo caite. Ar an gcéad lá líon mé mo mhála scoile agus shiúil mé ar scoil. Chuaigh mé isteach sa halla. Bhuail mé leis an bpríomhoide. Fuair mé leathlá agus bhí áthas an domhain orm.

99

Scríbhneoireacht

Scríobh cúig abairt i do chóipleabhar faoi do scoil nua. Léigh na samplaí thíos i dtosach.

Samplaí

Tá mé ag freastal ar Mheánscoil Naomh Muire.

Bean Uí Shé an t-ainm atá ar an bpríomhoide.

Is scoil chairdiúil agus bheomhar í.

Taitníonn an scoil go mór liom.

Tá atmaisféar deas sa scoil.

Bíonn na daltaí cabhrach agus cairdiúil.	*The students are helpful and friendly.*
Bíonn spórt agus spraoi againn ar scoil.	*We have fun at school.*
Is é Seán Ó Laoire an príomhoide.	*Seán Ó Laoire is the principal.*
Is í Úna Ní Dhuinn an leas-phríomhoide.	*Úna Ní Dhuinn is the deputy principal.*

Obair bhaile

Foghlaim na habairtí atá scríofa agat faoi do scoil.

Labhair amach > Ciorcal oibre

Cuir na ceisteanna thíos ar gach duine i do chiorcal. Pléigh na ceisteanna os ard sa rang.

1 An raibh sceitimíní ort an chéad lá sa mheánscoil?

2 An raibh tú neirbhíseach an chéad lá sa mheánscoil?

3 Ar shiúil tú ar scoil?

4 An bhfuair tú an bus ar scoil?

5 Ar rothaigh tú ar scoil?

6 An bhfuair tú síob (*lift*)?

7 Ar bhuail tú leis an bpríomhoide an chéad lá?

Obair ealaíne

Tarraing pictiúr de do scoil nua i do chóipleabhar.

Feasacht teanga > Ag comhaireamh

Tá mé ag freastal ar Phobalscoil Naomh Pól. Is scoil iontach í. Tá sé chéad caoga dalta ag freastal ar an scoil seo. Múineann trí mhúinteoir is caoga sa scoil seo freisin. Tá atmaisféar cairdiúil sa scoil.

céad dalta	deichniúr múinteoirí
dhá chéad dalta	fiche múinteoir
trí chéad dalta	tríocha múinteoir
ceithre chéad dalta	daichead múinteoir
cúig chéad dalta	caoga múinteoir
sé chéad dalta	seasca múinteoir
seacht gcéad dalta	seachtó múinteoir
ocht gcéad dalta	ochtó múinteoir
naoi gcéad dalta	nócha múinteoir
míle dalta	céad múinteoir

rúnaí amháin
beirt rúnaithe
triúr rúnaithe
ceathrar rúnaithe

Obair bhaile

Scríobh na huimhreacha thuas i do chóipleabhar agus foghlaim iad mar cheacht obair bhaile.

Labhair amach > Ciorcal oibre

Cuir na ceisteanna thíos ar gach duine i do chiorcal. Ansin scríobh na freagraí i do chóipleabhar.

> 1 Cé mhéad dalta atá ag freastal ar an scoil seo?
>
> 2 Cé mhéad múinteoir atá ag múineadh sa scoil seo?
>
> 3 Cé mhéad rúnaí atá ag obair sa scoil seo?

Scríbhneoireacht

Líon na bearnaí thíos. Scríobh na huimhreacha i bhfocail.

1 Tá (*450 dalta*) _____ ag freastal ar Scoil Íde.

2 Múineann (*30 múinteoir*) _____ sa scoil.

3 Tá (*30 dalta*) _____ i mo rang Gaeilge.

4 Tá (*700 dalta*) _____ sa phobalscoil.

5 Múineann (*90 múinteoir*) _____ sa phobalscoil.

Feasacht teanga > Ag comhaireamh arís: ábhair scoile

Scríobh na huimhreacha thíos i do chóipleabhar agus foghlaim iad mar cheacht obair bhaile.

aon ábhar	aon ábhar déag
dhá ábhar	dhá ábhar déag
trí ábhar	trí ábhar déag
ceithre ábhar	ceithre ábhar déag
cúig ábhar	cúig ábhar déag
sé ábhar	sé ábhar déag
seacht n-ábhar	seacht n-ábhar déag
ocht n-ábhar	ocht n-ábhar déag
naoi n-ábhar	naoi n-ábhar déag
deich n-ábhar	fiche ábhar

Labhair amach > Ciorcal oibre

Cuir na ceisteanna thíos ar gach duine i do chiorcal. Ansin scríobh na freagraí i do chóipleabhar.

1 Cé mhéad ábhar scoile a dhéanann tú i mbliana?   Déanaim …
2 Cé mhéad múinteoir atá ag múineadh sa scoil seo?   Tá …
3 Cé mhéad teanga a fhoghlaimíonn tú?   Foghlaimím …
4 Cé mhéad rang a bhíonn agat gach lá?   Bíonn …

Ceacht le déanamh anois

Scríobh an t-alt thíos i do chóipleabhar agus ceartaigh na botúin atá ann.

Is mise Ciarán. Tá mé ag freastal ar Phobalscoil Naomh Pádraig. Tá cúig céad daltaí ag freastal ar an scoil. Múineann daichead múinteoirí sa scoil seo agus oibríonn triúr rúnaithe inti.

Is aoibhinn liom an scoil. Déanaim trí hábhar déag i mbliana. Tá mo chara Peadar ag freastal ar Phobalscoil Naomh Pádraig freisin. Tá Peadar ag déanamh deich ábhar i mbliana. Imrímid peil ag am lóin.

Léamhthuiscint › Séamus Ó Snodaigh

 Léigh an t-alt thíos agus freagair na ceisteanna a ghabhann leis.

Thosaigh mé sa chéad bhliain sa mheánscoil an mhí seo caite. Meánscoil Naomh Fionntán an t-ainm atá ar an scoil. Is scoil mhór í. Tá atmaisféar deas agus cairdiúil inti agus imríonn na daltaí a lán spóirt sa scoil seo. Pól Mac an tSaoi an t-ainm atá ar an bpríomhoide. Is fear cairdiúil é an príomhoide. Is í Bean Uí Chathasaigh an leas-phríomhoide. Is bean bheomhar í.

Freastalaíonn seacht gcéad dalta ar an scoil agus múineann caoga múinteoir inti. Tá cúig ábhar déag á ndéanamh agam i mbliana. Siúlaim ar scoil in éineacht le mo chairde Cathal agus Daire. Bíonn an-spórt againn le chéile. Faighim a lán obair bhaile agus bíonn tuirse an domhain orm gach tráthnóna.

1 Cathain a thosaigh Séamus sa mheánscoil?

2 Cén t-ainm atá ar an bpríomhoide?

3 Cén sórt duine í an leas-phríomhoide?

4 Cé mhéad múinteoir a mhúineann sa scoil?

5 Cén fáth a mbíonn tuirse ar Shéamus gach tráthnóna?

Níos mó oibre le déanamh ar an alt thuas

Léigh an t-alt thuas os ard i do ghrúpa sa rang. Ansin, scríobh amach an t-eolas a thugtar dúinn faoi Shéamus san alt. Scríobh an t-eolas ar an gclár bán sa seomra ranga.

TG4

Féach ar an gclár *Aifric* ar TG4 agus pléigh an clár sa rang.

Scríbhneoireacht

Scríobh alt nó blag faoi do scoil nua. Bain úsáid as na nathanna cainte ón alt thuas.

Cluastuiscint 2.1 > CD 1 Rian 8–10

Éist go cúramach leis na míreanna cainte ar an dlúthdhiosca agus ansin freagair na ceisteanna seo thíos. Cloisfidh tú gach mír dhá uair.

 Lorg Foclóra
ollmhór
ábhar
leas-phríomhoide
déanach

Mír a haon

1 Cuir tic sa bhosca ceart.

(a) ☐   (b) ☐   (c) ☐   (d) ☐

2 Cé mhéad ábhar scoile a dhéanann Maidhc gach seachtain? _____

3 Cén saghas duine é an leas-phríomhoide? _____

Mír a dó

1 Cén bhliain ina bhfuil Áine i Meánscoil Naomh Muire?

_____

2 Conas a thagann Áine ar scoil gach lá?

_____

3 Cathain a bhíonn an príomhoide crosta?

_____

Obair bhreise

Éist leis an dlúthdhiosca cúpla uair agus déan iarracht gach mír chainte a scríobh i do chóipleabhar. Ansin scríobh mír ar an gclár bán.

Ábhair scoile

1 Na teangacha

Scríobh na teangacha thíos i do chóipleabhar agus foghlaim iad mar cheacht obair bhaile.

Gaeilge	*Irish*	Béarla	*English*
Fraincis	*French*	Gearmáinis	*German*
Iodáilis	*Italian*	Spáinnis	*Spanish*
Laidin	*Latin*	Gréigis	*Greek*

Labhair amach > Ciorcal oibre

Cuir na ceisteanna thíos ar gach duine i do chiorcal agus pléigh na ceisteanna os ard sa rang. Scríobh freagraí na gceisteanna i do chóipleabhar.

1 Céard iad na teangacha a fhoghlaimíonn tú sa mheánscoil?   Foghlaimím …

2 Cén teanga is fearr leat?   Is fearr liom …

Meaitseáil

Féach ar na pictiúir thíos. Meaitseáil na pictiúir agus na teangacha.

1 Fraincis
2 Spáinnis
3 Iodáilis
4 Gaeilge
5 Gréigis
6 Béarla
7 Laidin
8 Gearmáinis

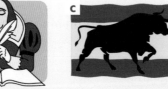
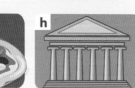

1	2	3	4	5	6	7	8

Obair ealaíne

Tarraing siombail nua do gach teanga thuas i do chóipleabhar. Is féidir taighde a dhéanamh sa seomra ríomhairí roimh ré!

2 Na hábhair phraiticiúla

Scríobh na hábhair thíos i do chóipleabhar agus foghlaim iad mar cheacht obair bhaile.

adhmadóireacht............*woodwork*	miotalóireacht............*metalwork*
líníocht theicniúil.........*technical graphics*	tíos.............................*home economics*
corpoideachas...............*physical education*	eolaíocht.....................*science*
ceol.............................*music*	ealaín..........................*art*

Scríbhneoireacht

Scríobh freagraí na gceisteanna thíos i do chóipleabhar. Pléigh na freagraí os ard sa rang.

1	Céard iad na hábhair phraiticiúla a dhéanann tú sa chéad bhliain?	Déanaim …
2	Cé mhéad rang corpoideachais a bhíonn agat gach seachtain?	Bíonn …
3	Céard iad na hábhair atá deacair duit?	Tá …
4	Cén múinteoir a thugann an méid is mó obair bhaile duit?	Tugann …
5	Cén múinteoir a thugann an méid is lú obair bhaile duit?	Tugann …

Lúbra

Aimsigh na hábhair phraiticiúla thíos sa lúbra.

a	i	f	a	l	a	a	i	n	d	p
l	e	l	f	c	i	d	ú	e	t	l
i	a	i	r	t	é	h	m	p	h	s
ú	l	ú	b	í	a	m	d	í	c	o
i	a	h	p	o	h	a	h	b	o	d
d	í	b	i	s	t	d	r	ú	í	b
r	n	a	s	p	ó	ó	f	m	a	t
i	ú	d	n	a	m	r	n	h	l	c
a	o	i	c	h	é	e	b	r	o	b
p	é	í	f	ú	p	a	t	é	e	n
i	c	e	o	l	ú	c	p	h	ú	i

ceol

ealaín

eolaíocht

tíos

Cúinne na teicneolaíochta

Téigh chuig an seomra ríomhairí agus cruthaigh lúbra leis na teangacha agus leis na hábhair phraiticiúla. Seol an lúbra chuig do mhúinteoir Gaeilge. Déan lúbra sa rang.

3 Ábhair eile

Scríobh na hábhair thíos i do chóipleabhar agus foghlaim iad mar cheacht obair bhaile.

reiligiún ....*religious education*

stair.................................*history*

matamaitic...........................*mathematics*

léann Clasaiceach ....*Classical studies*

Oideachas Saoránach, Sóisialta, ...*Civil, Social and Political*
   Polaitiúil (OSSP)   *Education (CSPE)*

Oideachas Sóisialta, Pearsanta ....*Social, Personal and Health*
   agus Sláinte (OSPS)   *Education (SPHE)*

teicneolaíocht ....*technology*

tíreolaíocht ....*geography*

staidéar gnó................*business studies*

cór.............................*choir*

Scríbhneoireacht

Freagair na ceisteanna i do chóipleabhar. Tá cabhair ar fáil sa liosta thíos. Ansin pléigh na freagraí os ard sa rang.

1 Ainmnigh na hábhair ón liosta thuas a bhíonn agat gach lá.

2 Ainmnigh na hábhair a bhíonn agat uair sa tseachtain.

3 Pioc amach dhá ábhar ón liosta thuas a thaitníonn leat. Cén fáth a dtaitníonn siad leat?

4 Pioc amach ábhar amháin ón liosta thuas nach dtaitníonn leat. Cén fáth?

cineálta ....*kind*

leadránach...... *boring*

deacair ....*difficult*

crosta ....*cross*

tuisceanach ....*understanding*

éasca...............*easy*

dian.......................*strict*

taitneamhach.......*pleasant*

suimiúil.................*interesting*

Obair bhaile

Scríobh na haidiachtaí thuas i do chóipleabhar agus foghlaim iad mar cheacht obair bhaile.

Spórt agus spraoi sa rang!

Tá mé sa chéad bhliain sa mheánscoil agus taitníonn an Ghaeilge go mór liom.

Tá mé sa chéad bhliain sa mheánscoil agus taitníonn an Ghaeilge agus an Béarla go mór liom.

Tá mé sa ...

Lean ar aghaidh timpeall an ranga!

Mo chéad bhliain sa mheánscoil › Con Ó Maitiú

Líon na bearnaí san alt thíos. Cabhróidh na focail sa bhosca leat.

Haigh! Con anseo. Tá mé sa _____ le dhá mhí anois. Bíonn _____
rang agam gach lá agus bíonn ocht rang agam ar an Aoine. Is aoibhinn
liom na teangacha agus déanaim Gaeilge, Béarla, _____ agus
Gearmáinis. Tugann an múinteoir Gaeilge a lán obair _____ dúinn ach
is bean _____ chineálta í. Is maith liom stair agus tíreolaíocht ach is
fuath liom staidéar gnó. Bíonn rang corpoideachais againn gach Aoine.
Téimid amach sa pháirc agus imrímid _____.

> **naoi**   **bhaile**   **dheas**   **Fraincis**   **peil**   **mheánscoil**

Scríbhneoireacht

**Léigh an t-alt faoi Chon agus a chéad bhliain sa mheánscoil agus freagair na ceisteanna
thíos i do chóipleabhar.**

1 Cé mhéad rang a bhíonn ag Con ar an Aoine?

2 Ainmnigh na teangacha a dhéanann Con sa chéad bhliain.

3 Cén múinteoir a thugann a lán obair bhaile don rang?

4 Cathain a bhíonn corpoideachas ag Con?

**Anois, scríobh cúig abairt i do chóipleabhar faoi na hábhair a dhéanann tú sa chéad bhliain.
Bain úsáid as na nathanna cainte san alt thuas. Léigh amach na habairtí os ard sa rang.**

Éist agus scríobh

**Éist leis an múinteoir ag léamh an ailt thíos os ard sa rang agus scríobh i do chóipleabhar
é. Ceartaigh an t-alt ansin.**

Is mise Laoise. Tá mé sa chéad bhliain sa
phobalscoil. Is scoil mhór í an scoil seo. Tá seacht
gcéad dalta ag freastal uirthi. Is fear deas cairdiúil
é an príomhoide.

Déanaim deich n-ábhar ar scoil. Taitníonn stair
agus Béarla go mór liom. Bíonn corpoideachas
agam gach Luan.

An t-am

Nóiméad			Uair
5	cúig		a haon
			a dó
10	deich	tar éis	a trí
			a ceathair
20	fiche		a cúig
			a sé
25	fiche a cúig	chun	a seacht
			a hocht
¼	ceathrú		a naoi
			a deich
½	leathuair	tar éis	a haon déag
			a dó dhéag

Samplaí

2.30	leathuair	tar éis	a dó
4.45	ceathrú	chun	a cúig

Meaitseáil

Meaitseáil na hamanna leis na habairtí thíos.

1 Dhúisigh mé ar leathuair tar éis a seacht ar maidin.

2 D'éirigh mé as an leaba ar a hocht a chlog.

3 Rith mé síos staighre agus bhí bricfeasta agam ar a deich tar éis a hocht.

4 Líon mé mo mhála le mo leabhair ar a fiche tar éis a hocht.

5 D'fhág mé an teach ar leathuair tar éis a hocht.

6 Bhuail mé le mo chara ag stad an bhus ar a fiche chun a naoi.

7 Tháinig an bus ar cheathrú chun a naoi.

8 Shroich mé an scoil ar a naoi a chlog.

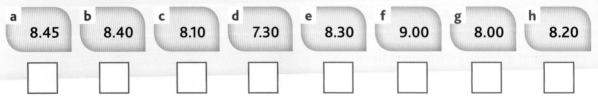

a	b	c	d	e	f	g	h
8.45	8.40	8.10	7.30	8.30	9.00	8.00	8.20
☐	☐	☐	☐	☐	☐	☐	☐

Scríobh na hamanna seo i bhfocail i do chóipleabhar.

1 2.15 2 6.55 3 3.00 4 9.35 5 12.20 6 4.45

Gnáthlá scoile

Smaoinigh ar ghnáthlá i do shaol scoile. Déan cóip den dialann thíos agus scríobh isteach na hamanna i bhfocail.

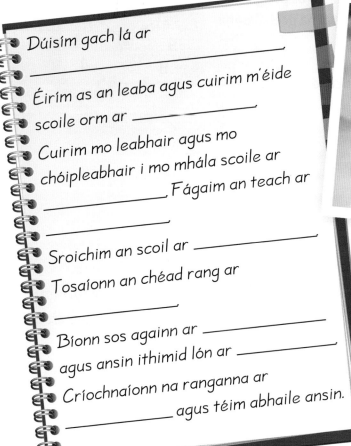

Dúisím gach lá ar _____.

Éirím as an leaba agus cuirim m'éide scoile orm ar _____.

Cuirim mo leabhair agus mo chóipleabhair i mo mhála scoile ar _____. Fágaim an teach ar _____.

Sroichim an scoil ar _____.

Tosaíonn an chéad rang ar _____.

Bíonn sos againn ar _____ agus ansin ithimid lón ar _____.

Críochnaíonn na ranganna ar _____ agus téim abhaile ansin.

dúisím	I wake up
éirím	I get up
cuirim	I put
fágaim	I leave
sroichim	I reach
tosaíonn (sé)	(it) begins
críochnaíonn (sé)	(it) finishes
ithimid	we eat
téim	I go

Feasacht teanga > Briathra san aimsir láithreach

Scríobh na briathra thuas i do chóipleabhar agus foghlaim iad mar cheacht obair bhaile.

Scríbhneoireacht > An aimsir láithreach

Scríobh alt i do chóipleabhar faoi ghnáthlá scoile. Bain úsáid as an alt thuas. Ansin, freagair na ceisteanna thíos i do chóipleabhar.

1 An ndúisíonn tú ar a seacht a chlog gach maidin?   Dúisím *nó* Ní dhúisím …
2 An éiríonn tú as an leaba ar a seacht gach maidin?   Éirím *nó* Ní éirím …
3 An siúlann tú ar scoil?   Siúlaim *nó* Ní shiúlaim …
4 An bhfágann tú an teach ar a hocht gach maidin?   Fágaim *nó* Ní fhágaim …
5 An dtosaíonn na ranganna ar a naoi a chlog?   Tosaíonn *nó* Ní thosaíonn …

Déanach arís!

Labhair amach › Ciorcal oibre

Cuir na ceisteanna thíos ar gach duine i do chiorcal agus pléigh
na ceisteanna os ard sa rang. Ansin, scríobh freagraí na gceisteanna
i do chóipleabhar.

1 An mbíonn tú déanach go minic ag teacht ar scoil?

2 Cathain a bhíonn tú déanach?

3 Cén fáth a mbíonn daltaí déanach?

4 Céard a tharlaíonn nuair a bhíonn daltaí déanach ag teacht ar scoil?

Meaitseáil

Meaitseáil na habairtí i nGaeilge agus i mBéarla thíos.

1 Uaireanta bíonn trácht trom ar an mbóthar.

2 Má bhíonn sé fliuch bím déanach uaireanta.

3 Ní bhím déanach rómhinic.

4 Uaireanta ní dhúisím in am.

5 Bíonn fearg ar an bpríomhoide nuair a bhíonn daltaí déanach.

6 Cuireann an príomhoide glao ar mo thuismitheoirí nuair a bhím déanach.

a *I'm not late very often.*

b *The principal calls my parents when I am late.*

c *The principal is angry when students are late.*

d *Sometimes I don't wake up in time.*

e *Sometimes there is heavy traffic on the road.*

f *If it is wet I am sometimes late.*

1	2	3	4	5	6

Rólghlacadh

Lig ort féin gur tusa an príomhoide. Feiceann tú dalta ag teacht isteach déanach
ar scoil. Ullmhaigh comhrá leis an dalta. Cuir na ceisteanna thíos ar an dalta.
Ansin, déan an dráma beag os comhair an ranga.

1 Fan nóiméad! Cá bhfuil tú ag dul?

2 Tá tú déanach arís! Cén t-am é?

3 Cén fáth a bhfuil tú déanach inniu?

4 An bhfuil a fhios ag do thuismitheoirí?

5 Cén rang atá agat anois?

6 An bhfuil do chuid obair bhaile déanta agat?

Amchlár na scoile

	Dé Luain	Dé Máirt	Dé Céadaoin	Déardaoin	Dé hAoine
9.00	Béarla	ealaín	matamaitic	stair	Spáinnis
9.40	Gearmáinis	Béarla	tíos	Gaeilge	Béarla
10.15	Fraincis	staidéar gnó	tíos	Gearmáinis	Fraincis
10.55	sos	sos	sos	sos	sos
11.05	tíreolaíocht	ceol	stair	Spáinnis	matamaitic
11.45	Gaeilge	reiligiún	ealaín	Béarla	staidéar gnó
12.20	OSSP	Gaeilge	ealaín	OSPS	Gearmáinis
1.00	lón	lón	lón	lón	lón
1.30	eolaíocht	corpoideachas	Spáinnis	tíreolaíocht	stair
2.10	eolaíocht	Gearmáinis	Fraincis	matamaitic	corpoideachas
2.50	matamaitic	tíreolaíocht	staidéar gnó	reiligiún	Gaeilge

Scríbhneoireacht

Léigh an t-amchlár thuas agus freagair na ceisteanna i do chóipleabhar.

Cén t-am a bhíonn rang Gaeilge ag na daltaí Dé Máirt?
Bíonn rang Gaeilge ag na daltaí ar fiche tar éis a dó dhéag Dé Máirt.

1 Cé mhéad rang a bhíonn ag na daltaí gach lá?
2 Cén t-am a fhaigheann na daltaí sos gach lá?
3 Cé mhéad rang eolaíochta a bhíonn ag na daltaí Dé Luain?
4 Cathain a bhíonn rang OSPS ag na daltaí?
5 Cé mhéad teanga a fhoghlaimíonn na daltaí?

Fíor nó bréagach?

Féach ar an amchlár agus léigh na habairtí thíos. An bhfuil na habairtí fíor nó bréagach?

		Fíor	Bréagach
1	Bíonn rang Béarla ag na daltaí faoi dhó sa tseachtain.	☐	☐
2	Bíonn dhá rang ealaíne ag na daltaí gach seachtain.	☐	☐
3	Bíonn matamaitic ag na daltaí ar leathuair tar éis a haon Dé hAoine.	☐	☐
4	Tosaíonn an rang Fraincise ar an Luan ar a naoi a chlog.	☐	☐
5	Críochnaíonn an rang Gaeilge ar a haon a chlog Dé Máirt.	☐	☐

Mo mhála scoile

Aimsigh na difríochtaí

Féach ar an dá mhála scoile.
Aimsigh na difríochtaí idir an dá
mhála. Scríobh na difríochtaí ar
an gclár bán sa seomra ranga.

Mála Eoin

Mála Áine

Labhair amach > Ciorcal oibre

Cuir na ceisteanna thíos ar gach duine i do chiorcal agus pléigh na ceisteanna os ard sa
rang. Scríobh freagraí na gceisteanna i do chóipleabhar.

1 Cé mhéad cóipleabhar a fheiceann tú i mála Eoin?

2 Ainmnigh dhá rud atá le feiceáil i mála Eoin.

3 Cé mhéad leabhar atá i mála Áine?

4 Cén dath atá ar mhála Áine?

5 Cén dath atá ar mhála Eoin?

6 Ainmnigh dhá rud atá le feiceáil i mála Áine.

Obair bhaile

Scríobh na hainmfhocail thíos i do chóipleabhar agus foghlaim iad mar cheacht obair bhaile.

cóipleabhar/cóipleabhair	copybook/copybooks	leabhar/leabhair	book/books
peann/pinn	pen/pens	peann luaidhe/pinn luaidhe	pencil/pencils
bosca lóin	lunchbox	cás	(pencil) case
dialann	journal	fón póca	mobile phone
rialóir	ruler	scriosán	eraser

Spórt agus spraoi sa rang!

Cuir an cheist thíos ar dhalta eile.

Céard atá i do mhála scoile?   I mo mhála scoile tá …

Lean ar aghaidh timpeall an ranga!

Suirbhé > Mo thuairimí faoin meánscoil

Cuir na ceisteanna thíos ar dhalta i do rang. Léigh an sampla thíos. Scríobh na ceisteanna agus na freagraí i do chóipleabhar. Ansin, tabhair an t-eolas don rang.

1 Cén rang ina bhfuil tú sa chéad bhliain?

2 Cé mhéad dalta atá sa rang?

3 Conas a thagann tú ar scoil gach lá?

4 Cén t-am a thosaíonn na ranganna gach lá?

5 Cé mhéad ábhar scoile atá á ndéanamh agat i mbliana?

6 Cé mhéad teanga a fhoghlaimíonn tú ar scoil?

7 Cén t-ábhar is fearr leat i mbliana?

8 An bhfuil aon ábhar ann nach maith leat?

9 Cén t-ábhar praiticiúil is fearr leat?

10 Cé mhéad ama a chaitheann tú ag déanamh obair bhaile gach oíche?

Sampla

1 Seo é Mícheál. Tá Mícheál sa chéad bhliain sa mheánscoil.

2 Tá tríocha dalta ina rang.

3 Siúlann Mícheál ar scoil gach maidin.

4 Tosaíonn na ranganna ar a naoi a chlog.

5 Tá dhá ábhar déag á ndéanamh ag Mícheál.

6 Foghlaimíonn Mícheál trí theanga.

7 Tíreolaíocht an t-ábhar is fearr le Mícheál.

8 Ní maith le Mícheál stair.

9 An t-ábhar praiticiúil is fearr le Mícheál ná corpoideachas.

10 Caitheann Mícheál dhá uair an chloig ag déanamh a chuid obair bhaile gach oíche.

Cúinne na teicneolaíochta

Leag amach cóip de d'amchlár féin ar an ríomhaire sa seomra ríomhairí nó i do chóipleabhar.

Spórt agus spraoi sa rang!

Cé mhéad ábhar scoile is féidir leat a lua i 30 soicind? Téigh timpeall an ranga agus tabhair 30 soicind do gach dalta. Cé hé/hí laoch an ranga?

Obair bhaile

Scríobh amach an obair bhaile atá i do dhialann scoile i nGaeilge i do chóipleabhar. Tá cabhair le fáil sa tábla thíos.

foghlaim .... *learn*		freagair .... *answer*	
léigh .... *read*		scríobh aiste .... *write an essay*	
scríobh alt ..... *write a paragraph*		dán .... *poem*	
scéal .... *story*		ceisteanna .... *questions*	
leathanach ..... *page*			

Gaeilge: Foghlaim na briathra neamhrialta san aimsir láithreach

Béarla: Scríobh blag faoi do bhreithlá

Matamaitic: Leathanach 54 Ceist 1, 2, 3

Fraincis: Léigh an t-alt ar leathanach 23 agus freagair ceist 1, 2

Eolaíocht: Leathanach 28 Freagair ceist 5, 6

Ríomhphost > Cáit Ní Bhriain

Léigh an t-alt thíos agus freagair na ceisteanna a ghabhann leis.

Haigh, a Ailbhe!

Tá áthas an domhain orm! Níl aon obair bhaile agam inniu. Bhí ár múinteoir eolaíochta as láthair um thráthnóna agus rinne mé mo chuid obair bhaile ar scoil. Bhí dhá cheist matamaitice le déanamh agam agus aiste Bhéarla le scríobh. Is aoibhinn liom an múinteoir Béarla. Is fear deas cineálta é. Bíonn an rang Béarla an-suimiúil.

Tháinig an príomhoide isteach ag deireadh an ranga agus thug sí cead dúinn dul abhaile ar leathuair tar éis a dó! Dúirt sí go raibh an múinteoir tíreolaíochta ag cluiche peile. Bhíomar ar mhuin na muice!

Seol ríomhphost chugam go luath agus inis dom faoi do shaol ar scoil.

Slán go fóill,

Cáit

1 Cén fáth a bhfuil áthas an domhain ar Cháit?
2 Cén obair bhaile a bhí le déanamh ag Cáit?
3 Cén sórt duine é an múinteoir Béarla?
4 Cén t-am a chuaigh na daltaí abhaile?
5 Cá raibh an múinteoir tíreolaíochta?

Cúinne na teicneolaíochta

Téigh chuig an seomra ríomhairí agus seol ríomhphost i nGaeilge chuig do chara sa rang.

Obair ealaíne

Tarraing pictiúr de do mhála scoile i do chóipleabhar.

Scríbhneoireacht

Léigh an ríomhphost thuas i do ghrúpa sa rang. Ansin, scríobh an t-eolas a thugtar dúinn faoin lá scoile a bhí ag Ailbhe inniu.

Seomraí na scoile

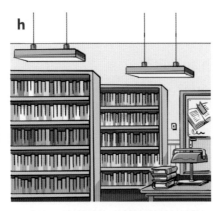

Meaitseáil

Meaitseáil seomraí na scoile ar an leathanach thall leis na focail thíos.

seomra ceoil		seomra ealaíne		seomra foirne	
halla spóirt		saotharlann		seomra na gcótaí	
seomra adhmadóireachta		cistin		oifig an phríomhoide	
seomra ranga		leabharlann		seomra ríomhairí	

Ceacht le déanamh anois

Cuir an seomra ceart sna habairtí thíos.

1 Bíonn rang eolaíochta ag daltaí sa _____.

2 Buaileann an príomhoide le tuismitheoirí in _____.

3 Foghlaimíonn daltaí tíreolaíocht sa _____.

4 Buaileann na múinteoirí le chéile sa _____.

5 Déanann daltaí corpoideachas sa _____.

6 Déanann na daltaí ealaín sa _____.

Obair bhaile

Scríobh na seomraí sa liosta thuas i do chóipleabhar agus foghlaim iad mar cheacht obair bhaile.

Labhair amach > Ciorcal oibre

An bhfuil na háiseanna go maith sa scoil seo? Léigh an sampla thíos agus ansin déan cur síos ar na háiseanna sa scoil i do ghrúpa. Scríobh liosta de na háiseanna ar an gclár bán agus inis don rang céard iad na háiseanna atá sa scoil seo.

Sampla

Is scoil nua-aimseartha í an scoil seo. Tá na háiseanna go hiontach. Tá dhá shaotharlann agus dhá sheomra ealaíne sa scoil. Tá oifig ag an bpríomhoide agus ag an leas-phríomhoide agus tá cistin, seomra ceoil agus seomra tíreolaíochta againn chomh maith. Tá halla mór spóirt sa scoil agus tá leabharlann agus seomra ríomhairí nua inti freisin.

Ceapadóireacht › Scrúdú ar scoil

❯ Tá scrúdú Gaeilge ag Seóna agus Liam. Scríobh an scéal faoin scrúdú i do chóipleabhar.

❯ Léigh an scéal os ard i do ghrúpa agus ansin scríobh an scéal ar an gclár bán sa seomra ranga.

❯ Bain úsáid as na nótaí chun alt a scríobh faoi scrúdú ar scoil.

Pictiúr a haon

Bhuail mé le Liam ag geata na scoile.	I met Liam at the school gate.
Bhíomar an-neirbhíseach.	We were very nervous.
Bhí scrúdú Gaeilge againn.	We had an Irish exam.
Chuamar isteach sa rang.	We went into class.

Pictiúr a dó

Shuíomar síos agus thosaíomar ag staidéar.	We sat down and we started to study.
Ar deireadh tháinig an múinteoir isteach.	In the end the teacher came in.
Chuireamar ár leabhair inár málaí.	We put our books in our bags.
Thosaigh an scrúdú.	The exam started.

Pictiúr a trí

Bhí áthas orainn nuair a bhí an scrúdú thart.	We were happy when the exam was over.
Bhuaileamar lenár gcairde.	We met our friends.
Shuíomar síos sa cheaintín.	We sat in the canteen.
D'itheamar ár lón.	We ate our lunch.

Pictiúr a ceathair

Bhíomar an-neirbhíseach an lá ina dhiaidh sin.	We were very nervous the following day.
Tháinig an múinteoir isteach sa rang.	The teacher came into the class.
Thug sí na torthaí dúinn.	She gave us the results.
Bhí áthas orainn gur éirigh go maith linn sa scrúdú.	We were happy that we did well in the exam.

Cluastuiscint 2.2 > CD 1 Rian 11–13

Lorg Foclóra
leathuair
bhrostaigh mé
cabhrach
um thráthnóna

Éist go cúramach leis na míreanna cainte ar an dlúthdhiosca agus ansin freagair na ceisteanna seo thíos. Cloisfidh tú gach mír dhá uair.

Mír a haon

1 Cuir tic sa bhosca ceart.

(a) ☐   (b) ☐   (c) ☐   (d) ☐

2 Cén rang a bhí ag Niall ar maidin?

_____

3 Cén fáth nach raibh an múinteoir sásta?

_____

Mír a dó

1 Cén t-ábhar is fearr le Siobhán?

_____

2 Cén sórt duine é an múinteoir?

_____

3 Cén t-am a bhíonn an rang sin ag Siobhán ar an gCéadaoin?

_____

Obair bhreise

Éist leis an dlúthdhiosca cúpla uair agus déan iarracht gach mír chainte a scríobh síos i do chóipleabhar. Ansin scríobh mír ar an gclár bán.

Dul siar

Líon na bearnaí thíos. Cabhróidh na focail sa bhosca leat.

Is mise Seán. Tá mé sa chéad bhliain sa

_____. Is maith liom an scoil nua.

Is scoil mhór í. Freastalaíonn

_____ dalta ar an scoil agus

múineann cúig mhúinteoir is caoga sa scoil.

Bróna Ní Thuairisc an t-ainm atá ar an

_____ agus is é Liam de Búrca

an leas-phríomhoide.

Déanaim deich _____ sa mheánscoil.

Is iad _____ is fearr liom ná stair, Gaeilge agus matamaitic. Bíonn

_____ rang eolaíochta againn gach seachtain, dhá rang ar an Máirt agus rang

amháin ar an Aoine. Faighim a lán obair _____ gach oíche. Bíonn tuirse an

domhain orm.

Is é an múinteoir tíreolaíochta an múinteoir is fearr liom. Is fear deas _____ é.

Tá a lán seomraí sa mheánscoil. In aice an dorais, tá _____ an phríomhoide

agus oifig an leas-phríomhoide. Tá dhá shaotharlann, seomra ealaíne agus seomra

_____ sa scoil. Taitníonn an múinteoir ceoil go mór liom. Téim chuig an

_____ uair sa tseachtain le mo mhúinteoir Béarla. Tá leabhair de gach saghas

sa leabharlann.

Bhí mé _____ ag teacht ar scoil Dé hAoine seo caite. Shroich mé an scoil ar

cheathrú tar éis a naoi. Bhí fearg ar an bpríomhoide liom. D'inis mé di go raibh an bus

_____ déanach.

bhaile   bpríomhoide   cairdiúil
ceoil   déanach   leabharlann
mheánscoil   n-ábhar   na hábhair
oifig   scoile   seacht gcéad   trí

Dul siar ar an eolas a bhailigh mé san aonad seo

Líon isteach an t-eolas fút féin.

Cad is ainm do do scoil nua?

_____

Cé mhéad dalta atá ag freastal ar an scoil?

_____

Cé mhéad múinteoir atá ag múineadh sa scoil?

_____

Cad is ainm don phríomhoide?

_____

Cad is ainm don leas-phríomhoide? _____

Cén t-am a thosaíonn na ranganna ar maidin? _____

Cén t-am a bhíonn sos ag na daltaí? _____

Cén t-am a bhíonn lón ag na daltaí? _____

Cén t-am a chríochnaíonn na ranganna ar an Luan? _____

Cén t-am a chríochnaíonn na ranganna ar an gCéadaoin? _____

Cén t-am a chríochnaíonn na ranganna ar an Aoine? _____

Céard iad na teangacha a dhéanann tú i mbliana? _____

Céard iad na hábhair phraiticiúla a dhéanann tú i mbliana? _____

Cé mhéad rang corpoideachais a bhíonn agat gach seachtain? _____

Ainmnigh an dá ábhar is fearr leat. _____

Ainmnigh ábhar amháin nach maith leat. _____

Céard iad na seomraí atá i do scoil nua? _____

Céard iad na hoifigí atá i do scoil nua? _____

 Cuimhnigh!
Téigh go dtí **www.edco.ie/cinnte1** agus bain triail as na hidirghníomhaíochtaí.

Aonad a Trí

An Fómhar agus an Geimhreadh

San aonad seo foghlaimeoidh tú na scileanna seo:

SCIL	ÁBHAR
an cultúr Gaelach	dán: 'Duilleoga ar an Life'
léitheoireacht	léamhthuiscint, dialann, blag, dán, ailt, scéal, abairtí a mheaitseáil
scríbhneoireacht	blag, dialann, éist agus scríobh, abairtí le scríobh, dán
gramadach	an aimsir láithreach, an aimsir chaite, céimeanna comparáide na n-aidiachtaí
éisteacht	cluastuiscint, dán
teicneolaíocht	blag, déan taighde sa seomra ríomhairí, féach ar réamhaisnéis na haimsire
cumarsáid	réamhaisnéis na haimsire, pléigh na séasúir sa rang
uimhríocht	an t-am, míonna na bliana
ealaín/cruthaitheacht	cárta, tarraing pictiúr le dul leis an dán 'Duilleoga ar an Life'
taighde/féinfhoghlaim	ainmhí fiáin, Oíche Shamhna
ceapadóireacht	scéal: An Nollaig, dialann

Tá dhá chuid san aonad seo
1 An fómhar
2 An geimhreadh

Téigh go dtí **www.edco.ie/cinnte1** agus bain triail as na hidirghníomhaíochtaí.

Clár

Dán

Dlúthdhiosca an mhúinteora, rian 5

Éist leis an dán seo ar dhlúthdhiosca an mhúinteora agus déan na cleachtaí a ghabhann leis.

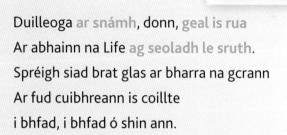

Duilleoga ar an Life
le Séamus Ó Néill

Duilleoga ar snámh, donn, geal is rua	*floating; bright and red*
Ar abhainn na Life ag seoladh le sruth.	*sailing in a stream*
Spréigh siad brat glas ar bharra na gcrann	
Ar fud cuibhreann is coillte	
i bhfad, i bhfad ó shin ann.	
Duilleoga ar snámh, lá ceoch fómhair	*a foggy autumnal day*
Ag iompar na háilleachta trí shráideanna dobhair.	*Carrying beauty through dark streets*
Spréigh siad brat glas ar bharra na gcrann	*They spread*
Ar fud cuibhreann is coillte	*bushes and woodland*
i bhfad, i bhfad ó shin ann.	*a long time ago*

Scríbhneoireacht > Obair bheirte
Léitheoireacht

A Meaitseáil na habairtí i mBéarla agus i nGaeilge thíos.

B Scríobh na habairtí meaitseáilte thíos i do chóipleabhar.

1 Is dán é seo faoin bhfómhar.

2 Cuireann na duilleoga áthas ar an bhfile.

3 Tá dath donn, geal agus rua ar na duilleoga.

4 Tá dath glas ar na crainn.

5 Bíonn ceo ann san fhómhar.

6 Bíonn na duilleoga ar snámh ar an Life.

7 Bíonn duilleoga glasa ar na crainn sa samhradh.

8 Bíonn na sráideanna dorcha san fhómhar.

9 Ceapann an file go bhfuil na duilleoga go hálainn.

10 Is maith leis an bhfile an fómhar.

a *The trees are green.*

b *The leaves float on the Liffey.*

c *The streets are dark in the autumn.*

d *The poet thinks the leaves are beautiful.*

e *The leaves make the poet happy.*

f *The trees have green leaves in the summer.*

g *The poet likes the autumn.*

h *This is a poem about autumn.*

i *The leaves are brown, bright and red.*

j *There is fog in the autumn.*

1	2	3	4	5	6	7	8	9	10

Fíor nó bréagach? > Obair bheirte

	Fíor	Bréagach
1 Is dán é seo faoin ngeimhreadh.	☐	☐
2 Cuireann na duilleoga áthas ar an bhfile.	☐	☐
3 Is maith leis an bhfile na duilleoga.	☐	☐
4 Bíonn na sráideanna geal san fhómhar.	☐	☐
5 Tá mí Lúnasa san fhómhar.	☐	☐

Obair ealaíne

Tarraing pictiúr le dul leis an dán seo.

Ceisteanna ginearálta > Obair bheirte

Freagair na ceisteanna seo.

1 Céard iad míonna an fhómhair?

2 Cén cineál aimsire a bhíonn ann san fhómhar?

   a grianmhar   b fuar   c ceomhar

3 Cad é an rud is fearr leat faoin bhfómhar?

4 An mbíonn na leathana ag dul i ngiorracht (*shorter*) nó i bhfad (*longer*) san fhómhar?

5 An bhfuil aon rud faoin bhfómhar nach maith leat?

6 Cá bhfuil an dán seo suite?

   a faoin tuath   b sa chathair   c ar shliabh   d cois farraige

7 Céard iad na difríochtaí idir aimsir an fhómhair agus aimsir an gheimhridh? (Léigh ó leathanach 71 ar aghaidh chun foghlaim faoi na difríochtaí.)

Obair ghrúpa

Scríobh dán gearr faoin ngeimhreadh agus faoin bhfómhar agus cuir pictiúir leis.

An geimhreadh

_____

_____

_____

_____

_____

_____

_____

_____

An fómhar

_____

_____

_____

_____

_____

_____

_____

_____

_____

_____

_____

_____

_____

_____

Taighde

Déan taighde ar ócáid a tharlaíonn san fhómhar (mar shampla, Oíche Shamhna) agus déan cur i láthair ar an ócáid sin sa rang.

Na séasúir › Cén séasúr is fearr leat?

Scríobh na séasúir thíos i do chóipleabhar agus foghlaim iad mar cheacht obair bhaile. Tarraing siombail de gach séasúr.

an t-earrach an samhradh an fómhar an geimhreadh

Míonna na bliana

Lúbra

Aimsigh míonna na bliana thíos sa lúbra.

Eanáir
Feabhra
Márta
Aibreán
Bealtaine
Meitheamh
Iúil
Lúnasa
Samhain
Nollaig

b	e	a	l	t	a	i	n	e	í	á	é	e	n	ú
s	a	ú	e	a	n	á	i	r	v	g	ó	i	f	á
a	í	f	é	l	c	í	l	a	s	í	s	g	e	m
m	p	á	m	e	t	é	t	n	í	a	f	i	c	e
h	h	a	r	h	b	a	e	f	p	a	ó	a	g	i
a	b	r	l	g	e	h	r	í	p	s	r	t	m	t
i	á	a	m	i	c	é	l	t	b	a	b	t	n	h
n	s	i	p	a	p	ú	é	o	ó	n	a	o	á	e
c	í	b	b	l	d	ú	m	ú	p	ú	a	n	r	a
é	b	r	t	l	i	ú	i	l	m	l	ú	m	á	m
d	á	e	n	o	m	b	á	s	p	í	t	h	p	h
f	ú	á	s	n	f	ó	a	é	l	ú	f	a	á	m
ú	t	n	m	é	d	a	t	r	á	m	h	i	c	ú

Obair bhaile

Scríobh na habairtí thíos i do chóipleabhar agus foghlaim iad mar cheacht obair bhaile.

Is maith liom **an fómhar**.

Is iad Lúnasa, Meán Fómhair agus Deireadh Fómhair **míonna an fhómhair**.

Ag **tús an fhómhair** bím ar mo laethanta saoire.

I **lár an fhómhair** fillim ar scoil.

Ag **deireadh an fhómhair** bíonn Oíche Shamhna ann.

An fómhar an séasúr is fearr liom.

An fómhar

Léamhthuiscint > An fómhar

Léigh an t-alt os ard i do ghrúpa agus freagair na ceisteanna thíos i do chóipleabhar.

Haigh! Is aoibhinn linn an fómhar. Tosaíonn an fómhar ar an gcéad lá de mhí Lúnasa. Bíonn laethanta saoire againn ón scoil i mí Lúnasa agus buailimid lenár gcairde. De ghnáth bíonn an aimsir te agus grianmhar i mí Lúnasa agus téimid go dtí an trá. Is maith linn a bheith ag snámh san fharraige.

Fillimid ar scoil i mí Mheán Fómhair agus bíonn áthas orainn ár gcairde scoile a fheiceáil arís. Éiríonn an aimsir níos fuaire agus éiríonn sé dorcha níos luaithe freisin. Bíonn an dúlra go hálainn san fhómhar agus titeann na duilleoga de na crainn.

Mí Dheireadh Fómhair an mhí is fearr linn san fhómhar. Faighimid sos ón scoil ar feadh seachtaine. Buailimid le chéile Oíche Shamhna agus bíonn an-chraic againn. Téimid chuig dioscó i halla na scoile. Bíonn an aimsir fliuch agus fuar agus bíonn sé dorcha ar maidin nuair a éirímid.

1 Conas mar a bhíonn an aimsir i mí Lúnasa?

2 Cén fáth a mbíonn áthas ar na déagóirí i mí Mheán Fómhair?

3 Cén mhí is fearr leis na déagóirí san fhómhar?

4 Cá dtéann na déagóirí Oíche Shamhna?

Scríbhneoireacht

Cén t-eolas a fhaighimid faoi na déagóirí sa léamhthuiscint thuas? Scríobh an t-eolas ar an gclár bán. Cén t-eolas a fhaighimid faoin aimsir san fhómhar sa léamhthuiscint thuas?

Feasacht teanga > An aimsir láithreach

Pioc amach ocht mbriathar san aimsir láithreach ón léamhthuiscint agus scríobh sa tábla thíos iad. Foghlaim na briathra mar cheacht obair bhaile.

tosaíonn			

Scríobh na briathra i do chóipleabhar agus cum abairtí simplí leo faoin bhfómhar.

Mí Lúnasa

Labhair amach > Ciorcal oibre

Pléigh an cheist thíos os ard i do ghrúpa agus scríobh do chuid freagraí ar an gclár bán.

Céard a dhéanann daoine óga i mí Lúnasa?

Samplaí

Téann siad ar saoire.

Ceannaíonn siad a leabhair scoile agus filleann siad ar scoil.

Imríonn daoine óga spórt agus buaileann siad le cairde.

Caitheann siad tamall faoin tuath, sa ghairdín nó sa pháirc.

Glanann siad a seomra leapa!

Meaitseáil > Conas mar a bhíonn an aimsir i mí Lúnasa?

Meaitseáil na habairtí thíos leis na pictiúir. Scríobh na habairtí i do chóipleabhar agus foghlaim iad mar cheacht obair bhaile.

1 Bíonn an aimsir meirbh (*warm*).

2 Uaireanta bíonn sé gaofar agus scamallach.

3 Éiríonn na laethanta níos giorra.

4 Uaireanta bíonn an aimsir fliuch i mí Lúnasa.

Scríbhneoireacht

Scríobh cúig abairt i do chóipleabhar faoi mhí Lúnasa. Léigh na habairtí os ard sa rang.

Obair ealaíne

Tarraing pictiúr de mhí Lúnasa i do chóipleabhar.

Mí Mheán Fómhair

Labhair amach > Ciorcal oibre

Pléigh an cheist thíos os ard sa rang agus scríobh do chuid freagraí ar an gclár bán.

Céard a dhéanann daoine óga i mí Mheán Fómhair?

Samplaí

Filleann siad ar scoil.

Buaileann siad le cairde ag an deireadh seachtaine.

Imríonn siad spórt.

Meaitseáil > Conas mar a bhíonn an aimsir i mí Mheán Fómhair?

Meaitseáil na habairtí thíos leis na pictiúir. Scríobh na habairtí i do chóipleabhar agus foghlaim iad mar cheacht obair bhaile.

1 Bíonn an aimsir fionnuar (*cool*). 2 Titeann na duilleoga de na crainn.

3 Éiríonn sé dorcha go luath. 4 Bíonn sé ag cur báistí go minic.

☐ ☐ ☐ ☐

Taighde

Téigh chuig an seomra ríomhairí agus déan taighde ar ainmhí fiáin a chónaíonn in Éirinn.

Tarraing pictiúr den ainmhí sin agus déan cur síos air.

Scríbhneoireacht

Scríobh cúig abairt i do chóipleabhar faoi mhí Mheán Fómhair. Léigh na habairtí os ard sa rang.

Mí Dheireadh Fómhair

Labhair amach > Ciorcal oibre

Pléigh an cheist thíos os ard sa rang agus scríobh do chuid freagraí ar an gclár bán.

Céard a dhéanann daoine óga i mí Dheireadh Fómhair?

Samplaí

Bíonn scrúduithe ar siúl ar scoil.

Faigheann siad sos ón scoil.

Oíche Shamhna buaileann siad le cairde.

Téann siad chuig club óige nó dioscó.

Imríonn siad spórt.

Meaitseáil > Conas mar a bhíonn an aimsir i mí Dheireadh Fómhair?

Meaitseáil na habairtí thíos leis na pictiúir. Scríobh na habairtí i do chóipleabhar agus foghlaim iad mar cheacht obair bhaile.

1 Bíonn an aimsir fuar.

2 Feicimid tintreach agus toirneach sa spéir.

3 Bíonn sé stoirmiúil go minic.

4 Bíonn sé ceomhar.

Scríbhneoireacht

Scríobh cúig abairt i do chóipleabhar faoi mhí Dheireadh Fómhair. Léigh na habairtí os ard sa rang.

Obair ealaíne

Tarraing pictiúr de mhí Dheireadh Fómhair. Croch an pictiúr ar an mballa.

Aimsigh na difríochtaí › An dúlra san fhómhar

Céard iad na difríochtaí a fheiceann tú idir an dá phictiúr thíos?

Pictiúr a haon

Pictiúr a dó

Sampla

Tá iora rua sa chéad phictiúr agus níl iora rua sa dara pictiúr.

broc	badger	crann cnó capaill	chestnut tree
gráinneog	hedgehog	iora rua	squirrel
sionnach	fox	cnónna	nuts
sméara dubha	blackberries	úlla agus piorraí	apples and pears
an ghrian ag scoilteadh na gcloch			the sun splitting the stones
scamallach			cloudy
an feirmeoir ag baint an fhómhair			the farmer gathering the harvest
arbhar ag fás sna páirceanna			corn growing in the fields
éin ag eitilt sa spéir			birds flying in the sky
dathanna áille ar na duilleoga			beautiful colours on the leaves

Scríbhneoireacht

Scríobh cúig abairt i do chóipleabhar faoin dúlra san fhómhar. Léigh na habairtí os ard sa rang.

Obair ealaíne

Tarraing pictiúr d'ainmhí fiáin nó crann cnó capaill. Croch na pictiúir ar an mballa sa seomra ranga.

Dialann Aoife

Léigh dialann Aoife agus freagair na ceisteanna ar an leathanach thall.

Dé Luain 3 Lúnasa

Chuaigh mé ag campáil le mo thuismitheoirí agus mo dhearthaireacha inniu. Bhí sé grianmhar.

Dé Luain 10 Lúnasa

D'fhilleamar abhaile agus bhí an aimsir fuar agus fliuch. Chuir mé glao fóin ar mo chairde.

Dé hAoine 14 Lúnasa

Thug mé cuairt ar m'aintín faoin tuath. Chonaic mé páirceanna ina raibh arbhar agus cruithneacht. Chonaic mé na ba agus na muca, na capaill agus na caoirigh.

Dé Domhnaigh 16 Lúnasa

D'fhilleamar abhaile ar maidin. Chuaigh mé chuig teach mo charad um thráthnóna.

Dé Déardaoin 20 Lúnasa

Chuaigh mé chuig an siopa leabhar agus cheannaigh mé mo leabhair scoile agus cóipleabhair. Líon mé mo mhála scoile um thráthnóna leis na leabhair agus na cóipleabhair.

Dé Sathairn 22 Lúnasa

Thug mé mo mhadra, Millie, chuig an bpáirc le mo chara Niall. Chonaiceamar iora rua sa pháirc. Bhí na duilleoga ag titim de na crainn. Bhí dath donn, órga agus buí ar na duilleoga.

Dé Domhnaigh 23 Lúnasa

Bhailigh mé sméara dubha le mo chairde ar maidin. Bhí sé scamallach agus gaofar um thráthnóna. Phioc mo mham úlla agus rinne sí píóg úll.

Dé Céadaoin 26 Lúnasa

D'éirigh mé ar a leathuair tar éis a seacht. Chuir mé m'éide scoile orm. Bhuail mé le mo chairde agus chuamar ar scoil.

Scríbhneoireacht

Scríobh na focail thíos i do chóipleabhar agus foghlaim iad mar cheacht obair bhaile.

ag campáil	*camping*	grianmhar	*sunny*
faoin tuath	*in the country*	glao fóin	*a phone call*
arbhar	*corn*	cruithneacht	*wheat*
na ba	*the cows*	na muca	*the pigs*
na capaill	*the horses*	na caoirigh	*the sheep*
iora rua	*red squirrel*	sméara dubha	*blackberries*
órga	*gold*	pióg úll	*apple pie*

1 Cá ndeachaigh Aoife ar an 3ú Lúnasa?

2 Cathain a thug Aoife cuairt ar a haintín faoin tuath?

3 Ainmnigh na hainmhithe a chonaic Aoife faoin tuath.

4 Céard a cheannaigh Aoife sa siopa leabhar?

5 Conas mar a bhí an aimsir Dé Domhnaigh an 23ú Lúnasa?

6 Cén t-am a d'éirigh Aoife Dé Céadaoin an 26ú Lúnasa?

Feasacht teanga > An aimsir chaite

Pioc amach deich mbriathar san aimsir chaite as an dialann. Scríobh abairtí leis na briathra i do chóipleabhar. Foghlaim na briathra.

Fíor nó bréagach?

Léigh na habairtí thíos. An bhfuil siad fíor nó bréagach?

	Fíor	Bréagach
1 Bhí an aimsir fuar agus fliuch ar an 10ú Lúnasa.	☐	☐
2 Chuaigh Aoife chuig teach a haintín ar an 16ú Lúnasa.	☐	☐
3 Thug Aoife a madra chuig an trá.	☐	☐
4 Bhí na duilleoga ag titim de na crainn.	☐	☐
5 Bhailigh Aoife sméara dubha lena tuismitheoirí.	☐	☐
6 Chuaigh Aoife ar scoil ar an 26ú Lúnasa.	☐	☐

Obair ghrúpa

Céard a rinne tú i mí Mheán Fómhair? Scríobh dialann i do chóipleabhar. Ansin léigh an dialann os ard i do ghrúpa.

Oíche Shamhna

Céard a dhéanann tú Oíche Shamhna? Pléigh an pictiúr thíos sa rang.

Meaitseáil

Meaitseáil na huimhreacha sa phictiúr ar an leathanach thall agus na hainmfhocail thíos.

puimcín		cnámharlach		tinte ealaíne	
tine chnámh		cailleach		taibhse/púca	

Scríbhneoireacht

Scríobh na hainmfhocail i do chóipleabhar. Foghlaim na hainmfhocail mar cheacht obair bhaile.

Feasacht teanga > Briathra san aimsir láithreach

Freagair na ceisteanna thíos i do chóipleabhar.

1 An dtéann tú amach le do chairde Oíche Shamhna?   Téim …   *nó*   Ní théim …

2 An mbailíonn tú milseáin Oíche Shamhna?   Bailím …   *nó*   Ní bhailím …

3 An ngléasann tú in éide bhréige?   Gléasaim …   *nó*   Ní ghléasaim …

4 An bhféachann tú ar na tinte ealaíne?   Féachaim …   *nó*   Ní fhéachaim …

5 An mbíonn tine chnámh i do cheantar?   Bíonn …   *nó*   Ní bhíonn …

Éist agus scríobh

Éist leis an múinteoir ag léamh an ailt thíos os ard sa rang agus scríobh i do chóipleabhar é. Ceartaigh an t-alt ansin.

66

Taitníonn Oíche Shamhna go mór liom. Buailim le mo chairde agus téimid ó dhoras go doras ag bailiú milseán. Bíonn éide bhréige ar na páistí óga. Ansin siúlaimid chuig an bpáirc. Bíonn tine chnámh ar lasadh agus seasaimid timpeall na tine. Ag deireadh na hoíche feicimid na tinte ealaíne sa spéir.

99

Taighde

Téigh chuig an seomra ríomhairí agus déan taighde ar Oíche Shamhna: an tine chnámh, na tinte ealaíne, na cluichí.

Obair ealaíne

Ar mhaith leat masc a dhearadh? Caith rang nó dhó ag dearadh maisc. Croch ar an mballa é.

Feasacht teanga › Céimeanna comparáide na n-aidiachtaí

Fíor nó bréagach?

		Fíor	Bréagach
1	Éiríonn an aimsir níos fuaire san fhómhar.	☐	☐
2	Bíonn sé níos gile um thráthnóna san fhómhar.	☐	☐
3	Bíonn sé níos teo ar maidin san fhómhar.	☐	☐
4	Bíonn na dathanna ar na duilleoga níos áille san fhómhar.	☐	☐
5	Bíonn an aimsir níos fearr san fhómhar ná sa gheimhreadh.	☐	☐

Scríbhneoireacht

Scríobh na haidiachtaí thíos i do chóipleabhar agus foghlaim iad mar cheacht obair bhaile.
Scríobh abairtí leis na haidiachtaí agus léigh na habairtí os ard sa rang.

maith ....*good*	níos fearr .... *better*	is fearr...........*best*
olc.............*bad*	níos measa.... *worse*	is measa ....*worst*
fuar...........*cold*	níos fuaire ..... *colder*	is fuaire.........*coldest*
geal...........*bright*	níos gile .... *brighter*	is gile............*brightest*
te..............*hot*	níos teo......... *hotter*	is teo ....*hottest*
álainn.......*beautiful*	níos áille .... *more beautiful*	is áille...........*most beautiful*

Ceacht le déanamh anois

Líon na bearnaí thíos.

1 Is é an fómhar an séasúr (*is maith*) _____, i mo thuairim.

2 Éiríonn an aimsir (*níos fuar*) _____ san fhómhar.

3 Bíonn na crainn (*níos álainn*) _____ san fhómhar ná mar a bhíonn siad san earrach.

4 Bíonn an aimsir (*níos te*) _____ ag tús an fhómhair ná ag deireadh an fhómhair.

5 Bíonn na laethanta (*níos geal*) _____ sa samhradh ná san fhómhar.

6 Bíonn an aimsir (*níos olc*) _____ sa gheimhreadh ná sa samhradh.

TG4

Féach ar réamhaisnéis na haimsire ar TG4.

Cluastuiscint 3.1 > CD 1 Rian 14–16

 Lorg Foclóra

iora rua

duilleog

sceitimíní

éide bhréige

Éist go cúramach leis na míreanna cainte ar an dlúthdhiosca agus ansin freagair na ceisteanna seo thíos. Cloisfidh tú gach mír dhá uair.

Mír a haon

1 Cuir tic sa bhosca ceart.

(a) ☐   (b) ☐   (c) ☐   (d) ☐

2 Cén séasúr is fearr le Siún?

_____

3 Conas mar a bhí an aimsir ar maidin?

_____

Mír a dó

1 Cá mbeidh Pádraig ag dul anocht?

_____

2 Céard a bhaileoidh na páistí óga?

_____

3 Céard a fheicfidh siad ag deireadh na hoíche?

_____

Obair bhreise

Éist leis an dlúthdhiosca cúpla uair agus déan iarracht gach mír chainte a scríobh i do chóipleabhar. Ansin scríobh mír ar an gclár bán.

An geimhreadh

Labhair amach › Ciorcal oibre

Pléigh na ceisteanna os ard i do ghrúpa agus scríobh na freagraí ar an gclár bán.

1 Céard iad míonna an gheimhridh?   Is iad …

2 An maith leat an geimhreadh?   Is maith liom … *nó* Is fuath liom …

3 Cén mhí is fearr leat sa gheimhreadh?   An mhí is fearr liom ná …

4 Céard a dhéanann daoine óga sa gheimhreadh?

Dónall

Foghlaim na habairtí thíos agus abair os ard sa rang iad.

Is maith liom **an geimhreadh**.

Is iad Samhain, Nollaig agus Eanáir **míonna an gheimhridh**.

I **lár an gheimhridh** faighim laethanta saoire na Nollag.

Bíonn an aimsir fuar agus fliuch **sa gheimhreadh**.

Meaitseáil › Conas mar a bhíonn an aimsir sa gheimhreadh?

Meaitseáil na habairtí thíos leis na pictiúir. Scríobh na habairtí i do chóipleabhar agus foghlaim iad mar cheacht obair bhaile.

1 Bíonn sé ag cur báistí go minic sa gheimhreadh.

2 Bíonn na bóithre sleamhain le leac oighir.

3 Titeann sneachta sa gheimhreadh.

4 Uaireanta bíonn sé stoirmiúil sa gheimhreadh.

Blag Lísa

 Léigh an blag os ard sa rang agus freagair na ceisteanna thíos.

Haigh, a chairde. Lísa anseo. Inniu an dara lá déag de mhí na Nollag. Bhí mé déanach ar scoil ar maidin. Bhí sé fliuch agus bhí a lán tráchta ar an mbóthar. Shroich mé an scoil ar a deich a chlog. Ní raibh an múinteoir Gaeilge róshásta liom. Is fuath liom an geimhreadh! Tá sé an-fhuar inniu agus thug an múinteoir cead dúinn ár gcótaí a chaitheamh sa rang.

Dúnfaidh an scoil an tseachtain seo chugainn agus gheobhaidh mé laethanta saoire na Nollag. Tá mé ag tnúth go mór leis na laethanta saoire. Fanfaidh mé sa leaba gach maidin agus buailfidh mé le mo chairde gach tráthnóna. Beidh orm cabhrú le mo thuismitheoirí an teach a ullmhú don Nollaig. Is fuath liom obair tí.

1 Cén fáth a raibh Lísa déanach ar scoil?
2 Cén t-am a shroich Lísa an scoil?
3 Cén fáth ar thug an múinteoir Gaeilge cead do na daltaí a gcótaí a chaitheamh ar scoil?
4 Cathain a dhúnfaidh an scoil don Nollaig?
5 Céard iad na rudaí a dhéanfaidh Lísa i rith laethanta saoire na Nollag?

Cúinne na teicneolaíochta

Téigh chuig an seomra ríomhairí agus scríobh blag faoi do shaol sa gheimhreadh. Seol an blag chuig do mhúinteoir Gaeilge.

Éist agus scríobh

Éist leis an múinteoir ag léamh an ailt thíos os ard sa rang agus scríobh i do chóipleabhar é. Ceartaigh an t-alt ansin.

Is maith liom an geimhreadh. Bíonn an aimsir fuar agus fliuch agus uaireanta titeann sneachta sa ghairdín. Is maith liom an sneachta. Tagann mo chairde chuig mo theach agus bíonn spórt againn le chéile. Faighim saoire ón scoil sa gheimhreadh. An Nollaig an mhí is fearr liom sa gheimhreadh.

An Nollaig

Féach ar an bpictiúr thíos agus freagair na ceisteanna ar an leathanach thall.

Meaitseáil

Meaitseáil na huimhreacha sa phictiúr ar an leathanach thall agus na hainmfhocail thíos.

maróg Nollag		maisiúcháin		pléascóga Nollag	
cártaí Nollag		cáca Nollag		mainséar	
crann Nollag		aingeal		bachlóga Bruiséile	
turcaí		coinneal		liamhás	
Daidí na Nollag		réalta		bronntanais Nollag	
stoca Nollag		prátaí rósta		soilse Nollag	

Obair bhaile

Scríobh na hainmfhocail thuas i do chóipleabhar agus foghlaim iad mar cheacht obair bhaile.

Ceacht le déanamh anois

Líon na bearnaí thíos. Cabhróidh na focail sa bhosca leat.

1 Cuireann daoine _____ san fhuinneog oíche Nollag.

2 Fágann Daidí na Nollag _____ do na páistí.

3 Itheann daoine turcaí agus _____ do dhinnéar na Nollag.

4 Seolann daoine _____ Nollag chuig cairde roimh an Nollaig.

5 Cuireann daoine _____ ag barr an chrainn Nollag.

6 Bíonn Íosa Críost le feiceáil sa _____ maidin Nollag.

aingeal   bronntanais   cártaí   coinneal   liamhás   mhainséar

Obair ealaíne

Tarraing pictiúr den gheimhreadh i do chóipleabhar.
Taispeáin an pictiúr don rang agus déan cur síos ar
an bpictiúr.

Sampla

Tharraing mé pictiúr den pháirc sa gheimhreadh.
Bhí brat bán sneachta ar fud na páirce.

Éist agus scríobh

Éist leis an múinteoir ag léamh an ailt thíos os ard sa rang agus scríobh i do chóipleabhar é. Ceartaigh an t-alt ansin.

66

Is aoibhinn liom an Nollaig. Éirím go luath maidin Nollag agus dúisím mo dheirfiúr. Rithimid síos an staighre go tapa agus téimid isteach sa seomra suí. Osclaímid na bronntanais a fheicimid faoin gcrann Nollag. Ansin dúisímid ár dtuismitheoirí. Bíonn áthas an domhain orainn.

99

Scríbhneoireacht

Anois, scríobh alt gearr i do chóipleabhar faoin Nollaig i do theach.

Obair ealaíne

Maisigh cárta Nollag sa rang. Croch an cárta sa seomra ranga i rith mhí na Nollag.

Labhair amach > Ciorcal oibre

Cuir na ceisteanna thíos ar gach duine i do chiorcal. Pléigh na ceisteanna os ard sa rang. Ansin scríobh freagraí na gceisteanna i do chóipleabhar.

1 Cén séasúr is fearr leat? — Is fearr liom …
2 Céard iad míonna an fhómhair? — Is iad …
3 Cén mhí sa gheimhreadh is fearr leat? — Is fearr liom …
4 Conas a bhíonn an aimsir i mí na Samhna? — Bíonn an aimsir …
5 Cathain a fhilleann tú ar scoil? — Fillim ar scoil i …

Suirbhé

Déan an suirbhé thíos le do chara sa rang.

1 An gcabhraíonn tú le do thuismitheoirí an crann Nollag a chur suas? _____

2 Cá gcuireann sibh an crann Nollag? _____

3 An seolann tú cártaí Nollag chuig do chairde? _____

4 Cén t-am a éiríonn tú lá Nollag? _____

5 Cá bhfágann do thuismitheoirí bronntanais duit? _____

6 An dtagann cuairteoirí chuig do theach lá Nollag? Cé a thagann? _____

7 Cén t-am a itheann do theaghlach an dinnéar lá Nollag? _____

8 An gcabhraíonn tú le do thuismitheoirí an dinnéar a ullmhú? _____

9 Céard a itheann do theaghlach don dinnéar? _____

10 An maith leat turcaí agus liamhás? _____

11 An maith leat bachlóga Bruiséile? _____

12 An maith leat cáca Nollag agus maróg Nollag? _____

13 Céard a dhéanann do theaghlach tar éis dinnéir? _____

14 An dtugann tú cuairt ar aon duine lá Nollag? _____

15 An dtéann tú amach oíche Nollag? _____

Sampla > Gearóid

Rinne mé an suirbhé le Gearóid. Cabhraíonn Gearóid lena thuismitheoirí an crann Nollag a chur suas. Cuireann siad an crann Nollag suas sa seomra suí. Ní sheolann Gearóid cártaí Nollag.

Éiríonn Gearóid ar a seacht a chlog lá Nollag agus fágann a thuismitheoirí a bhronntanais dó faoin gcrann Nollag. Tagann a aintín agus a uncail chuig an teach maidin Nollag.

Itheann siad dinnéar ar a cúig a chlog agus ní chabhraíonn Gearóid lena thuismitheoirí an dinnéar a ullmhú. Itheann Gearóid turcaí agus liamhás don dinnéar ach ní maith leis bachlóga Bruiséile. Is fuath le Gearóid maróg Nollag agus is aoibhinn le Gearóid cáca Nollag. Tugann Gearóid cuairt ar a mhamó agus a dhaideo oíche Nollag.

Ceapadóireacht › An Nollaig

❯ Lá Nollag atá ann. Éiríonn Seán agus Dara go luath … Scríobh an scéal faoin Nollaig i do chóipleabhar.

❯ Léigh an scéal thíos os ard i do ghrúpa agus scríobh an scéal ar an gclár bán sa seomra ranga.

❯ Bain úsáid as na nótaí thíos chun alt a scríobh faoin Nollaig.

Pictiúr a haon

Dhúisigh mé ar a cúig a chlog.	*I woke up at five o'clock.*
Dhúisigh mé mo dheartháir.	*I woke my brother.*
D'éiríomar agus lasamar solas ar an léibheann.	*We got up and put on a light on the landing.*
Chuamar síos an staighre ar ár mbarraicíní.	*We went downstairs on our tiptoes.*

Pictiúr a dó

D'fhéachamar isteach sa seomra suí.	*We looked into the sitting room.*
Chonaiceamar bronntanais faoin gcrann.	*We saw presents under the tree.*
Thosaíomar ag oscailt na mbronntanas.	*We started to open the presents.*
Bhí sceitimíní orainn.	*We were excited.*

Pictiúr a trí

Ar a trí a chlog leagamar an bord don dinnéar.	*At three o'clock we set the table for dinner.*
Tháinig ár n-aintín agus ár n-uncail don dinnéar.	*Our aunt and uncle came for dinner.*
Bhí béile blasta turcaí agus liamháis againn.	*We had a tasty meal with turkey and ham.*
Thaitin an dinnéar go mór linn.	*We really enjoyed the dinner.*

Pictiúr a ceathair

Tar éis dinnéir shuíomar sa seomra suí.	*After dinner we sat in the sitting room.*
Tháinig ár gcairde chuig an teach.	*Our friends came to the house.*
Tharraingíomar pléascóga Nollag.	*We pulled Christmas crackers.*
D'itheamar cáca Nollag agus maróg Nollag.	*We ate Christmas cake and Christmas pudding.*

Cluastuiscint 3.2 > CD 1 Rian 17–19

Éist go cúramach leis na míreanna cainte ar an dlúthdhiosca agus ansin freagair na ceisteanna seo thíos. Cloisfidh tú gach mír dhá uair.

 Lorg Foclóra

ag tnúth

ar cuairt

brat

troid

Mír a haon

1 Cuir tic sa bhosca ceart.

(a)   **(b)**   **(c)**   **(d)** ☐

2 Cé a bheidh ag teacht chuig an teach don dinnéar?

_____

3 Cén t-am a dhúiseoidh Pól maidin Nollag?

_____

Mír a dó

1 Céard a chonaic Leo nuair a d'fhéach sé amach an fhuinneog?

_____

2 Cá ndeachaigh sé le Millie agus a chara?

_____

3 Cá fhad a bheidh an scoil dúnta?

_____

Obair bhreise

Éist leis an dlúthdhiosca cúpla uair agus déan iarracht gach mír chainte a scríobh i do chóipleabhar. Ansin scríobh mír ar an gclár bán.

Dul siar

Líon na bearnaí thíos. Cabhróidh na focail sa bhosca leat.

Is aoibhinn liom an fómhar. Is iad _____, _____, agus Deireadh Fómhair míonna an fhómhair. Bíonn an aimsir go hálainn ag tús an fhómhair. Téann daoine ar laethanta _____ i mí Lúnasa agus caitheann siad laethanta fada ar an trá.

I mí Mheán Fómhair filleann daltaí ar _____ agus éiríonn an aimsir níos _____. Titeann na _____ de na crainn agus éiríonn sé _____ níos luaithe. Bíonn dath _____, órga agus glas ar na duilleoga san fhómhar.

Ag deireadh an _____ faigheann na daltaí saoire ón scoil.

Bíonn an aimsir _____ agus stoirmiúil. Taitníonn Oíche _____ le páistí óga. Téann siad ó dhoras go doras ag bailiú _____. Seasann siad timpeall na tine _____ agus feiceann siad _____ sa spéir.

Taitníonn an geimhreadh go mór liom freisin. Is iad Samhain, _____ agus Eanáir míonna an _____. Téann an _____ agus an t-iora rua a chodladh don gheimhreadh. Bíonn an aimsir fliuch agus fuar sa gheimhreadh. Go minic titeann _____ sa gheimhreadh. Is aoibhinn le gach duine an sneachta.

An Nollaig an fhéile is fearr liom sa gheimhreadh. Cuirimid _____ Nollag mór suas sa seomra suí. Cuirimid _____ timpeall an tí freisin. Éiríonn páistí go luath maidin _____. Osclaíonn siad _____ agus bíonn dinnéar mór blasta acu freisin. Is aoibhinn liom turcaí agus _____. Tar éis dinnéir bíonn _____ Nollag agus cáca Nollag againn freisin.

Fillimid ar scoil i mí _____. Bíonn áthas orainn ár _____ scoile a fheiceáil arís.

broc   bronntanais   chnámh   crann
donn   dorcha   duilleoga   Eanáir
fhómhair   fliuch   fuaire   gcairde
gheimhridh   liamhás   Lúnasa
maisiúcháin   maróg   Meán Fómhair
milseán   Nollag   Nollaig   tinte ealaíne
saoire   scoil   Shamhna   sneachta

Dul siar ar an eolas a bhailigh mé san aonad seo

Líon isteach an t-eolas fút féin.

Cén séasúr is fearr leat – an fómhar nó an geimhreadh? _____

Conas mar a bhíonn an aimsir sa séasúr sin? _____

Céard iad míonna an tséasúir sin? _____

Céard iad na rudaí a dhéanann tú i rith an tséasúir sin? _____

An dtaitníonn Oíche Shamhna leat? _____

Céard a dhéanann tú Oíche Shamhna? _____

An ngléasann tú in éide bhréige? _____

An dtéann tú chun na tinte chnámh a fheiceáil? _____

An mbailíonn tú milseáin? _____

An dtaitníonn an Nollaig leat?

_____

An gcuireann tú suas an crann Nollag?

_____

An gcabhraíonn tú le do thuismitheoirí na maisiúcháin a chur timpeall

an tí? _____

Cén t-am a éiríonn tú maidin Nollag? _____

Cá bhfágann do thuismitheoirí na bronntanais?

_____

Cé a thagann chuig do theach lá Nollag? _____

Cén t-am a bhíonn dinnéar agaibh lá Nollag? _____

Céard a dhéanann sibh tar éis dinnéir? _____

Cathain a fhilleann tú ar scoil tar éis shaoire na Nollag? _____

 Cuimhnigh!
Téigh go dtí **www.edco.ie/cinnte1** agus
bain triail as na hidirghníomhaíochtaí.

Aonad a Ceathair

4

An Teach

San aonad seo foghlaimeoidh tú na scileanna seo:

SCIL	ÁBHAR
an cultúr Gaelach	gearrscannán: *Clare sa Spéir*
léitheoireacht	ríomhphost, léamhthuiscint, fógra, blag, abairtí a mheaitseáil
scríbhneoireacht	blag, ríomhphost, script, abairtí, éist agus scríobh
gramadach	forainmneacha réamhfhoclacha, réamhfhocail chomhshuite, an aimsir láithreach, aidiachtaí
éisteacht	cluastuiscint, féach agus scríobh
teicneolaíocht	ríomhphost, clár ar TG4
cumarsáid	rólghlacadh, pléigh ríomhphost, tuairimí a nochtadh
uimhríocht	ag comhaireamh
ealaín/cruthaitheacht	póstaer, pictiúir, tarraing bróisiúr
taighde/féinfhoghlaim	tithe ar díol, foclóir
ceapadóireacht	scéal: Mo sheomra leapa

Tá dá chuid san aonad seo
1 An teach
2 Seomraí an tí

 Téigh go dtí **www.edco.ie/cinnte1** agus bain triail as na hidirghníomhaíochtaí.

Clár

Gearrscannán

Clare sa Spéir

Féach ar an ngearrscannán *Clare sa Spéir* agus déan na cleachtaí a ghabhann leis.

Scríbhneoireacht > Obair bheirte
Léitheoireacht

A Meaitseáil na habairtí i mBéarla agus i nGaeilge thíos.

B Scríobh na habairtí meaitseáilte thíos i do chóipleabhar.

1 Bhí tuirse ar Clare ag éisteacht leis na páistí ag argóint ag am bricfeasta.

2 Bhí Eoin ag léamh an nuachtáin.

3 Bhí an chistin an-salach.

4 Léigh Clare scéal sa pháipéar faoi fhear a bhí curtha ina bheatha ar feadh seasca seacht lá.

5 Chonaic Clare an teach crainn sa ghairdín.

6 Bhí plean aici curiarracht an domhain a bhaint amach.

7 Ní raibh Eoin sásta agus cheannaigh sé sceallóga don dinnéar.

8 Chuaigh Eoin chuig an teach tábhairne gach oíche agus bhí gach duine ag gáire faoi.

9 Oíche amháin bhí sé ag stealladh báistí agus chuir Eoin clúdach ar an teach crainn.

10 Ansin chuir Eoin an teilifíseán i mbosca agus bhí Clare ábalta féachaint ar *Coronation Street*.

11 Tar éis dhá lá is tríocha léim Clare ón teach crainn.

12 Bhí Eoin ag feitheamh léi.

13 Bhí siad i ngrá arís.

14 Bhí áthas ar gach duine sa teaghlach.

a *Clare saw the tree house in the garden.*

b *She planned to break the world record.*

c *Eoin was waiting for her.*

d *Clare was tired listening to the children arguing at breakfast time.*

e *Eoin went to the pub every night and everyone was laughing at him.*

f *One night it was lashing rain and Eoin put a cover on the tree house.*

g *After thirty-two days Clare jumped from the tree house.*

h *Then Eoin put the TV in a box and Clare could watch* Coronation Street.

i *Eoin was reading the paper.*

j *Everyone in the family was happy.*

k *They were in love again.*

l *The kitchen was very dirty.*

m *Clare read a story in the paper about a man who was buried alive for sixty-seven days.*

n *Eoin was not happy and he bought chips for dinner.*

1	2	3	4	5	6	7	8	9	10	11	12	13	14

Fíor nó bréagach? > Obair bheirte

	Fíor	Bréagach

1 Bhí na páistí ag argóint agus ag screadadh ag an mbricfeatsa.

2 Bhí ispíní agus sceallóga ag na páistí an oíche sin.

3 Thaitin an clár teilifíse *Eastenders* le Clare.

4 Chuir Eoin teilifíseán i mbosca.

5 Tar éis dhá lá is tríocha léim Clare ón teach crainn.

Scríbhneoireacht

1 Cén cineál tí atá ag Clare agus a teaghlach?

scoite ☐   leathscoite ☐   teach sraithe ☐

2 Céard iad na seomraí sa teach a fheicimid sa scannán?_____

3 Cé mhéad duine atá sa teaghlach ar fad?

cúigear ☐   seisear ☐   seachtar ☐

4 An bhfuil an teach faoin tuath nó sa bhaile mór?_____

5 Cá ndeachaigh Clare chun cónaithe?

teach crainn ☐   óstán ☐   bád ☐

6 Cé a rinne an obair ar fad sa teach?_____

Tuairimí a nochtadh > Labhair amach > Obair ghrúpa

Pléigh na ceisteanna thíos i do ghrúpa. Cabhróidh na focail seo leat.

1 Ar thaitin an scannán leat?

2 An gcabhraíonn tú timpeall an tí?

3 Déan liosta de na jabanna a dhéanann tú sa teach.

4 Cén fáth a ndeachaigh Clare suas sa teach crainn?

5 An raibh an ceart aici?

Thaitin an scannán go mór liom.	*I really liked the film.*
Is scannán greannmhar é.	*It is a funny film.*
Bhí Clare i ndeireadh na feide.	*Clare was at her wits' end.*
Thaitin an teach crainn go mór léi.	*She really liked the tree house.*
Fuair sí sos ó bhrú an tsaoil sa teach crainn.	*In the tree house she got a break from the pressures of life.*
Ar deireadh thuig Eoin go mbeadh air níos mó oibre a dhéanamh sa teach.	*In the end Eoin understood that he would have to do more work in the house.*

An teach

Léigh na giotaí thíos agus freagair na ceisteanna a ghabhann leo.

Haigh! Is mise Fiona. Tá mé i mo chónaí i dteach sraithe. Is teach beag é ach is aoibhinn liom é.

Is mise Bróna. Tá cónaí orm i dteach scoite. Is teach mór é. Tá ceithre sheomra leapa sa teach.

Antaine an t-ainm atá orm. Cónaím in árasán le mo dhearthár agus mo mham. Tá dhá sheomra leapa againn san árasán. Taitníonn an t-árasán go mór linn.

1 Cén saghas tí atá ag Fiona?

2 Cé mhéad seomra leapa atá i dteach Bhróna?

3 Cá gcónaíonn Antaine?

4 An maith le Fiona a teach?

5 An teach mór é teach Bhróna?

6 Cé mhéad seomra leapa atá in árasán Antaine?

teach scoite............	*detached house*	teach leathscoite..........	*semi-detached house*
teach sraithe..........	*terraced house*	árasán	*apartment*
bungaló....................	*bungalow*	teach dhá stór.............	*two-storey house*
teach beag.............	*small house*	teach mór	*big house*

Obair bhaile

Scríobh na hainmfhocail thuas i do chóipleabhar agus foghlaim iad mar cheacht obair bhaile.

Labhair amach › Ciorcal oibre

Léigh an sampla agus ansin freagair an cheist thíos os ard.

Cén saghas tí atá agat?

Sampla › Cáit

❭ Is mise Cáit.

❭ Tá cónaí orm i dteach leathscoite.

❭ Is teach beag é atá suite sa bhaile mór.

❭ Is aoibhinn liom an teach.

Cá bhfuil do theach suite?

sa chathair	*in the city*	ar imeall na cathrach	*on the outskirts of the city*
sa bhaile mór	*in the town*	faoin tuath	*in the country*
ar bhóthar ciúin	*on a quiet road*	ar bhóthar glórach	*on a noisy road*
ar phríomhbhóthar	*on a main road*	in aice na farraige	*beside the sea*

Obair bhaile

Scríobh na hainmfhocail thuas i do chóipleabhar agus foghlaim iad mar cheacht obair bhaile.

Labhair amach › Ciorcal oibre

Cuir na ceisteanna thíos ar gach duine i do chiorcal. Pléigh na ceisteanna os ard sa rang.

1 Cén saghas tí atá agat?

2 An teach mór nó beag é?

3 An maith leat an teach?

4 Cá bhfuil an teach suite?

5 An bhfuil cónaí ort faoin tuath?

6 An bhfuil cónaí ort sa chathair?

Scríbhneoireacht

Scríobh freagraí na gceisteanna thuas i do chóipleabhar.

Feasacht teanga > Forainmneacha réamhfhoclacha

Scríobh na forainmneacha réamhfhoclacha thíos i do chóipleabhar. Foghlaim na forainmneacha réamhfhoclacha mar cheacht obair bhaile agus abair os ard sa rang iad.

ar
orm
ort
air
uirthi
orainn
oraibh
orthu

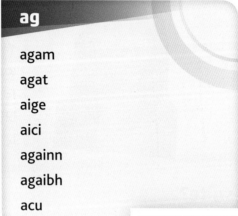

ag
agam
agat
aige
aici
againn
agaibh
acu

Samplaí

Cá bhfuil cónaí **ort**?   Tá cónaí **orm** faoin tuath.

Cén saghas tí atá **agat**?   Tá teach sraithe **agam**.

Ceacht le déanamh anois

Líon na bearnaí. Cabhróidh na samplaí thuas leat.

1 Tá cónaí (*ar mé*) _____ sa chathair. Is aoibhinn liom an chathair.

2 A Phóil, cá bhfuil cónaí (*ar tú*) _____?

3 Tá teach deas (*ag iad*) _____ ar bhóthar ciúin. Is maith leo é.

4 An bhfuil árasán (*ag tú*) _____ sa chathair, a Lísa?

5 Tá cónaí (*ar iad*) _____ i mbungaló sa bhaile mór. Taitníonn an baile mór leo.

6 Tá cistin mhór (*ag sí*) _____. Is maith léi cócaireacht.

Obair ghrúpa/Scríbhneoireacht

Scríobh cúig abairt leis na forainmneacha réamhfhoclacha thuas i do chóipleabhar. Léigh na habairtí amach i do chiorcal oibre.

Aimsigh na difríochtaí

Féach ar an dá theach thíos. Aimsigh na difríochtaí idir an dá theach.

Teach a haon

Teach a dó

Scríbhneoireacht

Déan cur síos ar an dá theach thuas. Scríobh cúig abairt faoi gach teach i do chóipleabhar.

Anois scríobh na habairtí ar an gclár bán. Pléigh na difríochtaí sa rang.

Is bungaló/teach dhá stór é an teach.................	*It is a bungalow/two-storey house.*
Is teach álainn/uafásach é.................................	*It is a beautiful/terrible house.*
Is teach glan/salach é.......................................	*It is a clean/dirty house.*
Is teach mór/beag é...	*It is a big/small house.*
Is teach nua-aimseartha/seanaimseartha é..........	*It is a modern/an old-fashioned house.*
Tá dath gorm/donn ar an teach.	*The house is blue/brown.*
Tá gairdín álainn os comhair an tí./Níl aon .... ghairdín os comhair an tí.	*There is a beautiful garden in front of the house./There is no garden in front of the house.*

Taighde

Téigh chuig an seomra ríomhairí agus déan taighde ar na tithe atá ar díol i do cheantar. Pioc amach teach amháin. Scríobh cúig líne faoin teach i do chóipleabhar. Déan cur síos ar an teach sa rang.

Ríomhphost > Mo theach nua

Léigh an ríomhphost agus freagair na ceisteanna thíos.

A Bhreandáin, a chara,

Tá mé ag seoladh ríomhphoist chugat ó mo sheomra leapa i mo theach nua. Is teach mór leathscoite é agus taitníonn an teach liom. Tá sé suite ar bhóthar ciúin ar imeall na cathrach. Tá gairdín mór os comhair an tí agus ar chúl an tí. Tógadh an teach sé bliana ó shin. Tá áthas an domhain ar mo dheirfiúr Emma mar tá seomra leapa an-mhór aici. Tagann a cairde ar cuairt gach deireadh seachtaine.

Ar mhaith leat teacht anseo an deireadh seachtaine seo chugainn? Seol ríomhphost chugam go luath.

Do chara, Maidhc

1 Cén sórt tí atá ag Maidhc?

2 Cá bhfuil an teach suite?

3 Cathain a tógadh an teach?

4 Cén fáth a bhfuil áthas ar Emma?

5 Cén cuireadh a thugann Maidhc do Bhreandán?

Scríbhneoireacht

Cén t-eolas a fhaighimid sa ríomhphost faoin teach nua atá ag Maidhc agus a theaghlach? Pléigh an ríomhphost i do chiorcal oibre agus scríobh an t-eolas i do chóipleabhar.

Cúinne na teicneolaíochta

Téigh chuig an seomra ríomhairí agus seol ríomhphost chuig do chara. Déan cur síos ar do theach sa ríomhphost.

Suirbhé

Déan suirbhé le do chara faoin teach atá aige nó aici. Cum na ceisteanna i dtosach agus ansin scríobh na freagraí. Pléigh an suirbhé agus na freagraí sa rang.

Feasacht teanga > Ag comhaireamh

aon gheata	aon gheata dhéag
dhá gheata	dhá gheata dhéag
trí gheata	trí gheata dhéag
ceithre gheata	ceithre gheata dhéag
cúig gheata	cúig gheata dhéag
sé gheata	sé gheata dhéag
seacht ngeata	seacht ngeata dhéag
ocht ngeata	ocht ngeata dhéag
naoi ngeata	naoi ngeata dhéag
deich ngeata	fiche geata

> Cuirtear séimhiú ar an bhfocal 'déag' má chríochnaíonn an t-ainmfhocal roimhe ar ghuta go hiondúil.

Scríobh na huimhreacha thuas i do chóipleabhar agus foghlaim iad mar cheacht obair bhaile.

Scríbhneoireacht

Líon na bearnaí thíos. Scríobh na huimhreacha i bhfocail.

1 Tá (*3 peata*) _____ ag m'aintín agus m'uncail.
2 Tá (*9 teach*) _____ ar Bhóthar na Trá.
3 Tá (*9 seomra*) _____ i mo theach.
4 Tá (*2 carr*) _____ ag mo thuismitheoirí.
5 Tá (*2 garáiste*) _____ againn ar chúl an tí.
6 Tá (*3 geata*) _____ ón scoil isteach sa pháirc peile.

Ceacht le déanamh anois

Líon na bearnaí thíos.

1 aon *pheata*	aon *teach*	aon *seomra*
2 dhá _____	dhá _____	dhá _____
3 trí _____	trí _____	trí _____
4 ceithre _____	ceithre _____	ceithre _____
5 cúig _____	cúig _____	cúig _____
6 sé _____	sé _____	sé _____
7 seacht _____	seacht _____	seacht _____
8 ocht _____	ocht _____	ocht _____
9 naoi _____	naoi _____	naoi _____
10 deich _____	deich _____	deich _____

Bóthar an Chaisleáin

Déan cur síos ar an bpictiúr thíos.

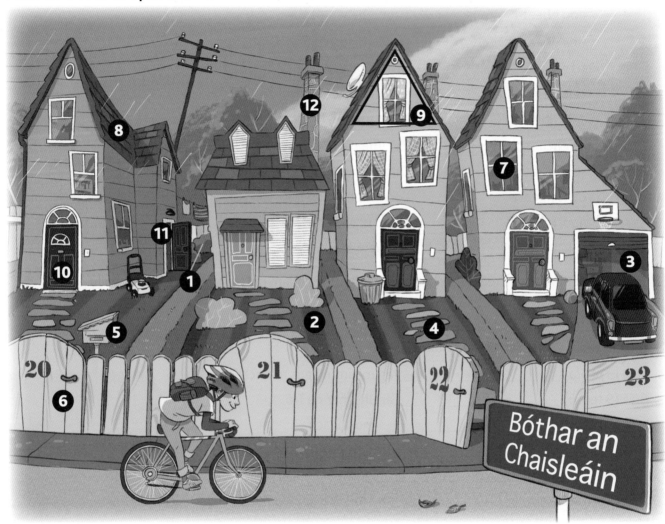

Meaitseáil

Meaitseáil na huimhreacha ón bpictiúr thuas leis na hainmfhocail thíos.

fuinneog		bosca litreach		cúlghairdín	
díon		gairdín tosaigh		geata	
áiléar		garáiste		príomhdhoras	
simléar		cúldoras		cosán	

Obair bhaile

Scríobh na hainmfhocail thuas i do chóipleabhar agus foghlaim iad mar cheacht obair bhaile.

Scríbhneoireacht

Féach ar an bpictiúr ar an leathanach thall agus freagair na ceisteanna thíos.

1 Cén t-ainm atá ar an mbóthar sa phictiúr thall?

2 Cé mhéad teach atá ar an mbóthar?

3 Cén dath atá ar phríomhdhoras theach uimhir 22?

4 Cé mhéad garáiste atá le feiceáil sa phictiúr?

5 Cén dath atá ar an gcarr sa phictiúr?

6 Cén geata atá ar oscailt?

Fíor nó bréagach?

	Fíor	Bréagach
1 Tá dath buí ar chúldoras theach uimhir 20.	☐	☐
2 Tá ceithre gharáiste sa phictiúr thall.	☐	☐
3 Tá dath dearg ar phríomhdhoras theach uimhir 21.	☐	☐
4 Tá trí gheata dúnta ar an mbóthar.	☐	☐
5 Tá beirt bhuachaillí ag súgradh sa phictiúr.	☐	☐
6 Tá cuirtíní ar na fuinneoga ar theach uimhir 22.	☐	☐

Éist agus scríobh

Éist leis an múinteoir ag léamh an ailt thíos os ard sa rang agus scríobh i do chóipleabhar é. Ceartaigh an t-alt ansin.

Tá mé i mo chónaí i dteach sraithe ar Bhóthar an Chaisleáin. Níl mo theach mór ach is teach deas é. Tá trí sheomra leapa sa teach agus tá gairdín deas againn freisin. Tá an teach suite ar bhóthar ciúin. Glas an dath atá ar an bpríomhdhoras. Tá garáiste in aice an tí agus tá carr dearg ag mo dhaid.

Obair ealaíne

Tarraing pictiúr de theach i do cheantar agus líon isteach na focail atá sa liosta ar an leathanach thall.

Seomraí an tí

Meaitseáil

Meaitseáil na pictiúr agus na hainmfhocail thíos.

 a
 b
 c
 d
 e
 f
 g
 h
 i
 j
 k
 l

áiléar		cistin		fóchistin	
garáiste		halla		seomra bia	
seomra folctha		seomra gréine		seomra leapa	
seomra staidéir		seomra suí		seomra teilifíse	

Obair bhaile

Scríobh na hainmfhocail i do chóipleabhar agus foghlaim iad mar cheacht obair bhaile.

Céard iad na seomraí atá i do theach?

Labhair amach > Ciorcal oibre

Cuir na ceisteanna thíos ar gach duine i do chiorcal. Pléigh na ceisteanna os ard sa rang.

1 Cé mhéad seomra atá i do theach?

2 Ainmnigh na seomraí atá thíos staighre i do theach.

3 Ainmnigh na seomraí atá thuas staighre i do theach.

4 Cé mhéad seomra folctha atá i do theach?

5 Cén seomra is fearr leat sa teach?

6 An bhfuil áiléar i do theach?

Scríbhneoireacht

Scríobh freagraí na gceisteanna thuas i do chóipleabhar. Scríobh blag faoi oíche a tháinig do chairde chuig do theach. Léigh an sampla thíos i dtosach.

Blag Antaine

Léigh blag Antaine thíos agus freagair na ceisteanna a ghabhann leis.

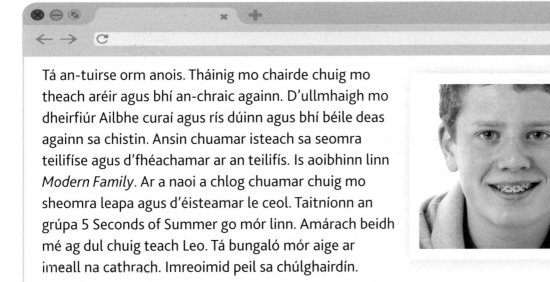

Tá an-tuirse orm anois. Tháinig mo chairde chuig mo theach aréir agus bhí an-chraic againn. D'ullmhaigh mo dheirfiúr Ailbhe curaí agus rís dúinn agus bhí béile deas againn sa chistin. Ansin chuamar isteach sa seomra teilifíse agus d'fhéachamar ar an teilifís. Is aoibhinn linn *Modern Family*. Ar a naoi a chlog chuamar chuig mo sheomra leapa agus d'éisteamar le ceol. Taitníonn an grúpa 5 Seconds of Summer go mór linn. Amárach beidh mé ag dul chuig teach Leo. Tá bungaló mór aige ar imeall na cathrach. Imreoimid peil sa chúlghairdín.

1 Céard a d'ullmhaigh Ailbhe?

2 Cár fhéach na buachaillí ar an teilifís?

3 Cén clár teilifíse is fearr leis na buachaillí?

4 Ainmnigh an grúpa is fearr leis na buachaillí.

5 Cén saghas tí atá ag Leo?

6 Cá n-imreoidh siad peil?

Rólghlacadh › An gníomhaire eastáit

Is tusa an gníomhaire eastáit. Tagann clann isteach agus ba mhaith leo teach nua a cheannach.

1 Taispeáin bróisiúir dóibh agus déan cur síos ar na tithe atá ar díol sa cheantar.

2 Bain úsáid as na nótaí thíos chun an script a scríobh.

3 Ullmhaigh dráma sa rang agus déan an dráma os comhair an ranga.

Meaitseáil

Meaitseáil na habairtí thíos.

1 Gabh mo leithscéal, an féidir liom cabhrú libh?

2 Bhuel, tá teach nua ag teastáil uainn.

3 Cén áit ar mhaith libh cónaí?

4 Cén saghas tí atá ag teastáil uaibh?

5 An bhfuil gairdín mór tábhachtach?

6 Ar mhaith libh seanteach nó teach nua-aimseartha?

7 Cé mhéad seomra leapa atá ag teastáil uaibh?

8 Ar mhaith libh garáiste?

9 Tá dhá theach sa cheantar seo ar díol faoi láthair.

10 Tógadh iad deich mbliana ó shin.

11 Seo bróisiúir na dtithe.

12 Ar mhaith libh na tithe a fheiceáil?

13 Ba mhaith linn na tithe a fheiceáil.

a What type of house do you want?

b Would you like an old house or a modern house?

c We would like to see the houses.

d How many bedrooms do you need?

e Well, we are looking for a new house.

f Is a big garden important?

g Where would you like to live?

h Would you like a garage?

i Here are the brochures for the houses.

j Would you like to see the houses?

k There are two houses in this area for sale at the moment.

l They were built ten years ago.

m Excuse me, can I help you?

1	2	3	4	5	6	7	8	9	10	11	12	13

Obair ealaíne

Dear póstaer do theach ar díol. Taispeáin an póstaer don rang agus déan cur síos ar an teach atá ar díol. Iarr ar na daltaí eile ceisteanna a chur ort faoin teach.

Fógra

Léigh an dá fhógra agus freagair na ceisteanna thíos.

TEACH SCOITE AR DÍOL

€350,000

22 Radharc na Páirce
An Charraig Dhubh
Corcaigh

◆ **cúig sheomra leapa**
◆ **trí sheomra folctha**
◆ **seomra gréine agus garáiste**

Teach ar oscailt Satharn 2 Feabhra, 2–5 p.m.

**Tuilleadh eolais ó Mháirín Ní Néill:
089 3647582**

**TEACH SRAITHE AR DÍOL
€220,000**

130 Bóthar Uí Ghríofa
Luimneach

———————

trí sheomra leapa
dhá sheomra folctha
cistin mhór agus fóchistin
gairdín mór ar chúl an tí

———————

Teach ar oscailt Dé Céadaoin, 5–8 p.m.
*Má tá tuilleadh eolais nó bróisiúr
ag teastáil uait, cuir glao ar*
Pheadar Ó Laoire: 086 2435467

1 Cá bhfuil an teach scoite suite?

2 Cé mhéad seomra leapa atá sa teach sraithe?

3 Cé mhéad seomra folctha atá sa teach scoite?

4 Cathain a bheidh an teach scoite ar oscailt?

5 Conas is féidir tuilleadh eolais nó bróisiúr a fháil faoin teach sraithe?

6 Cén uimhir theileafóin atá ag Máirín Ní Néill?

Obair ealaíne

Ba mhaith leat do theach a dhíol. Tarraing póstaer den teach. Déan cur síos ar an teach sa rang agus croch an póstaer ar an mballa sa seomra ranga.

An seomra suí

Meaitseáil

Meaitseáil na huimhreacha agus na hainmfhocail thíos. Pléigh an pictiúr thíos sa rang.

scáthán	
bord caife	
cuirtíní	
ruga	
clog	
lampa	
tine gháis	
pictiúr	
cathaoir	
teilifíseán	
bord	
cathaoir uilleann	
dallóg	
matal	
tolg	

Spórt agus spraoi sa rang!

Déan iarracht na hainmfhocail go léir a bhaineann leis an seomra suí a scríobh i do chóipleabhar. Tá 90 soicind agat. Scríobh na focail ansin ar an gclár bán. Cé a bhuaigh an comórtas?

Obair bhaile

Scríobh na hainmfhocail thuas i do chóipleabhar agus foghlaim iad mar cheacht obair bhaile.

Scríbhneoireacht

Féach ar an bpictiúr ar an leathanach thall agus roghnaigh an freagra ceart thíos.

1 Cé mhéad cathaoir atá timpeall an bhoird?

   a dhá chathaoir   **b** trí chathaoir   **c** ceithre chathaoir

2 Céard atá ar an mbord caife?

   a trí chupán   **b** dhá chupán   **c** ceithre chupán

3 Cé mhéad pictiúr atá ar an mballa?

   a dhá phictiúr   **b** trí phictiúr   **c** ceithre phictiúr

4 Cá bhfuil an scáthán?

   a ar an urlár   **b** os cionn an mhatail   **c** in aice na fuinneoige

5 Cá bhfuil an teilifíseán?

   a in aice na fuinneoige   **b** ar an mballa   **c** in aice an dorais

Feasacht teanga > Réamhfhocail chomhshuite

Scríobh na réamhfhocail chomhshuite thíos i do chóipleabhar agus foghlaim iad mar cheacht obair bhaile.

ar thaobh .... *at the side of*	faoi bhun .... *under*
i lár .... *in the middle of*	in aice .... *beside*
os cionn .... *over/above*	os comhair ..... *in front of*

Fíor nó bréagach?

	Fíor	Bréagach
1 Tá dhá phictiúr os cionn an mhatail.	☐	☐
2 Tá clog ar an matal.	☐	☐
3 Tá teilifíseán in aice na fuinneoige.	☐	☐
4 Tá madra ina chodladh faoin mbord.	☐	☐
5 Tá bord le lampa ar thaobh an toilg.	☐	☐

Obair ealaíne

Tarraing pictiúr de sheomra suí i do chóipleabhar. Scríobh cúig abairt faoin seomra suí faoin bpictiúr. Léigh amach na habairtí i do chiorcal oibre.

Cluastuiscint 4.1 > CD 1 Rian 20–22

Éist go cúramach leis na míreanna cainte ar an dlúthdhiosca agus ansin freagair na ceisteanna seo thíos. Cloisfidh tú gach mír dhá uair.

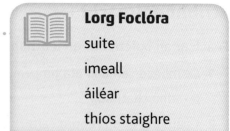

Lorg Foclóra

suite

imeall

áiléar

thíos staighre

Mír a haon

1 Cuir tic sa bhosca ceart.

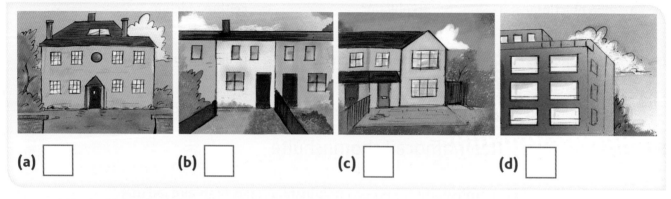

(a) ☐   (b) ☐   (c) ☐   (d) ☐

2 Cá bhfuil an teach suite?

_____

3 Cé mhéad seomra leapa atá sa teach?

_____

Mír a dó

1 Cén saghas tí atá ag Monika?

_____

2 Cá ndéanann Monika a cuid obair bhaile?

_____

3 Ainmnigh seomra amháin atá thíos staighre sa teach.

_____

Obair bhreise

Éist leis an dlúthdhiosca cúpla uair agus déan iarracht gach mír chainte a scríobh i do chóipleabhar. Ansin scríobh mír ar an gclár bán.

Léamhthuiscint > Deireadh seachtaine i dteach Bhriain

 Léigh an t-alt os ard i do ghrúpa agus freagair na ceisteanna thíos i do chóipleabhar.

Is mise Cathal. Tá mo chara Brian ina chónaí i dteach nua le dhá mhí anuas. Bhí mé ag fanacht leis ina theach nua an deireadh seachtaine seo caite. Chaitheamar oíche Aoine ag féachaint ar an teilifís sa seomra suí. Shuíomar ar na toilg agus d'itheamar píotsa. Tá seomra suí an-mhór i dteach Bhriain. In aice na fuinneoige tá bord agus sé chathaoir. Tá tine gháis sa seomra agus tá dhá tholg mhóra os comhair na tine.

Ar an Satharn bhí bricfeasta againn sa chistin agus ansin d'imríomar peil sa chúlghairdín. Bhí tuismitheoirí Bhriain ag obair sa ghairdín agus bhí beárbaiciú blasta againn ina dhiaidh sin.

D'fhill mé abhaile tar éis dinnéir ar an Domhnach. Bhí deireadh seachtaine iontach agam i dteach Bhriain.

1 Céard a rinne na buachaillí oíche Aoine?

2 Céard atá in aice na fuinneoige sa seomra suí?

3 Cathain a d'imir siad peil sa chúlghairdín?

4 Cá raibh tuismitheoirí Bhriain ag obair?

5 Cathain a d'fhill Cathal abhaile?

An aimsir chaite

Pioc amach na briathra san aimsir chaite ón léamhthuiscint thuas. Scríobh iad i do chóipleabhar. Ansin, scríobh abairtí leis na briathra i do chóipleabhar.

Obair bhaile

Déan liosta i do chóipleabhar de na rudaí a rinne Cathal i dteach Bhriain i rith an deireadh seachtaine.

Labhair amach > Ciorcal oibre

Ar chaith tú deireadh seachtaine i dteach do charad riamh? Déan liosta de na rudaí a rinne tú i rith an deireadh seachtaine sin.

An chistin

Labhair amach > Ciorcal oibre

Pléigh an pictiúr thíos sa rang.

Meaitseáil

Meaitseáil na huimhreacha ón bpictiúr thuas leis na hainmfhocail thíos.

bord		bosca bruscair	
bruthaire		cathaoireacha	
cófra		corcán	
crúiscín		cuisneoir	
doirteal		forc	
gloine		meaisín níocháin	
miasniteoir		muisiriúin	
oinniúin		prátaí	
reoiteoir		scian	
sconna		scuab	
spúnóg		siúcra	
taephota		trátaí	

Obair bhaile

Scríobh na hainmfhocail i do chóipleabhar agus foghlaim iad mar cheacht obair bhaile.

Tá deich spúnóg i bhfolach sa chistin. Déan iarracht iad a aimsiú.

Scríbhneoireacht

Freagair na ceisteanna thíos i do chóipleabhar.

1 Céard atá ar an mbord sa chistin?

2 Cá bhfuil an corcán?

3 Cé mhéad cupán atá le feiceáil sa phictiúr?

4 Cá bhfuil an scuab?

5 Ainmnigh dhá rud atá sa chófra.

6 Cé mhéad cathaoir atá timpeall an bhoird?

7 Céard atá in aice leis an taephota?

Feasacht teanga > Briathra san aimsir láithreach

Scríobh na briathra thíos i do chóipleabhar agus foghlaim iad mar cheacht obair bhaile.

gearraim na glasraí ....*I cut the vegetables*	glanaim an bord..............*I clean the table*
leagaim an bord ....*I set the table*	líonaim an cófra..............*I fill the cupboard*
ním na glasraí ....*I wash the vegetables*	ním na gréithe...............*I wash the dishes*
scuabaim an t-urlár ...*I sweep the floor*	ullmhaím an dinnéar.....*I prepare the dinner*

Obair bhaile

Scríobh abairtí leis na briathra thuas i do chóipleabhar. Léigh na habairtí os ard sa rang.

gearraim ...	glanaim ...
leagaim ...	líonaim ...
ním ...	ním ...
scuabaim ...	ullmhaím ...

Labhair amach > Ciorcal oibre

Freagair na ceisteanna thíos i do chiorcal oibre.

1 An leagann tú an bord don dinnéar?
2 An níonn tú na gréithe?
3 An líonann tú an miasniteoir?
4 An scuabann tú an t-urlár sa chistin?
5 An maith leat cócaireacht?

Obair ealaíne

Tarraing pictiúr de chistin i do chóipleabhar agus líon isteach na hainmfhocail thíos sa phictiúr.

cuisneoir	reoiteoir
corcán	bruthaire
scuab	cófra
miasniteoir	meaisín níocháin
bord agus cathaoireacha	doirteal

Spórt agus spraoi sa rang!

Deán lúbra i do chóipleabhar agus líon isteach na hainmfhocail thuas sa lúbra.

Éist agus scríobh

Éist leis an múinteoir ag léamh an ailt thíos os ard sa rang agus scríobh i do chóipleabhar é. Ceartaigh an t-alt ansin.

66

Is aoibhinn liom an chistin i mo theach. Tá bord mór i lár an tseomra. Ithimid dinnéar sa chistin gach lá. Tá a lán cófraí sa chistin. Cuirimid an bia sna cófraí. Tá cupáin agus plátaí sna cófraí freisin. Tá cuisneoir mór in aice an dorais. Líonaim an miasniteoir gach lá tar éis dinnéir.

99

Feasacht teanga > Aidiachtaí

Scríobh na haidiachtaí thíos i do chóipleabhar agus foghlaim iad mar cheacht obair bhaile.
Scríobh abairtí i do chiorcal oibre leis na haidiachtaí agus scríobh na habairtí ar an gclár bán.

beag	*small*
mór	*big*
nua-aimseartha	*modern*
seanaimseartha	*old fashioned*
glan	*clean*
salach	*dirty*
fairsing	*spacious*
teolaí	*cosy*

Samplaí

Cónaím i dteach mór.

Tá cistin fhairsing i mo theach.

Ní bhíonn mo sheomra leapa riamh salach.

Scríbhneoireacht

Scríobh alt gearr i do chóipleabhar faoi do chistin.

Spórt agus spraoi sa rang!

Déan iarracht na hainmfhocail go léir a bhaineann leis an gcistin a scríobh i do chóipleabhar. Tá 90 soicind agat. Scríobh na focail ansin ar an gclár bán. Cé a bhuaigh an comórtas?

Cúinne na teicneolaíochta

Féach ar an gclár *Bean an Tí sa Chistin* nó *Mo Theach, Do Theach* ar TG4. Pléigh an clár sa rang.

Taighde

Téigh ar suíomh idirlín www.teanglann.ie agus aimsigh 10 n-aidiacht.

Ceapadóireacht > Mo sheomra leapa

❱ Tá Eoin i dtrioblóid le Mam mar tá a sheomra leapa salach. Scríobh an scéal i do chóipleabhar.

❱ Bain úsáid as na nótaí thíos.

Pictiúr a haon

Bhí mé i mo chodladh i mo sheomra leapa.	*I was sleeping in my bedroom.*
Bhí tuirse an domhain orm.	*I was exhausted.*
Bhí mé róthuirseach chun an seomra a ghlanadh.	*I was too tired to clean the room.*
Bhí mo chuid éadaigh go léir ar an urlár.	*All my clothes were on the floor.*

Pictiúr a dó

Tháinig mo mham isteach agus dhúisigh mé go tobann.	*My mam came in and I woke up suddenly.*
Bhí sí ar mire liom.	*She was very cross with me.*
Bhí an vardrús ar oscailt agus bhí na héadaí go léir ar an urlár.	*The wardrobe was open and all the clothes were on the floor.*
Léim mé as an leaba.	*I jumped out of bed.*

Pictiúr a trí

Thosaigh mé ag glanadh.	*I started cleaning.*
Chuir mé an chuilt ar ais ar an leaba.	*I put the quilt back on the bed.*
Chuir mé na héadaí sa vardrús.	*I put the clothes in the wardrobe.*
Ghlan mé an t-urlár.	*I cleaned the floor.*

Pictiúr a ceathair

Ar deireadh bhí an seomra glan agus néata.	*In the end the room was clean and neat.*
Chuir mé m'fhón póca ar an taisceadán.	*I put my mobile phone on the locker.*
Shuigh mé ag an deasc.	*I sat at the desk.*
Thosaigh mé ag déanamh staidéir.	*I started to study.*

Cluastuiscint 4.2 › CD 1 Rian 23–25

Éist go cúramach leis na míreanna cainte ar an dlúthdhiosca agus ansin freagair na ceisteanna seo thíos. Cloisfidh tú gach mír dhá uair.

 Lorg Foclóra
an-chompordach
tolg
a lán staidéir
cuisneoir

Mír a haon

1 Cuir tic sa bhosca ceart.

(a) ☐   (b) ☐   (c) ☐   (d) ☐

2 Cá n-éistfidh na cailíní le ceol?

a sa seomra staidéir   b sa seomra suí   ☐
c sa seomra leapa   d sa chistin

3 Cén t-am a rachaidh Úna agus Dearbhla abhaile? _____

Mír a dó

1 Cá raibh Liam ag déanamh a chuid obair bhaile? _____

2 Cén scrúdú a bheidh ag Liam amárach?

a Béarla   b Gaeilge   ☐
c stair   d mata

3 Cá bhfágfaidh Mam a dhinnéar? _____

Obair bhreise

Éist leis an dlúthdhiosca cúpla uair agus déan iarracht gach mír chainte a scríobh i do chóipleabhar. Ansin scríobh mír ar an gclár bán.

Dul siar

Líon na bearnaí thíos. Cabhróidh na focail sa bhosca leat.

Taitníonn m'áit chónaithe go mór liom. Tá mé i mo _____ i dteach scoite ar imeall an bhaile. Tá an teach suite ar _____ agus tá gairdíní móra againn os comhair _____ agus ar chúl an tí. Thíos staighre tá cistin mhór agus seomra _____. Tá seomra gréine againn freisin. In aice na cistine tá fóchistin agus tá cuisneoir agus meaisín níocháin ansin.

Is aoibhinn liom an chistin. I lár _____ tá bord mór agus sé chathaoir. Bíonn _____ againn gach tráthnóna sa chistin. Leagaim an bord don dinnéar agus tar éis dinnéir cabhraím le mo dheartháir na gréithe a chur _____. Ansin scuabaim an t-urlár.

Tar éis dinnéir suímid sa seomra suí agus féachaimid ar an _____. Is seomra deas é an seomra suí. Tá _____ ar na ballaí agus tá dhá _____ mhóra os comhair na tine. Tá _____ deasa ar na fuinneoga sa seomra suí.

Thuas staighre tá ceithre _____ leapa agus dhá sheomra folctha. Tá mo sheomra leapa san _____. Is aoibhinn liom mo sheomra leapa. Tá leaba mhór chompordach in aice na fuinneoige ann agus cuirim mo chuid éadaigh sa _____ mór. Déanaim mo chuid obair bhaile ag _____ i mo sheomra leapa.

áiléar	an deasc	an tí	chónaí
cuirtíní	dinnéar	na cistine	
phríomhbhóthar	pictiúir		
sa mhiasniteoir	sheomra	suí	
teilifís	tholg	vardrús	

Dul siar ar an eolas a bhailigh mé san aonad seo

Líon cóip den chairt thíos agus líon isteach an t-eolas fút féin.

Cén saghas tí atá agat?

_____

Cá bhfuil an teach suite?

_____

An bhfuil gairdín os comhair an tí?

_____

An bhfuil gairdín ar chúl an tí?

_____

Céard iad na seomraí atá thíos staighre
sa teach? _____

Céard iad na seomraí atá thuas staighre sa teach? _____

Cé mhéad seomra leapa atá sa teach? _____

Cé mhéad seomra folctha atá sa teach? _____

Cén seomra is fearr leat sa teach? _____

Déan cur síos ar an seomra suí. _____

Déan cur síos ar an gcistin. _____

An leagann tú an bord don dinnéar? _____

An líonann tú an miasniteoir? _____

An scuabann tú an t-urlár? _____

Déan cur síos ar do sheomra leapa. _____

An mbíonn do sheomra leapa glan i gcónaí? _____

An ndéanann tú do chuid obair bhaile i do sheomra leapa? _____

Cathain a thagann do chairde chuig do theach? _____

Céard a dhéanann sibh nuair a thagann do chairde chuig an teach?

_____

Cuimhnigh!

Téigh go dtí **www.edco.ie/cinnte1** agus
bain triail as na hidirghníomhaíochtaí.

Aonad a Cúig

5

An Chathair agus an Baile Mór

San aonad seo foghlaimeoidh tú na scileanna seo:

SCIL	ÁBHAR
an cultúr Gaelach	dán: 'Ar an tSeilf sa Leabharlann'
léitheoireacht	ríomhphost, léamhthuiscint, litir, comhrá, dán, scéal, abairtí a mheaitseáil
scríbhneoireacht	ríomhphost, abairtí, litir, scéal, rap, éist agus scríobh, liosta siopadóireachta
gramadach	an aimsir chaite, ag comhaireamh
éisteacht	cluastuiscint, dán
teicneolaíocht	ríomhphost
cumarsáid	ciorcal oibre, rólghlacadh, tuairimí a nochtadh, dráma
uimhríocht	ag comhaireamh
ealaín/cruthaitheacht	pictiúir, léarscáil, tarraing pictiúr le dul leis an dán 'Ar an tSeilf sa Leabharlann'
taighde/féinfhoghlaim	baile in Éirinn, liosta siopadóireachta, foclóir
ceapadóireacht	scéal: Oifig an phoist

Tá dhá chuid san aonad seo

1 An chathair, an baile mór agus na háiseanna atá iontu

2 Ag siopadóireacht

Téigh go dtí **www.edco.ie/cinnte1** agus bain triail as na hidirghníomhaíochtaí.

Clár

Dán

Dlúthdhiosca an
mhúinteora, rian 7

Is dán é seo faoi na leabhair iontacha a bhíonn ar fáil sa leabharlann. Éist leis an dán seo ar
dhlúthdhiosca an mhúinteora agus déan na cleachtaí a ghabhann leis.

Ar an tSeilf sa Leabharlann

Mícheál Ó Ruairc

An raibh tú riamh ann
ar an tseilf sa leabharlann?

Bíonn spórt agus spraoi ann
ar an tseilf sa leabharlann.

Tá **fear a thaistil an domhan** ann   *A man who travelled the world*
ar an tseilf sa leabharlann.

Cónaíonn **madra rua agus coinín** donn   *fox and rabbit*
ar an tseilf sa leabharlann.

Tá **file ina chime** ann   *A poet is a prisoner there*
ar an tseilf sa leabharlann.

Tá **cogadh agus gorta** ann   *war and famine*
ar an tseilf sa leabharlann.

Tá stair agus tíreolas ann
ar an tseilf sa leabharlann.

Tá grá agus **crá croí** ann   *torment*
ar an tseilf sa leabharlann.

Tá **bleachtairí agus gadaithe** ann   *detectives and thieves*
ar an tseilf sa leabharlann.

Tá **buachaillí bó** ar chapaill ann   *cowboys*
ar an tseilf sa leabharlann.

Tá **fuirse agus fulaingt** ann   *hard times and suffering*
ar an tseilf sa leabharlann.

Tá éisc ó bhun na habhann
ar an tseilf sa leabharlann.

Tá ainmhí le dhá cheann
ar an tseilf sa leabharlann.

Tá spiaire ón Rúis ann   *a spy from Russia*
ar an tseilf sa leabharlann.

Tá taibhse i bhfolach ann   *There is a ghost hiding there*
ar an tseilf sa leabharlann.

Tá bean sí ar scuab ann
ar an tseilf sa leabharlann.

Tá iontaisí an tsaoil ann   *the wonders of the world*
ar an tseilf sa leabharlann.

Ar mhaith leat cónaí ann
ar an tseilf sa leabharlann?

Scríbhneoireacht > Obair bheirte
Léitheoireacht

A Meaitseáil na habairtí i mBéarla agus i nGaeilge thíos.
B Scríobh na habairtí meaitseáilte thíos i do chóipleabhar.

1 Tá fear a thaistil an domhan ar an tseilf sa leabharlann.

2 Cónaíonn madra rua agus coinín donn ar an tseilf sa leabharlann.

3 Tá bleachtairí agus gadaithe ar an tseilf sa leabharlann.

4 Tá buachaillí bó ar chapaill ar an tseilf sa leabharlann.

5 Tá éisc ó bhun na habhann ar an tseilf sa leabharlann.

6 Tá ainmhí le dhá cheann ar an tseilf sa leabharlann.

7 Tá spiaire ón Rúis ann ar an tseilf sa leabharlann.

8 Tá bean sí ar scuab ann ar an tseilf sa leabharlann.

a *There are detectives and thieves on the shelf in the library.*

b *There is an animal with two heads on the shelf in the library.*

c *There are cowboys on horses on the shelf in the library.*

d *There is a man who travelled the world on the shelf in the library.*

e *There is a spy from Russia on the shelf in the library.*

f *There is a fairy woman on a broom on a shelf in the library.*

g *A fox and a brown rabbit live on the shelf in the library.*

h *There are fish from the bottom of the river on the shelf in the library.*

1	2	3	4	5	6	7	8

Fíor nó bréagach? › Obair bheirte

	Fíor	Bréagach
1 Tá fear a thaistil an domhan ar an tseilf sa leabharlann.	☐	☐
2 Cónaíonn madra rua agus coinín bán ar an tseilf sa leabharlann.	☐	☐
3 Tá mata agus eolaíocht ar an tseilf sa leabharlann.	☐	☐
4 Tá buachaillí bó ar chapaill ar an tseilf sa leabharlann.	☐	☐
5 Tá ainmhí le trí chos ar an tseilf sa leabharlann.	☐	☐

Labhair amach › Obair ghrúpa

1 An bhfuil leabharlann i do cheantar?

2 Céard iad na háiseanna eile atá i do cheantar?

3 An ndeachaigh tú go dtí an leabharlann nuair a bhí tú óg? Céard iad na leabhair agus na húdair a thaitin leat nuair a bhí tú óg?

4 An bhfuil leabharlann i do scoil? Déan cur síos uirthi.

Obair ealaíne

Tarraing pictiúr den leabharlann i do bhaile féin agus cuir roinnt seilfeanna agus leabhar isteach.

Bosca foclóra

úrscéal	*novel*	gearrscéal	*short story*
leabhar bleachtaireachta	*detective book*	leabhar grá	*romantic book*
leabhar ficsean eolaíochta	*science fiction book*	filíocht	*poetry*
beathaisnéis	*biography*	dírbheathaisnéis	*autobiography*

Scríbhneoireacht

Ar thaitin an dán 'Ar an tSeilf sa Leabharlann' leat? Scríobh cúig líne faoin dán i do chóipleabhar. Bain úsáid as na nótaí thíos.

Thaitin an dán go mór liom.
.... *I really liked the poem.*
Is é an óige téama an dán seo.
.... *Youth is the theme of this poem.*
Cuireann an file ceist orainn ag tús an dáin.
.... *The poet asks us a question at the beginning of the poem.*
Is léir go bhfuil leabhair shuimiúla sa leabharlann.
.... *It is clear that there are interesting books in the library.*
Thaitin an dán liom mar is aoibhinn liom a bheith ag léamh.
.... *I liked the poem because I love reading.*

Obair ealaíne

Tarraing pictiúr de chlúdach an leabhair is fearr leat i do chóipleabhar.
Déan cur síos ar an bpictiúr sa rang.

Dán a scríobh > Obair ghrúpa

Déan iarracht dán a scríobh faoin leabharlann i do ghrúpa.

An chathair agus an baile mór

Áiseanna 1

Céard iad na háiseanna atá ar fáil sa chathair agus sa bhaile mór? Scríobh liosta ar an gclár bán.

Meaitseáil

Meaitseáil na pictiúir agus na hainmfhocail thíos.

   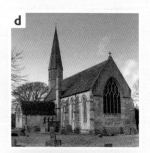

bialann		stáisiún dóiteáin		pictiúrlann		leabharlann	
óstán		teach tábhairne		séipéal		ospidéal	

Obair bhaile

Scríobh na hainmfhocail thuas i do chóipleabhar agus foghlaim iad mar cheacht obair bhaile.

Labhair amach > Ciorcal oibre

Cuir na ceisteanna thíos ar gach duine i do chiorcal. Pléigh na ceisteanna os ard sa rang. Ansin scríobh freagraí na gceisteanna i do chóipleabhar.

1 Céard iad na háiseanna atá ar fáil i do cheantar?
2 An bhfuil na háiseanna do dhaoine óga go maith i do cheantar?
3 Cé mhéad bialann atá i do cheantar?
4 An bhfuil ospidéal i do cheantar?
5 An bhfuil séipéal i do cheantar?
6 An bhfuil leabharlann i do cheantar?

Áiseanna 2

An bhfuil na háiseanna thíos ar fáil i do cheantar? Pléigh na pictiúir sa rang.

Meaitseáil

Meaitseáil na pictiúir agus na hainmfhocail thíos.

 a
 b
 c
 d

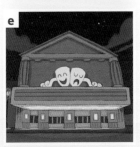 e
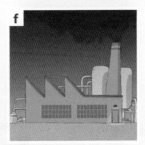 f
 g
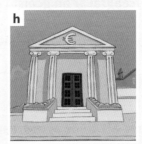 h

monarcha		stáisiún na ngardaí		banc		scoil	
club óige		stáisiún traenach		ionad spóirt		amharclann	

Obair bhaile

Scríobh na hainmfhocail thuas i do chóipleabhar agus foghlaim iad mar cheacht obair bhaile. Scríobh liosta de na háiseanna atá ar fáil i do cheantar.

Éist agus scríobh

Éist leis an múinteoir ag léamh an ailt thíos os ard sa rang agus scríobh i do chóipleabhar é. Ceartaigh an t-alt ansin.

66

Tá mé i mo chónaí sa bhaile mór. Tá na háiseanna go hiontach sa bhaile mór. I lár an bhaile tá dhá bhialann agus stáisiún traenach. Tá banc, óstán agus stáisiún na ngardaí sa cheantar freisin. Tá pictiúrlann ar imeall an bhaile agus tá dhá scoil sa bhaile chomh maith. Taitníonn an baile mór liom.

99

Obair bhaile › Tuairimí a nochtadh

Scríobh na focail thíos i do chóipleabhar agus foghlaim iad mar cheacht obair bhaile.

dochreidte	*unbelievable*	ar fheabhas	*excellent*
go hiontach	*wonderful*	sármhaith	*very good*
go measartha	*moderate*	maith go leor	*all right*
go dona	*bad*	uafásach	*terrible*

Labhair amach › Ciorcal oibre

Cuir an cheist thíos ar gach duine i do chiorcal. Pléigh an cheist os ard sa rang.
Ansin scríobh freagraí ar an gceist i do chóipleabhar.

An bhfuil na háiseanna i do cheantar go maith?

Léamhthuiscint › Daithí

 Léigh an t-alt thíos agus freagair na ceisteanna a ghabhann leis.

Tá mé sa bhaile mór inniu le mo chairde Alex agus Traolach. Tá na háiseanna sa bhaile mór do dhaoine óga ar fheabhas. Tá pictiúrlann agus ionad spóirt ar imeall an bhaile agus tá club óige agus leabharlann ar an bpríomhshráid. I lár an bhaile tá trí bhialann, dhá theach tábhairne agus óstán.

Bhuaileamar le chéile ar a deich a chlog ar maidin ag an stáisiún traenach agus chuamar ar an traein go lár an bhaile. Ansin thugamar aghaidh ar an bpictiúrlann. Chonaiceamar scannán agus anois tá sé in am don lón. Tá bialann in aice na pictiúrlainne agus beidh lón againn ansin. Rachaimid abhaile ar an traein ar a ceathair a chlog.

1 Cá bhfuil Daithí, Alex agus Traolach inniu?
2 Cá bhfuil an club óige agus an leabharlann suite?
3 Cén t-am a bhuail na buachaillí le chéile ar maidin?
4 Céard a chonaic na buachaillí sa phictiúrlann?
5 Cén t-am a rachaidh siad abhaile ar an traein?

Obair bhaile

Scríobh cúig abairt i do chóipleabhar faoi lá a chaith tú sa bhaile mór.

Meaitseáil › An baile mór

Meaitseáil na huimhreacha ón bpictiúr leis na hainmfhocail thíos.

óstán		teach tábhairne		ionad siopadóireachta	
stáisiún na ngardaí		ionad spóirt		stáisiún traenach	
scoil		pictiúrlann		séipéal	
amharclann		ospidéal		banc	
monarcha		stáisiún dóiteáin		leabharlann	

Spórt agus spraoi sa rang!

Déan iarracht na hainmfhocail go léir a bhaineann leis an mbaile mór a scríobh i do chóipleabhar. Tá 90 soicind agat. Scríobh na focail ansin ar an gclár bán. Cé a bhuaigh an comórtas?

Obair ealaíne

Tarraing baile nó sráidbhaile i do chóipleabhar. Déan cur síos ar an bpictiúr sa rang.

Ríomhphost > Cuairt a thug mé ar chathair na Gaillimhe

Thug Róisín cuairt ar a cara Niamh an deireadh seachtaine seo caite. Léigh an ríomhphost a sheol Róisín chuig a haintín agus freagair na ceisteanna thíos.

A Nóirín,

Róisín anseo! Thug mé cuairt ar mo chara Niamh. Cónaíonn Niamh ar imeall na cathrach lena tuismitheoirí agus lena deartháir óg. Is aoibhinn léi an chathair mar tá na háiseanna ar fheabhas.

Maidin Shathairn chuamar isteach sa chathair ar an mbus agus shroicheamar an phríomhshráid ar leathuair tar éis a deich. Bhí bricfeasta mór againn agus ansin chuamar ag siopadóireacht. Bhí lá iontach againn. Chuamar chuig an siopa faisin agus an siopa spóirt. Tar éis lóin chuamar chuig an gclub óige agus bhuaileamar lenár gcairde. Chuamar abhaile ar an mbus ar leathuair tar éis a trí.

Tháinig mé ar ais go Corcaigh ar an Luan. Tá mé ag dul ar saoire chuig an nGaeltacht Dé Sathairn seo chugainn. Buailfidh mé leat nuair a thiocfaidh mé abhaile.

Le grá, Róisín

1 Cén t-ainm atá ar chara Róisín?
2 Cá gcónaíonn Niamh?
3 Cén t-am a shroich siad an phríomhshráid maidin Shathairn?
4 Cá ndeachaigh na cailíní tar éis lóin?
5 Cathain a bheidh Róisín ag dul chuig an nGaeltacht?

Feasacht teanga > An aimsir chaite

Pioc amach sé bhriathar san aimsir chaite ón ríomhphost thuas agus scríobh abairtí leo i do chóipleabhar. Léigh na habairtí os ard sa rang.

thug mé		

Cúinne na teicneolaíochta

Téigh chuig an seomra ríomhairí agus seol ríomhphost chuig do chara. Déan cur síos ar lá a chaith tú sa chathair. Bain úsáid as na nathanna cainte sa ríomhphost thuas.

Feasacht teanga > Ag comhaireamh

Scríobh na huimhreacha thíos i do chóipleabhar.

aon **bh**ialann	seacht **m**bialann	aon óstán	seacht **n**-óstán
dhá **bh**ialann	ocht **m**bialann	dhá óstán	ocht **n**-óstán
trí **bh**ialann	naoi **m**bialann	trí óstán	naoi **n**-óstán
ceithre **bh**ialann	deich **m**bialann	ceithre óstán	deich **n**-óstán
cúig **bh**ialann		cúig óstán	
sé **bh**ialann		sé óstán	

Ceacht le déanamh anois

Líon na bearnaí thíos. Scríobh na huimhreacha i bhfocail.

1 Tá (*2 séipéal*) _____ i mo cheantar.

2 Tá (*5 bialann*) _____ ar an bpríomhshráid.

3 Tá (*2 teach tábhairne*) _____ ar imeall an bhaile.

4 In aice na páirce tá (*3 scoil*) _____.

5 Tá (*3 óstán*) _____ sa cheantar freisin.

Labhair amach > Ciorcal oibre

Pléigh na ceisteanna thíos i do ghrúpa agus scríobh freagraí na gceisteanna i do chóipleabhar.

1 Cé mhéad bialann atá i do cheantar?

2 Cé mhéad scoil atá i do cheantar?

3 Cé mhéad teach tábhairne atá i do cheantar?

4 Cé mhéad séipéal atá i do cheantar?

Lúbra

Aimsigh na focail sa lúbra.

amharclann
banc
leabharlann
oifig
óstán
pictiúrlann
scoil
séipéal

é	n	n	a	l	r	a	h	b	a	e	l
g	b	ú	m	t	c	a	r	é	f	c	d
i	m	d	h	é	é	ó	b	i	n	b	a
f	p	l	a	é	p	i	é	s	p	a	n
i	a	s	r	f	h	ú	b	h	c	n	m
o	n	d	c	a	r	é	ó	m	é	c	s
ú	b	ó	l	f	b	ó	s	t	á	n	c
m	n	n	a	l	r	ú	i	t	c	i	p
é	p	t	n	c	n	s	a	d	c	m	b
h	b	i	n	r	é	t	s	c	o	i	l

Bailte na hÉireann › Léarscáil na hÉireann

Scríobh na bailte thíos i do chóipleabhar.

Baile Bhuirne

Baile Locha Riach

Béal an Átha

Béal Átha na Sluaighe

Caisleán an Bharraigh

Cill Airne

Cill Dalua

An Clochán

Cúil Aodha

An Daingean

Gaoth Dobhair

Leitir Ceanainn

Ráth Chairn

An Rinn

Trá Lí

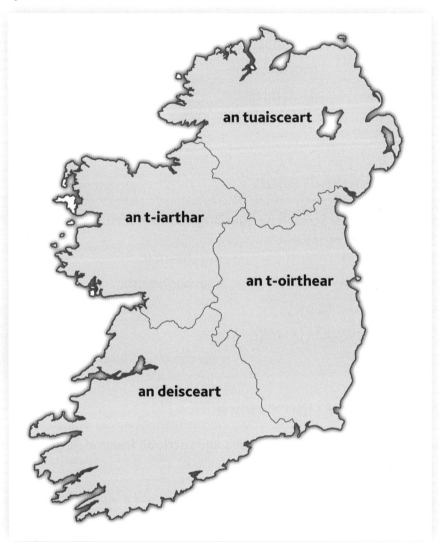

an tuaisceart

an t-iarthar

an t-oirthear

an deisceart

Taighde

Téigh chuig an seomra ríomhairí agus cuardaigh na bailte atá sa liosta thuas. Ansin, pioc amach baile amháin as an liosta thuas agus déan taighde ar an mbaile sin ar an idirlíon. Déan cur síos ar an mbaile sa rang.

Tarraing léarscáil na hÉireann i do chóipleabhar agus líon isteach na bailte thuas ar an léarscáil.

Cluastuiscint 5.1 > CD 1 Rian 26–28

Éist go cúramach leis na míreanna cainte ar an dlúthdhiosca agus ansin freagair na ceisteanna seo thíos. Cloisfidh tú gach mír dhá uair.

> **Lorg Foclóra**
> in éineacht
> pictiúrlann
> príomhbhóthar
> áis
> ar fheabhas

Mír a haon

1 Cuir tic sa bhosca ceart.

(a) ☐   (b) ☐   (c) ☐   (d) ☐

2 Cá mbeidh Máire ag dul anocht? _____

3 Cathain a chríochnóidh Máire a cuid obair bhaile?

   a amárach   **b** anois   ☐

   c nuair a thiocfaidh sí abhaile   **d** ar maidin

Mír a dó

1 Cá bhfuil Pól ina chónaí?

_____

2 Cá dtéann Pól agus a chairde gach Aoine?

_____

3 Cathain a théann Pól chuig an bpictiúrlann?

_____

Obair bhreise

Éist leis an dlúthdhiosca cúpla uair agus déan iarracht gach mír chainte a scríobh i do chóipleabhar. Ansin scríobh mír ar an gclár bán.

Na siopaí i mo cheantar 1

An bhfuil na siopaí thíos i do cheantar? Pléigh an liosta sa rang.

Meaitseáil

Meaitseáil na pictiúir agus na hainmfhocail thíos.

gruagaire		siopa spóirt		siopa nuachtán	
siopa fón		siopa poitigéara		siopa faisin	

Obair bhaile

Scríobh na hainmfhocail thuas i do chóipleabhar agus foghlaim iad mar cheacht obair bhaile.

Éist agus scríobh

Éist leis an múinteoir ag léamh an ailt thíos os ard sa rang agus scríobh i do chóipleabhar é. Ceartaigh an t-alt ansin.

66

Is aoibhinn liom a bheith ag siopadóireacht. Gach Satharn téim isteach sa chathair le mo chara. Bíonn bricfeasta againn sa bhialann agus ansin téimid ag siopadóireacht. Taitníonn éadaí linn agus téimid chuig an siopa faisin. Is maith linn spórt freisin agus tugaimid cuairt ar an siopa spóirt. Is aoibhinn le mo chara a fón póca agus tugaimid cuairt ar an siopa fón chomh maith.

99

Na siopaí i mo cheantar 2

Céard iad na siopaí atá i do cheantar? Scríobh liosta ar an gclár bán.

Meaitseáil

Meaitseáil na pictiúir agus na hainmfhocail thíos.

siopa búistéara		ollmhargadh		siopa seodóra	
siopa bróg		siopa leabhar		siopa troscáin	

Obair bhaile

Scríobh na hainmfhocail thuas i do chóipleabhar agus foghlaim iad mar cheacht obair bhaile.

Labhair amach > Ciorcal oibre

Pléigh na ceisteanna thíos i do ghrúpa agus scríobh freagraí na gceisteanna i do chóipleabhar.

1 Cathain a théann tú ag siopadóireacht?

2 Cá dtéann tú ag siopadóireacht?

3 Ainmnigh na siopaí a thaitníonn leat.

4 Cé a théann in éineacht leat ag siopadóireacht?

5 Céard a cheannaíonn tú nuair a théann tú ag siopadóireacht?

6 Cá bhfaigheann tú an t-airgead chun dul ag siopadóireacht?

7 Conas a théann tú abhaile?

8 An maith leat siopadóireacht?

Ag siopadóireacht

Céard a cheannaíonn tú nuair a théann tú ag siopadóireacht? Scríobh liosta ar an gclár bán.

Meaitseáil

Meaitseáil na hainmfhocail agus na pictiúir thíos.

bróga		mála		bríste géine		fón póca	
geansaí spraoi		bróga reatha		leabhar		dlúthdhiosca	

Taighde

Bain úsáid as an bhfoclóir nó as an suíomh idirlín www.teanglann.ie chun liosta a dhéanamh de na rudaí a cheannaíonn tú nuair a théann tú ag siopadóireacht. Pléigh an liosta sa rang.

gúna
léine
bróga
geansaí
t-léine

Spórt agus spraoi sa rang!

Imir cluiche sa rang. Críochnaigh an abairt seo.

Chuaigh mé ag siopadóireacht agus cheannaigh mé …

Lean ar aghaidh timpeall an ranga.

Scríbhneoireacht 〉 An siopa leabhar

〉 An dtéann tú chuig an siopa leabhar go minic?

〉 Céard iad na rudaí a cheannaíonn daoine sa siopa leabhar?

〉 Féach ar an liosta seo. Cuir tic leis na rudaí a cheannaíonn tú sa siopa leabhar.

〉 Bain úsáid as an bhfoclóir má tá aon ainmfhocal nach dtuigeann tú.

〉 Ansin, scríobh liosta i do chóipleabhar agus pléigh na ceisteanna thuas sa rang.

nuachtáin	☐
téacsleabhair	☐
dlúthdhioscaí	☐
irisí	☐
cóipleabhair	☐
léarscáileanna	☐
leabhair	☐
pinn agus pinn luaidhe	☐
póstaeir	☐

Rólghlacadh

〉 Beidh tú ag filleadh ar scoil i gceann seachtaine. Ba mhaith leat do chuid téacsleabhar a cheannach. Téann tú isteach sa siopa leabhar.

〉 Léigh an comhrá thíos.

〉 Ansin, ullmhaigh dráma sa rang ar an ábhar seo.

Aindréas: Gabh mo leithscéal, ba mhaith liom mo théacsleabhair scoile a cheannach.

Siopadóir: Cinnte. Cabhróidh mé leat. An bhfuil an liosta leabhar agat?

Aindréas: Tá sé agam anseo.

Siopadóir: Féach ar na seilfeanna. Pioc amach na leabhair atá ag teastáil ualt. An bhfuil foclóir nó cóipleabhair nó pinn ag teastáil uait?

Aindréas: Níl, go raibh maith agat. Tá siad agam sa bhaile.

Siopadóir: Ceart go leor.

Léamhthuiscint > An t-ionad siopadóireachta

Léigh an litir thíos a sheol Zara chuig a cara Clíona agus freagair na ceisteanna a ghabhann leis.

3 Páirc Cholmcille,
Cill Mhantáin
3ú Lúnasa

A Chlíona, a chara,

Bhí áthas orm do litir a fháil ar maidin. Tá an-bhrón orm nár sheol mé litir chugat le fada. Bhí mé sa Ghaeltacht i mí an Mheithimh agus ansin chuaigh mé ar saoire le mo theaghlach.

Bhuel, Dé Sathairn seo caite chuaigh mé chuig an ionad siopadóireachta nua sa chathair le Maidhc agus Jeaic. Bhí bróga reatha ag teastáil uaim. Thug mo dhaideo agus m'aintín airgead dom do mo bhreithlá.

Bhuail mé leis na buachaillí taobh amuigh den siopa nuachtán agus chuamar go lár na cathrach ar an mbus. Nuair a shroicheamar an chathair chuamar chuig an ionad siopadóireachta agus an siopa spóirt nua. Fuair mé bróga reatha agus geansaí spraoi. Bhí áthas an domhain orm.

Bhí lón againn san ionad siopadóireachta agus ansin chuamar chuig an siopa fón agus an siopa milseán. Cheannaíomar uachtar reoite. Ar a ceathair a chlog chuamar abhaile ar an mbus.

Scríobh chugam go luath!

Slán go fóill, Zara

1 Cén fáth nár sheol Zara litir chuig a cara le fada?

2 Cé a thug airgead do Zara?

3 Céard a cheannaigh Zara sa siopa spóirt?

4 Ainmnigh dhá shiopa atá san ionad siopadóireachta nua.

5 Cén t-am a chuaigh siad abhaile ar an mbus?

Labhair amach > Ciorcal oibre

Cuir na ceisteanna thíos ar gach duine i do chiorcal. Ansin, scríobh freagraí na gceisteanna i do chóipleabhar.

1 An bhfuil ionad siopadóireachta i do cheantar?

2 Céard iad na siopaí atá ann?

3 An dtéann tú ag siopadóireacht go minic?

Scríbhneoireacht

Scríobh litir chuig do chara agus déan cur síos ar lá a chaith tú ag siopadóireacht.

A _____ , a chara,

Scríobh chugam go luath!

Ceapadóireacht > Oifig an phoist

❯ Tá Daideo agus Éamonn ag siopadóireacht. Scríobh an scéal i do chóipleabhar faoin lá. Bain úsáid as na nótaí thíos.

❯ Léigh an scéal os ard i do ghrúpa.

❯ Scríobh an scéal ar an gclár bán sa seomra ranga.

Pictiúr a haon

Maidin Shathairn a bhí ann.	*It was Saturday morning.*
Shiúil mé le mo dhaideo chuig oifig an phoist.	*I walked with my grandad to the post office.*
Bhí stampa uaim agus bhí mo dhaideo ag bailiú a phinsin.	*I wanted a stamp and my grandad was collecting his pension.*

Pictiúr a dó

Shroicheamar oifig an phoist ar a deich a chlog.	*We reached the post office at ten o'clock.*
Bhí scuaine fhada romhainn.	*There was a big queue ahead of us.*
Bhailigh mo dhaideo a phinsean.	*My grandad collected his pension.*
Cheannaigh mé stampa ag an gcuntar.	*I bought a stamp at the counter.*

Pictiúr a trí

D'fhágamar oifig an phoist ansin.	*We left the post office then.*
Chuir mé an litir isteach sa bhosca poist.	*I put the letter into the postbox.*
Bhuail mo dhaideo lena chara.	*My grandad met his friend.*
Thosaigh siad ag caint.	*They started talking.*

Pictiúr a ceathair

Shiúlamar ansin go dtí lár an bhaile.	*Then we walked to the town centre.*
Chuamar isteach sa bhialann.	*We went into the restaurant.*
Bhí lón againn ansin.	*Then we had lunch.*

Cluastuiscint 5.2 › CD 1 Rian 29–31

Éist go cúramach leis na míreanna cainte ar an dlúthdhiosca agus ansin freagair na ceisteanna seo thíos. Cloisfidh tú gach mír dhá uair.

 Lorg Foclóra

ionad siopadóireachta

saor in aisce

bialann

scannán

Mír a haon

1 Cuir tic sa bhosca ceart.

(a) ☐ (b) ☐ (c) ☐ (d) ☐

2 Céard a fuair Nuala, Siobhán agus Antaine saor in aisce san ionad siopadóireachta?

_____

3 Cá mbuailfidh Nuala agus Seán le chéile? _____

Mír a dó

1 Cá dtéann Nadia gach Aoine lena cairde?

_____

2 Cén t-am a chríochnaíonn an scannán de ghnáth?

_____

3 Cén oíche is fearr le Nadia?

_____

Obair bhreise

Éist leis an dlúthdhiosca cúpla uair agus déan iarracht gach mír chainte a scríobh i do chóipleabhar. Ansin scríobh mír ar an gclár bán.

Dul siar

Líon na bearnaí thíos. Cabhróidh na focail sa bhosca leat.

Tá mé i mo chónaí _____. Is aoibhinn liom an chathair. Tá na háiseanna _____ sa chathair. I lár na cathrach tá dhá shéipéal agus téim chuig an _____ gach Domhnach le mo chlann. Tá óstán agus teach tábhairne i lár na cathrach agus bíonn dinnéar againn anois is arís _____ atá suite ar an bpríomhshráid.

Tá siopaí de gach saghas sa chathair agus tá ionad _____ suite ar imeall na cathrach. Téim chuig an ionad siopadóireachta gach Satharn le mo chairde. Taitníonn spórt go mór liom agus ceannaím éadaí spóirt sa siopa _____. Is aoibhinn le mo dhaid a bheith ag léamh agus ceannaíonn sé leabhair agus _____ sa siopa leabhar.

Gach oíche Shathairn téann mo thuismitheoirí amach. Is aoibhinn leo scannáin. Uaireanta téann siad chuig _____ agus uaireanta eile téann siad chuig an amharclann. Buaileann siad lena gcairde sa teach tábhairne go minic freisin.

Bailíonn mo mhamó agus mo dhaideo a bpinsean gach seachtain in oifig _____. Téann siad isteach sa chathair ar an _____. Ag am lóin bíonn _____ acu sa bhialann agus ansin téann siad ag siopadóireacht san ionad siopadóireachta.

an bpictiúrlann   an phoist
ar fheabhas   irisí   lón   mbus
sa bhialann   sa chathair
séipéal   siopadóireachta   spóirt

Dul siar ar an eolas a bhailigh mé san aonad seo

Líon isteach an t-eolas fút féin.

Cá bhfuil tú i do chónaí? _____

An bhfuil na háiseanna go maith sa cheantar? _____

An bhfuil scoileanna i do cheantar? _____

Cé mhéad teach tábhairne atá i do cheantar? _____

Cé mhéad séipéal atá i do cheantar? _____

Céard iad na siopaí atá i do cheantar? _____

Cén bhialann is fearr leat sa cheantar? _____

Cathain a théann tú chuig an mbialann? _____

An bhfuil pictiúrlann i do cheantar? _____

An bhfuil leabharlann nó amharclann i do cheantar? _____

Céard iad na háiseanna do dhaoine óga atá sa cheantar? _____

An dtéann tú isteach sa bhaile mór nó sa chathair go minic? ____

An bhfuil ionad siopadóireachta i do cheantar? _____

Céard iad na siopaí atá san ionad siopadóireachta? _____

Cathain a théann tú chuig an ionad siopadóireachta? _____

An maith leat a bheith ag siopadóireacht? _____

Céard a cheannaíonn tú nuair a théann tú ag siopadóireacht? ___

 Cuimhnigh!

Téigh go dtí **www.edco.ie/cinnte1** agus bain triail as na hidirghníomhaíochtaí.

143

Aonad a Sé

An tEarrach agus an Samhradh

6

San aonad seo foghlaimeoidh tú na scileanna seo:

SCIL	ÁBHAR
an cultúr Gaelach	amhrán: 'Samhradh Samhradh'
léitheoireacht	blag, léamhthuiscint, fógra, comhrá
scríbhneoireacht	abairtí, blag, éist agus scríobh, comhrá, alt, abairtí a mheaitseáil
gramadach	céimeanna comparáide na n-aidiachtaí, an aimsir chaite, an aimsir láithreach, an aimsir fháistineach
éisteacht	cluastuiscint, dán, scéal
teicneolaíocht	clár ar TG4
cumarsáid	suirbhé, comhrá, pléigh an t-earrach agus an samhradh
uimhríocht	an t-am
ealaín/cruthaitheacht	pictiúr, fógra, léarscáil, tarraing pictiúr le dul leis an amhrán 'Samhradh Samhradh'
taighde/féinfhoghlaim	ainmhithe agus bláthanna, contae in Éirinn, foclóir, nósanna an tsamhraidh
ceapadóireacht	scéal: Saoire champála le mo theaghlach, dán

Tá dhá chuid san aonad seo
1 An t-earrach
2 An samhradh

Téigh go dtí **www.edco.ie/cinnte1** agus bain triail as na hidirghníomhaíochtaí.

Clár

Amhrán

Dlúthdhiosca an mhúinteora, rian 9

❱ Is amhrán é seo atá ag ceiliúradh theacht an tsamhraidh (*celebrating the coming of summer*).

❱ Bhí traidisiún (*tradition*) ann go ndeachaigh buachaillí agus cailíní ó theach go teach oíche Bhealtaine (*May eve*).

❱ Bhí craobh (*branch*) nó bábóg Bhealtaine (*May doll*) ag na cailíní agus ag na buachaillí.

❱ Chan siad an t-amhrán seo nuair a bhí siad ag dul go dtí na tithe.

Éist leis an amhrán seo ar dhlúthdhiosca an mhúinteora agus can an t-amhrán sa rang. Déan na cleachtaí a ghabhann leis.

Samhradh Samhradh

amhrán traidisiúnta

Samhradh, samhradh, **bainne na ngamhna**,	*milk of the calves*
Thugamar féin an samhradh linn.	*We have brought the summer in*
Samhradh buí na nóinín glégeal,	*Yellow summer of clear bright daisies*
Thugamar féin an samhradh linn.	
Thugamar linn é ón gcoill chraobhaigh,	*We brought it in from the leafy woods*
Thugamar féin an samhradh linn.	
Samhradh buí ó **luí na gréine**,	*sunset*
Thugamar féin an samhradh linn.	
Bábóg na Bealtaine, maighdean an tsamhraidh,	*Mayday doll, maiden of summer*
Suas gach cnoc is síos gach gleann,	*Up every hill and down every glen*
Cailíní maiseacha bángheala glégeal,	*Beautiful girls, radiant and shining*
Thugamar féin an samhradh linn.	

Cuileann is coll is trom is caorthann,

Thugamar féin an samhradh linn.

An **fuinseog ghléigeal bhéil an átha**,

Thugamar féin an samhradh linn.

Holly and hazel and elder and rowan

bright ash tree at the mouth of the ford

Samhradh, samhradh, bainne na ngamhna,

Thugamar féin an samhradh linn.

Samhradh buí na nóinín glégeal,

Thugamar féin an samhradh linn.

Bábóg na Bealtaine, maighdean an tsamhraidh,

Suas gach cnoc is síos gach gleann,

Cailíní maiseacha bángheala glégeal,

Thugamar féin an samhradh linn.

Samhradh, samhradh,

Samhradh, samhradh,

Is **cé bhainfeadh dínn é?**

Samhradh, samhradh,

Is cé bhainfeadh dínn é?

Is cé bhainfeadh dínn é?

Ó luí na gréine.

who'd take it from us?

147

Scríbhneoireacht > Obair bheirte
Léitheoireacht

A Meaitseáil na habairtí i mBéarla agus i nGaeilge thíos.

B Scríobh na habairtí meaitseáilte thíos i do chóipleabhar.

1 Fásann nóiníní glégheala sa samhradh.	**a** The young people took the branch from the wood.
2 Chan buachaillí agus cailíní óga an t-amhrán seo oíche Bhealtaine.	**b** The young girls were beautiful.
3 Thóg na daoine óga an chraobh ón gcoill.	**c** The branch the young people brought around on May eve stands for the summertime.
4 Thug na daoine óga bábóg na Bealtaine suas gach cnoc agus síos gach gleann.	**d** People are happy in summer.
5 Bhí na cailíní óga go hálainn.	**e** Bright daisies grow in the summer.
6 Fásann a lán crann sa choill.	**f** The calves give milk in summer.
7 Seasann an chraobh a bhí ag na daoine óga oíche Bhealtaine don samhradh.	**g** Young people really loved summer.
8 Thaitin an samhradh go mór leis na daoine óga.	**h** Young boys and girls sang this song on May eve.
9 Bíonn bainne ag na gamhna sa samhradh.	**i** A lot of trees grow in the wood.
10 Bíonn áthas ar dhaoine sa samhradh.	**j** The young people took the May doll up every hill and down into every valley.

1	2	3	4	5	6	7	8	9	10

Fíor nó bréagach?

	Fíor	Bréagach
1 Is amhrán é seo faoin ngeimhreadh.	☐	☐
2 Thóg na daoine óga an chraobh nó an bhábóg go dtí gach cnoc agus gleann.	☐	☐
3 Fásann nóiníní sa samhradh.	☐	☐
4 Bhí bábóg na Bealtaine ag na daoine fadó oíche Bhealtaine.	☐	☐
5 Ní bhíonn bainne ag na gamhna sa samhradh.	☐	☐

Obair ealaíne

Tarraing pictiúr i do chóipleabhar le cur leis an amhrán seo.

Obair bheirte

Cuirigí agallamh ar a chéile: Freagair na ceisteanna seo.

1 An maith leat an samhradh? Cén fáth?

Mar bíonn an aimsir go maith ☐

Mar bíonn laethanta saoire ón scoil agam ☐

Mar feicim mo chairde go minic ☐

2 Cén cineál aimsire a bhíonn ann sa samhradh?

scamallach ☐   grianmhar ☐   gaofar ☐   fuar ☐

3 Cad a dhéanann tú sa samhradh de ghnáth?

4 Cén séasúr is fearr leat, an t-earrach nó an samhradh? Léigh ar aghaidh san aonad seo agus scríobh comhrá ansin faoin séasúr is fearr leat.

Tusa: Is fearr liom an t-earrach mar _____

Cara: Is fearr liom an samhradh mar _____

Tusa: _____

Cara: _____

Tusa: _____

Cara: _____

Obair ghrúpa

Taighde

Déan taighde ar aon nós (*custom*) eile a bhí, nó a bhíonn, ann in áiteanna sa samhradh agus déan cur i láthair air sa rang.

An t-earrach

Labhair amach > Ciorcal oibre

Pléigh na ceisteanna os ard i do ghrúpa agus scríobh na freagraí ar an gclár bán.

1 Céard iad míonna an earraigh?

2 An maith leat an t-earrach?

3 Cén mhí is fearr leat san earrach?

4 Céard a dhéanann daoine óga san earrach?

Sampla > Bróna

Is maith liom **an t-earrach**.

Is iad Feabhra, Márta agus Aibreán **míonna an earraigh**.

I **lár an earraigh** faighim laethanta saoire na Cásca.

Bíonn an aimsir fuar agus gaofar **san earrach**.

Obair bhaile

Foghlaim na habairtí thuas agus abair os ard sa rang iad.

Meaitseáil > Conas mar a bhíonn an aimsir san earrach?

Meaitseáil na habairtí thíos leis na pictiúir. Scríobh na habairtí i do chóipleabhar agus foghlaim iad mar cheacht obair bhaile. Freagair an cheist thuas os ard sa rang.

1 Bíonn sé gaofar agus stoirmiúil.

2 Uaireanta bíonn sé grianmhar.

3 Titeann ceathanna báistí.

4 Bíonn sé scamallach.

Meaitseáil > An dúlra san earrach

Meaitseáil na habairtí thíos leis na pictiúir. Bain úsáid as an bhfoclóir má tá aon ainmfhocal ann nach dtuigeann tú.

1 San earrach bíonn na coiníní le feiceáil ag súgradh sna páirceanna.

2 Fásann lusanna an chromchinn agus tiúilipí sa ghairdín san earrach.

3 Dúisíonn an t-iora rua san earrach.

4 Ag tús an earraigh fásann bachlóga ar na crainn.

5 Bíonn uain óga ag rith agus ag léim sna goirt san earrach.

6 Bíonn an dúlra go hálainn san earrach.

1	2	3	4	5	6

Obair bhaile

Scríobh na habairtí thuas i do chóipleabhar agus foghlaim iad mar cheacht obair bhaile.

Scríbhneoireacht

Scríobh trí abairt i do chóipleabhar faoin aimsir san earrach agus trí abairt faoin dúlra san earrach. Léigh na habairtí os ard i do ghrúpa.

Féinfhoghlaim

Céard iad na hainmhithe agus na bláthanna a fheicimid in Éirinn san earrach? Téigh chuig an seomra ríomhairí agus déan liosta de na hainmhithe agus na bláthanna a fheicimid san earrach. Tabhair isteach na pictiúir ag an rang.

Meaitseáil › Ainmhithe fiáine

Meaitseáil na pictiúir agus na hainmhithe fiáine thíos.

1 iora rua

2 sionnach

3 gráinneog

4 broc

5 coinín

1	2	3	4	5

Féinfhoghlaim

Téigh chuig an seomra ríomhairí agus déan taighde ar cheann de na hainmhithe thuas.

Labhair amach › Ciorcal oibre

Déan cur síos ar an ainmhí atá roghnaithe agat os ard i do ghrúpa. Freagair na ceisteanna thíos faoin ainmhí.

1 Cén t-ainmhí a roghnaigh tú?	Rinne mé staidéar ar an …
2 Cá gcónaíonn an t-ainmhí seo?	Cónaíonn an t-ainmhí seo i …
3 Cén dath atá ar an ainmhí seo?	Tá dath… ar an ainmhí seo.
4 An gcodlaíonn an t-ainmhí seo i rith an gheimhridh?	Codlaíonn *nó* Ní chodlaíonn an t-ainmhí seo i rith an gheimhridh.
5 Cén bia a itheann an t-ainmhí seo?	Itheann an t-ainmhí seo …

Obair ealaíne

Tarraing pictiúr den ainmhí agus déan cur síos ar an ainmhí sa rang. Croch an pictiúr ar an mballa sa seomra ranga.

Feasacht teanga › Céimeanna comparáide na n-aidiachtaí

Scríobh na haidiachtaí thíos i do chóipleabhar agus foghlaim iad mar cheacht obair bhaile.
Scríobh abairtí leis na haidiachtaí agus léigh na habairtí os ard sa rang.

álainn.............*beautiful*	níos áille.........*more beautiful*	is áille ....*most beautiful*
geal.................*bright*	níos gile..........*brighter*	is gile ....*brightest*
maith.............*good*	níos fearr.......*better*	is fearr ....*best*
te.....................*hot*	níos teo ....*hotter*	is teo...........*hottest*
fada.................*long*	níos faide ....*longer*	is faide........*longest*
deas ....*nice*	níos deise ....*nicer*	is deise ....*nicest*

Éist agus scríobh

Éist leis an múinteoir ag léamh an ailt thíos os ard sa rang agus scríobh i do chóipleabhar é. Ceartaigh an t-alt ansin.

66

Is aoibhinn liom an t-earrach. Bíonn na laethanta fuar ag tús an earraigh ach éiríonn na laethanta níos teo agus níos faide ag deireadh an earraigh. Bíonn an dúlra san earrach níos áille ná in aon séasúr eile. Fásann bláthanna áille sa ghairdín. Is maith liom a bheith ag siúl le mo mhadra sa pháirc ar maidin. Bíonn na laethanta níos gile san earrach. Taitníonn an t-earrach go mór liom.

99

Ceacht le déanamh anois

Críochnaigh na habairtí thíos.

1 Is aoibhinn liom _____.

  a an t-earrach   b an earraigh   c san earrach

2 Fásann a lán bláthanna sa ghairdín _____.

  a san earrach   b san earraigh   c san t-earrach

3 Is iad Feabhra, Márta agus Aibreán _____.

  a míonna an earrach   b míonna an earraigh   c míonna an t-earrach

4 Bíonn an aimsir níos teo ag deireadh an _____.

  a earrach   b earraigh   c t-earrach

Blag Sheáin > An pháirc san earrach

▶ **Léigh blag Sheáin os ard agus freagair na ceisteanna thíos.**

Shiúil mé sa pháirc le mo mhadra, Millie, ar maidin. Bhí sé fuar agus scamallach ar a deich a chlog nuair a shroicheamar an pháirc. Tháinig mo chairde Tomás agus Déaglán in éineacht liom. Chonaiceamar páirceanna lán le bláthanna áille. Bhí an-spraoi ag Millie ag rith agus ag léim leis na madraí eile sa pháirc.

Bhuaileamar lenár gcairde Sorcha agus Aoife ansin agus shiúlamar timpeall na páirce. Bhí na hainmhithe fiáine (*wild animals*) le feiceáil ag dreapadh (*climbing*) na gcrann agus ag súgradh. Chonaiceamar ioraí rua agus coiníní.

Ar a haon déag a chlog thosaigh sé ag cur báistí agus d'fhágamar an pháirc. Shiúlamar i dtreo an bhaile go tapa. Bhíomar fliuch go craiceann (*soaked to the skin*) nuair a shroicheamar an teach.

1 Cá raibh Seán le Millie ar maidin?

2 Ainmnigh na bláthanna a chonaic siad.

3 Céard a bhí á dhéanamh ag na hainmhithe fiáine?

4 Cén t-am a d'fhág Seán agus Millie an pháirc?

5 Conas mar a bhí an aimsir nuair a d'fhág siad an pháirc?

Obair bhaile

Scríobh blag faoi lá a chaith tú sa pháirc le do chairde.

Fíor nó bréagach?

	Fíor	Bréagach
1 Bhí sé grianmhar ar maidin nuair a shroich Seán an pháirc.	☐	☐
2 Bhí Pól agus Úna in éineacht le Seán.	☐	☐
3 Chonaic siad bláthanna áille sa pháirc.	☐	☐
4 Bhí na hainmhithe fiáine ag dreapadh na gcrann.	☐	☐
5 D'fhág siad an pháirc ar a dó dhéag a chlog.	☐	☐

Pioc amach sé bhriathar ón mblag agus scríobh i do chóipleabhar iad.

Meaitseáil › Obair an fheirmeora san earrach

Meaitseáil na habairtí i nGaeilge agus i mBéarla thíos.

1 Treabhann an feirmeoir na goirt.
2 Gearrann sé na sceacha.
3 Cuireann sé síolta sna goirt.
4 Caitheann sé laethanta fada ar a tharracóir.
5 Tugann sé aire do na hainmhithe nuabheirthe.
6 Tugann sé bia do na hainmhithe.
7 Crúnn sé na ba gach maidin agus tráthnóna.

a He milks the cows every morning and afternoon.
b He looks after the newborn animals.
c The farmer ploughs the fields.
d He feeds the animals.
e He cuts the hedges.
f He spends long days on his tractor.
g He sows seeds in the fields.

1	2	3	4	5	6	7

Ceacht le déanamh anois

Líon na bearnaí sa phíosa thíos. Cabhróidh na focail sa bhosca leat.

Oibríonn an feirmeoir go dian ar an _____ i rith an earraigh. Éiríonn sé go luath ar maidin agus _____ sé na goirt. Ansin cuireann sé na _____. Bíonn a lán jabanna le déanamh aige timpeall na feirme. Tugann sé aire do na hainmhithe. Beirtear uain óga san earrach agus bíonn ar an bhfeirmeoir aire a thabhairt do na _____ _____. Bíonn saol crua ag an bhfeirmeoir nuair a bhíonn an aimsir _____ agus fuar.

bhfeirm
fliuch
huain óga
síolta
treabhann

Labhair amach › Ciorcal oibre

Pléigh na ceisteanna thíos i do ghrúpa agus scríobh freagraí na gceisteanna i do chóipleabhar.

1 Ar mhaith leat a bheith i d'fheirmeoir?
2 Cén obair a dhéanann an feirmeoir i rith an earraigh?

Scríbhneoireacht

Scríobh trí abairt i do chóipleabhar faoi obair an fheirmeora san earrach.

TG4

Féach ar an gclár *Naonáin an Zú* nó ar chlár faoin dúlra ar TG4.

Léamhthuiscint › An t-earrach: Donnacha

Léigh an t-alt os ard agus freagair na ceisteanna thíos.

Taitníonn an t-earrach go mór liom. Tosaíonn an t-earrach ar an gcéad lá de mhí Feabhra. I mí Feabhra bíonn an aimsir fuar agus fliuch. Éiríonn sé dorcha go luath sa tráthnóna agus bíonn sé stoirmiúil go minic.

Dúisíonn na hainmhithe san earrach tar éis an gheimhridh agus nuair a théim chuig an bpáirc le mo mhadra feicim an t-iora rua agus an broc, an ghráinneog agus an sionnach.

Bíonn an-chraic againn ar scoil i rith Sheachtain na Gaeilge. Glacaimid sos ón obair sa rang Gaeilge agus bíonn céilí agus seisiúin cheoil againn gach lá. Faighimid lá saor ón scoil Lá Fhéile Pádraig. Téim isteach sa chathair chun an pharáid a fheiceáil.

Mí Aibreáin an mhí is fearr liom san earrach. Faighimid saoire ón scoil agus éiríonn an aimsir te agus grianmhar. Buailim le mo chairde agus imrímid peil sa ghairdín.

1 Cathain a thosaíonn an t-earrach?

2 Conas a bhíonn an aimsir i mí Feabhra?

3 Céard iad na hainmhithe a fheiceann Donnacha sna páirceanna?

4 Céard a dhéanann na daltaí i rith Sheachtain na Gaeilge?

5 Céard a dhéanann Donnacha nuair a fhaigheann sé saoire ón scoil?

Feasacht teanga › An aimsir láithreach

Pioc amach ocht mbriathar san aimsir láithreach ón alt thuas agus scríobh i do chóipleabhar iad. Foghlaim na briathra mar cheacht obair bhaile.

taitníonn			

Scríbhneoireacht

Cum abairtí simplí leis na briathra faoin earrach.

Labhair amach › Ciorcal oibre

Pléigh an cheist thíos i do ghrúpa agus scríobh na freagraí i do chóipleabhar.

Céard a dhéanann daoine óga san earrach?

Seachtain na Gaeilge
Fógra

Léigh an fógra thíos agus freagair na ceisteanna a ghabhann leis.

Seachtain na Gaeilge: 10–14 Márta
Pobalscoil Áine, Cill Dalua, Contae an Chláir

Dé Luain	10.30 a.m.–11.00 a.m.	seisiún ceoil sa seomra ceoil
	1.00 p.m.–1.30 p.m.	comórtas amhránaíochta sa halla mór
	8.00 p.m.–10.00 p.m.	céilí mór sa halla do dhaltaí agus tuismitheoirí
Dé Céadaoin	10.30 a.m.–11.00 a.m.	comórtas díospóireachta sa leabharlann
	1.00 p.m.–1.30 p.m.	tráth na gceist sa halla mór
	8.00 p.m.–10.00 p.m.	comórtas damhsa sa halla mór
Dé hAoine	10.30 a.m.–11.00 a.m.	scannán sa seomra Béarla
	1.00 p.m.–1.30 p.m.	comórtas filíochta sa seomra Gaeilge
	8.00 p.m.–10.00 p.m.	taispeántas ealaíne sa seomra ealaíne

1 Céard a bheidh ar siúl i bPobalscoil Áine?

2 Cá mbeidh an comórtas díospóireachta ar siúl?

3 Cathain a bheidh an taispeántas ealaíne ar siúl?

4 Cén t-am a thosóidh an céilí mór do dhaltaí agus tuismitheoirí?

5 Céard a bheidh ar siúl ar Dé Luain ar a haon a chlog?

Obair bhaile

Scríobh na hainmfhocail thíos i do chóipleabhar.

amhránaíocht	*singing*	comórtas damhsa	*dancing competition*
comórtas díospóireachta	*debating competition*	comórtas filíochta	*poetry competition*
scannán	*film*	seisiún ceoil	*music session*
taispeántas ealaíne	*art exhibition*	tráth na gceist	*quiz*

Dear fógra do na himeachtaí a bhíonn ar siúl i do scoil i rith Sheachtain na Gaeilge.

Lá Fhéile Pádraig

Suirbhé > Céard a dhéanann tú Lá Fhéile Pádraig?

Cuir na ceisteanna thíos ar do chara faoi Lá Fhéile Pádraig. Ansin pléigh na freagraí os ard.

1 An maith leat Lá Fhéile Pádraig?

2 An dtéann tú chuig an bparáid Lá Fhéile Pádraig?

3 An mbuaileann tú le do chairde Lá Fhéile Pádraig?

4 An dtéann tú chuig céilí Lá Fhéile Pádraig?

5 An nglacann tú páirt sa pharáid Lá Fhéile Pádraig?

6 An gcaitheann tú éadaí glasa Lá Fhéile Pádraig?

7 An gcaitheann tú seamróg Lá Fhéile Pádraig?

8 An bhféachann tú ar an bparáid ar an teilifís?

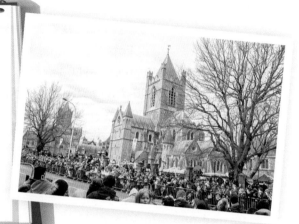

Léamhthuiscint > Clíona

Léigh an t-alt thíos os ard agus freagair na ceisteanna.

Is aoibhinn liom Lá Fhéile Pádraig. Éirím ar a hocht a chlog agus buailim le mo chairde go luath ina dhiaidh sin. Téimid isteach sa chathair chun an pharáid a fheiceáil. Feicimid bannaí ceoil agus éadromáin *(floats)* agus daoine ag damhsa sa pharáid.

Bíonn carnabhal mór sa chathair Lá Fhéile Pádraig agus téimid ar an roth mór *(big wheel)* um thráthnóna. Bíonn spórt agus spraoi againn. Téimid abhaile ar an mbus ar a cúig a chlog agus ullmhaímid don chéilí mór. Tosaíonn an céilí i halla na scoile ar a hocht a chlog. Bíonn an-chraic againn ag an gcéilí.

1 Cén t-am a éiríonn Clíona Lá Fhéile Pádraig?

2 Cá dtéann Clíona lena cairde?

3 Céard a fheiceann Clíona agus a cairde sa pharáid?

4 Cá dtéann Clíona agus a cairde um thráthnóna?

5 Cén t-am a thosaíonn an céilí mór?

Scríbhneoireacht

Scríobh alt gearr i do chóipleabhar faoi na rudaí a dhéanann tú Lá Fhéile Pádraig.

Ceol sa rang

Féach ar chlár ceoil ar TG4 nó can amhrán sa rang. Scríobh liosta de na hamhráin Ghaelacha atá ar eolas agat ar an gclár bán sa seomra ranga.

Cluastuiscint 6.1 > CD 1 Rian 32–34

Éist go cúramach leis na míreanna cainte ar an dlúthdhiosca agus ansin freagair na ceisteanna seo thíos. Cloisfidh tú gach mír dhá uair.

Lorg Foclóra

an pharáid

damhsa

tráth na gceist

ceolchoirm

Mír a haon

1 Cuir tic sa bhosca ceart.

(a) ☐   **(b)** ☐   **(c)** ☐   **(d)** ☐

2 Céard a bheidh á dhéanamh ag Eimear agus Laoise?

_____

3 Cá mbuailfidh Úna leis na buachaillí?

_____

Mír a dó

1 Cén fáth a bhfuil áthas ar Lorcán inniu?

_____

2 Cá mbeidh tráth na gceist ar siúl?

_____

3 Cé mhéad atá ar na ticéid don cheolchoirm?

_____

Obair bhreise

Éist leis an dlúthdhiosca cúpla uair agus déan iarracht gach mír chainte a scríobh i do chóipleabhar. Ansin scríobh mír ar an gclár bán.

An samhradh

Labhair amach > Ciorcal oibre

Pléigh na ceisteanna thíos os ard i do ghrúpa agus scríobh na freagraí ar an gclár bán.

1 Céard iad míonna an tsamhraidh?

2 An maith leat an samhradh?

3 Cén mhí is fearr leat sa samhradh?

4 Céard a dhéanann daoine óga sa samhradh?

Foghlaim na habairtí thíos agus abair os ard sa rang iad.

Sampla > Aoife

Is maith liom **an samhradh**.

Is iad Bealtaine, Meitheamh agus Iúil **míonna an tsamhraidh**.

Ag **tús an tsamhraidh** faighim laethanta saoire.

Bíonn an aimsir te agus grianmhar **sa samhradh**.

Meaitseáil > Conas mar a bhíonn an aimsir sa samhradh?

Meaitseáil na habairtí thíos leis na pictiúir. Scríobh na habairtí i do chóipleabhar agus foghlaim iad mar cheacht obair bhaile. Freagair an cheist thuas os ard sa rang.

1 Bíonn sé scamallach go minic in Éirinn sa samhradh.

2 Bíonn an aimsir te agus grianmhar.

3 Uaireanta bíonn sé gaofar sa samhradh.

4 Bíonn sé geal déanach san oíche sa samhradh.

Laethanta saoire

Labhair amach › Ciorcal oibre

Pléigh na ceisteanna os ard i do ghrúpa agus scríobh na freagraí ar an gclár bán.

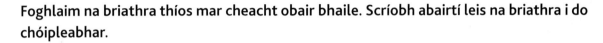

> 1 An mbeidh tú ag dul ar laethanta saoire an samhradh seo chugainn?
>
> 2 An rachaidh tú go dtí an Ghaeltacht?
>
> 3 An raibh tú riamh thar lear?

Feasacht teanga › An aimsir fháistineach

Foghlaim na briathra thíos mar cheacht obair bhaile. Scríobh abairtí leis na briathra i do chóipleabhar.

beidh mé.....................	*I will be*	déanfaidh mé.....................	*I will do*
gheobhaidh mé	*I will get*	rachaidh mé	*I will go*
tabharfaidh mé.....................	*I will give*	tiocfaidh mé	*I will come*

Léitheoireacht

Léigh an comhrá thíos os ard sa rang agus freagair na ceisteanna a ghabhann leis.

Eoin: Haigh, a Áine. An mbeidh tú ag dul ar saoire sa samhradh?

Áine: Cinnte, a Eoin. Rachaidh mé go dtí an Fhrainc le mo theaghlach. Céard fútsa?

Eoin: Bhuel, bhíomar sa Spáinn an samhradh seo caite ach beidh mé ag dul go dtí an Ghaeltacht le Peadar agus Dónall i mí Iúil.

Áine: Nuair a thiocfaidh mé abhaile ón bhFrainc beidh mé ag dul go dtí Coláiste Chamuis le Dearbhla agus Sinéad. Tá mé ag tnúth go mór leis an tsaoire.

Eoin: Ar mhaith leat dul go dtí ceolchoirm 5 Seconds of Summer ag deireadh mhí Iúil?

Áine: Ba mhaith liom dul, cinnte. Cuirfidh mé glao fóin ort nuair a thiocfaidh mé abhaile ón nGaeltacht.

> 1 Cá rachaidh Áine ar saoire lena teaghlach?
>
> 2 Cathain a bheidh Eoin ag dul go dtí an Ghaeltacht?
>
> 3 Cé a bheidh ag dul go Coláiste Chamuis le hÁine?
>
> 4 Cathain a chuirfidh Áine glao ar Eoin?

Scríbhneoireacht

Ullmhaigh comhrá sa rang faoi do chuid laethanta saoire. Scríobh an comhrá i do chóipleabhar.

Meaitseáil › Lá a chaith mé cois trá

Meaitseáil na pictiúir agus na focail thíos. Bain úsáid as an bhfoclóir má tá aon fhocal ann nach dtuigeann tú.

ag sú na gréine	
uachtar reoite	
ceapairí	
bád iascaigh	
tonnta móra	
spéaclaí gréine	
slat iascaigh	
gaineamh	
caisleáin ghainimh	
culaith shnámha	
buicéad agus spáid	
portán	
an ghrian ag taitneamh	
ag snámh	
tuáille	
scáth gréine	

Labhair amach › Ciorcal oibre

Déan cur síos ar an bpictiúr sa rang.

Spórt agus spraoi sa rang!

Tá deich sliogán i bhfolach sa phictiúr thuas. Déan iarracht na sliogáin a aimsiú.

Éist agus scríobh

Éist leis an múinteoir ag léamh an ailt thíos os ard sa rang agus scríobh i do chóipleabhar é. Ceartaigh an t-alt ansin.

Chuaigh mé go dtí an trá le mo chairde Séamus agus Liam. Bhí sé te agus grianmhar an lá sin. Shroicheamar an trá ar a deich a chlog. Bhí an fharraige an-fhuar nuair a chuamar ag snámh. D'itheamar picnic ar a haon a chlog. Ansin cheannaíomar uachtar reoite. Shiúlamar abhaile ar a cúig a chlog.

Feasacht teanga › An t-am

Scríobh amach na hamanna thíos i bhfocail.

1 10.30   **2** 2.45   **3** 8.00   **4** 3.15   **5** 7.25   **6** 9.35

Obair ghrúpa

Cum deich gceist faoin bpictiúr ar an leathanach thall i do ghrúpa. Scríobh na ceisteanna i do chóipleabhar. Scríobh na ceisteanna ar an gclár bán. Ansin freagair na ceisteanna sa rang.

> Samplaí
>
> Cén sórt aimsire atá ann?
>
> Cé mhéad sliogán atá sa phictiúr?

Labhair amach › Ciorcal oibre

Cuir na ceisteanna thíos ar gach duine i do chiorcal. Pléigh na ceisteanna os ard sa rang.

1 An dtéann tú chuig an trá go minic sa samhradh?
2 An maith leat a bheith ag snámh?
3 An maith leat a bheith ag sú na gréine?
4 Ar ith tú picnic ar an trá?
5 An raibh tú riamh ag iascaireacht?

Obair ealaíne

Tarraing pictiúr de theaghlach ag ithe picnice ar an trá.

Ceapadóireacht › Saoire champála le mo theaghlach

❯ Tá an teaghlach ar shaoire champála.

❯ Bain úsáid as na nótaí thíos agus scríobh an scéal i do chóipleabhar.

❯ Léigh an scéal os ard i do ghrúpa.

Pictiúr a haon

Chuaigh mé ar shaoire champála le mo theaghlach.	*I went on a camping holiday with my family.*
Bhí sceitimíní orainn go léir.	*We were all excited.*
Líonamar an carr leis na málaí.	*We filled the car with the bags.*
Thiomáineamar chuig an ionad campála.	*We drove to the campsite.*

Pictiúr a dó

Bhí an ghrian go hard sa spéir nuair a shroicheamar an t-ionad campála.	*The sun was high in the sky when we reached the campsite.*
Chuireamar suas an puball.	*We put up the tent.*
Bhí áthas an domhain orainn.	*We were delighted.*
Rinneamar cairde nua.	*We made new friends.*

Pictiúr a trí

Chuamar chuig an linn snámha.	*We went to the swimming pool.*
Bhí an áit plódaithe le daoine.	*The place was crowded.*
Bhí sleamhnán ar thaobh na linne snámha.	*There was a slide at the side of the pool.*
Bhí daoine ag sú na gréine ar leapacha gréine.	*People were sunbathing on sunbeds.*

Pictiúr a ceathair

An oíche sin bhí beárbaiciú blasta againn.	*That night we had a tasty barbecue.*
Tháinig ár gcairde chuig an mbeárbaiciú.	*Our friends came to the barbecue.*
Bhíomar ag canadh agus bhí Daid ag seinm an ghiotáir.	*We were singing and Dad was playing the guitar.*
Ba shaoire iontach é.	*It was a great holiday.*

Cluastuiscint 6.2 > CD 1 Rian 35–37

Éist go cúramach leis na míreanna cainte ar an dlúthdhiosca agus ansin freagair na ceisteanna seo thíos. Cloisfidh tú gach mír dhá uair.

> **Lorg Foclóra**
> ag campáil
> ar intinn
> in éineacht
> ag snámh

Mír a haon

1 Cuir tic sa bhosca ceart.

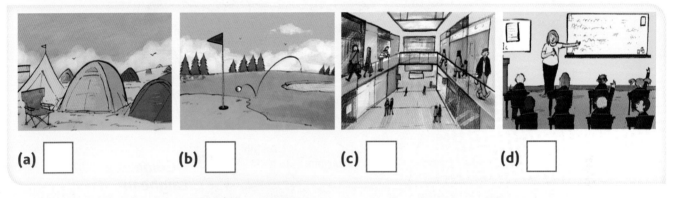

(a) ☐   (b) ☐   (c) ☐   (d) ☐

2 Cathain a bheidh Cormac ag dul ar saoire?

_____

3 Cá rachaidh Cormac lena uncail?

_____

Mír a dó

1 Cá bhfuil Shóna anois?

_____

2 Cén t-am a éiríonn Shóna agus a cairde ar maidin?

_____

3 Conas mar a bhí an aimsir inné?

_____

Obair bhreise

Éist leis an dlúthdhiosca cúpla uair agus déan iarracht gach mír chainte a scríobh i do chóipleabhar. Ansin scríobh mír ar an gclár bán.

Contaetha na hÉireann › Cén contae is fearr leat?

Obair ealaíne

Tarraing léarscáil na hÉireann i do chóipleabhar agus líon isteach na contaetha.

Obair bhaile

Foghlaim contaetha na hÉireann. Abair os ard iad sa rang.

Bailte na hÉireann

Taighde

Pioc amach contae amháin in Éirinn agus déan taighde ar na bailte sa chontae sin. Déan liosta i do chóipleabhar agus pléigh na bailte sa rang. Léigh an sampla thíos.

Sampla > Loch Garman

Rinne mé staidéar ar Chontae Loch Garman. Is iad Inis Córthaidh, Ros Mhic Thriúin agus Loch Garman na bailte is mó i gContae Loch Garman. Téann a lán daoine ar saoire gach bliain go Loch Garman. Tá tránna áille i Loch Garman. Tá a lán siopaí agus bialanna i mbaile Loch Garman.

Lúbra

Aimsigh na contaetha sa lúbra thíos.

Aontroim
Ceatharlach
Doire
Lú
Luimneach
Muineachán

m	a	p	n	s	r	ú	i	m	h	b	l
u	t	é	i	ú	i	a	e	b	é	o	l
i	c	i	m	i	o	r	t	n	o	a	u
n	r	ú	b	e	a	e	o	t	b	g	i
e	d	h	p	a	h	r	d	a	h	ú	m
a	r	t	i	c	t	i	b	n	l	l	n
c	d	p	s	p	ó	o	t	ú	a	l	e
h	ú	d	n	a	m	d	c	s	e	a	a
á	h	c	a	l	r	a	h	t	a	e	c
n	l	é	t	i	s	c	u	g	t	a	h

Spórt agus spraoi sa rang!

Imir an cluiche seo sa rang.

Ar mo laethanta saoire chuaigh mé go Gaillimh. Ar mo laethanta saoire chuaigh mé go Gaillimh agus go Corcaigh. Ar mo laethanta saoire …

Lean ar aghaidh timpeall an ranga.

Labhair amach > Ciorcal oibre

Pléigh an cheist thíos sa rang. Scríobh freagra ar an gceist i do chóipleabhar.

Cén contae is fearr leat in Éirinn?

Dul siar

Líon na bearnaí thíos. Cabhróidh na focail sa bhosca leat.

Is maith liom an t-earrach. Is iad Feabhra, Márta agus _____ míonna an earraigh. Bíonn an aimsir fuar, _____ agus stoirmiúil san earrach. Ceiliúrann daoine in Éirinn Lá Fhéile _____ san earrach. Is aoibhinn liom Lá _____ Pádraig. Faighim lá saor ón scoil agus téim isteach sa bhaile mór chun _____ a fheiceáil. Buailim le mo chairde agus téimid chuig an _____. Téim ar an roth mór agus bíonn spórt agus spraoi agam le mo _____.

I lár an _____ éiríonn an aimsir níos teo agus níos _____. Caithim a lán ama sa pháirc le mo _____, Millie. Fásann bláthanna áille sa pháirc san earrach. Is aoibhinn liom an tiúilip agus lus an _____. Feicim ioraí rua agus _____ ag rith agus ag spraoi sa pháirc freisin.

Is é an samhradh an séasúr is fearr liom. Is iad Bealtaine, _____ agus Iúil míonna an tsamhraidh. Sa samhradh bíonn an ghrian _____. Téim ar laethanta _____ le mo theaghlach sa samhradh. Téim go Cill Mhantáin ag campáil gach samhradh. Gach lá téimid chuig an trá agus bím ag sú _____. Is aoibhinn le mo dhearthair a bheith _____. Bíonn picnic againn ar an trá agus ithimid uachtar _____ freisin.

An samhradh seo caite chuaigh mé go dtí an _____ le mo chairde. Chaith me trí seachtaine i nGaillimh. Bhí saoire iontach agam sa Ghaeltacht. Nuair a d'fhill me abhaile ag deireadh _____ bhí brón an domhain orm.

ag snámh	ag taitneamh	Aibreán	an pharáid	an tsamhraidh	chairde
chromchinn	coiníní	earraigh	Fhéile	fliuch	gcarnabhal	Ghaeltacht
gile	Meitheamh	mhadra	na gréine	Pádraig	reoite	saoire

Dul siar ar an eolas a bhailigh mé san aonad seo

Líon isteach an t-eolas fút féin.

An maith leat an t-earrach? _____

Céard iad míonna an earraigh? _____

Cén mhí is fearr leat san earrach? _____

Conas a bhíonn an aimsir san earrach? _____

Cén bláth earraigh is fearr leat? _____

Céard a dhéanann tú san earrach? _____

An dtéann tú chuig an bparáid Lá Fhéile Pádraig? _____

An gcaitheann tú seamróg Lá Fhéile Pádraig? _____

An mbíonn imeachtaí ar siúl sa scoil do Sheachtain na Gaeilge? _____

Céard iad na himeachtaí a bhíonn ar siúl sa scoil? _____

An dtéann tú chuig céilí i rith Sheachtain na Gaeilge? _____

An maith leat an samhradh? _____

Cén mhí sa samhradh is fearr leat? _____

Conas a bhíonn an aimsir sa samhradh? _____

An dtéann tú chuig an trá go minic sa samhradh? _____

An maith leat a bheith ag snámh? _____

Cad a dhéanann tú nuair a fhaigheann tú laethanta saoire an tsamhraidh? _____

_____

An mbeidh tú ag dul go dtí an Ghaeltacht sa samhradh? _____

Cá mbeidh tú ag dul? _____

An mbeidh tú ag dul ar saoire le do theaghlach sa samhradh? _____

Cá mbeidh tú ag dul? _____

An mbeidh brón ort ag deireadh an tsamhraidh? _____

Cuimhnigh!

Téigh go dtí **www.edco.ie/cinnte1** agus
bain triail as na hidirghníomhaíochtaí.

Aonad a Seacht

Caithimh Aimsire agus Spórt

San aonad seo foghlaimeoidh tú na scileanna seo:

SCIL	ÁBHAR
an cultúr Gaelach	gearrscéal: 'Draíocht an Cheoil'
léitheoireacht	ríomhphost, fógra, léamhthuiscint, abairtí a mheaitseáil
scríbhneoireacht	abairtí, ríomhphost, próifíl, éist agus scríobh, blag
gramadach	an aimsir láithreach, forainmneacha réamhfhoclacha
éisteacht	cluastuiscint, gearrscéal, *Rí-Rá ar RnaG*
teicneolaíocht	cláir ar TG4, sceideal TG4, blag, ríomhphost
cumarsáid	pictiúir a phlé, ciorcal oibre, cluiche spóirt a phlé
uimhríocht	an t-am, ag comhaireamh
ealaín/cruthaitheacht	póstaer, pictiúr, tionscadal, brat
taighde/féinfhoghlaim	caithimh aimsire, foclóir, uirlis cheoil Ghaelaigh, Fleadh Cheoil na hÉireann, próifíl, aisteoir, iománaíocht, dathanna do chontae, an grúpa ceoil is fearr leat
ceapadóireacht	scéal: Cuairt a thug mé ar Wimbledon

Tá dhá chuid san aonad seo
1 Caithimh aimsire
2 Spórt

Téigh go dtí **www.edco.ie/cinnte1** agus bain triail as na hidirghníomhaíochtaí.

Clár

Gearrscéal

Dlúthdhiosca an mhúinteora, rian 11

Éist leis an ngearrscéal seo ar dhlúthdhiosca an mhúinteora agus déan na cleachtaí a ghabhann leis.

Draíocht an Cheoil
le Mícheál Ó Ruairc

Bhí díomá an domhain ar Pheadar. Bhí **fonn** air **deoir** nó dhó a **shileadh**, ach mhúch sé an fonn sin. Cén mhaith a dhéanfadh sé, tar éis an tsaoil? Bheadh air glacadh leis nach mbeadh sé riamh ina ghiotáraí i ngrúpa ar bith. B'in an rud ba mhó a **ghoill** air. Ba chuma leis faoina **chumas** mar amhránaí. Thuig sé go maith nach raibh guth deas ná binn aige. Ach nuair a dúirt duine de **na breithiúna** leis go raibh sé go dona ag seinm an ghiotáir, **thit an lug ar an lag aige**.

desire; tear
shed/shedding

afflict/hurt; ability

judges
he was very disappointed

Thosaigh sé ar an ngiotár a sheinn in aois a shé bliana. Chaith sé seacht mbliana ag freastal ar ranganna. Bhí ceithre ghiotár aige sa bhaile. Chosain an giotár leictreach a cheannaigh a athair dó dá bhreithlá anuraidh breis agus míle euro.

Anois, bhí duine de na breithiúna in *The Voice* tar éis a rá leis nach raibh maitheas ar bith ann – tar éis dó lá iomlán a chaitheamh ag feitheamh sa **scuaine** agus é fliuch go craiceann agus préachta leis an bhfuacht. Nuair a sheas sé os a gcomhair amach an tráthnóna sin, bhí sé cinnte go rachadh sé **i bhfeidhm orthu**.

queue

impress

Thosaigh sé ag gabháil don amhrán 'Where the Streets Have No Name' de chuid U2 agus é á **thionlacan** féin ar an ngiotár. Ní raibh ach trí líne den amhrán canta aige agus rithim an cheoil aimsithe i gceart aige ar an ngiotár, nuair a scread duine de na breithiúna in ard a cinn agus a gutha.

accompany

'Stop! Stop!' ar sise. 'Bhí sé sin go huafásach!'

'Go huafásach? Ní thuigim. Cad a bhí cearr leis?' arsa Peadar.

'Cad nach raibh cearr leis ba chóir duit a rá! An rud ba mheasa ar fad ná go raibh an giotár as tiúin ar fad. Níl aon dabht i m'aigne ach go bhfuil féith an cheoil ionat ach caithfidh tú níos mó cleachtaidh a dhéanamh air. Cleachtadh a dhéanann máistreacht, a bhuachaill. Slán leat anois.'

D'fhéach Peadar ar na breithiúna eile, ach bhí a súile iompaithe uaidh. Níor theastaigh uathu labhairt leis. Bhailigh sé leis amach an doras gan focal eile a rá. Bhí sé croíbhriste. Rinne sé **rún** go mbeadh gach giotár a bhí ina **sheilbh** aige *resolution; possession* ina smidiríní **a thúisce agus** a shroichfeadh sé an baile. *as soon as*

Bhí sé **ar tí** an foirgneamh a fhágáil nuair a chuala sé duine *about to* éigin ag glaoch air. D'iompaigh sé thart. Cé a bhí ina sheasamh os a chomhair amach ach Bressie, an rac-cheoltóir **clúiteach** agus duine de na breithiúna. *famous*

'A Pheadair,' ar seisean agus **meangadh** ar a bhéal. 'Ná *smile* tabhair aird ar bith ar an mbean sin. Ní thuigeann sí cúrsaí ceoil! Bhí tú ar fheabhas ar an ngiotár. Bheadh éad ar an Edge féin dá gcloisfeadh sé tú. Mar a tharlaíonn, táim féin gan ghiotáraí faoi láthair agus tá turas domhanda beartaithe agam do mhí an Mheithimh. Seo é mo chárta. Cuir scairt orm ag deireadh na míosa má theastaíonn uait mé a thionlacan ar an turas sin. Is i Madison Square Gardens i Nua-Eabhrac a chuirfimid tús leis an turas. Slán go fóillín.'

D'imigh Peadar leis, ach ní ar chosán na sráide a bhí sé ag siúl – ach ar aer úr an tráthnóna.

Bhí sé ar scamall a naoi!

Scríbhneoireacht > Obair bheirte
Léitheoireacht

A Meaitseáil na habairtí i mBéarla agus i nGaeilge thíos.
B Scríobh na habairtí meaitseáilte i do chóipleabhar.
C Léigh an scéal i do ghrúpa.

1 Bhí díomá ar Pheadar.

2 Ní bheadh sé riamh ina ghiotárarí i ngrúpa ar bith.

3 Dúirt duine de na breithiúna go raibh sé go dona ag seinm an ghiotáir.

4 Thosaigh sé ag seinm nuair a bhí sé sé bliana d'aois.

5 Chaith sé seacht mbliana ag freastal ar ranganna.

6 Bhí ceithre ghiotár aige sa bhaile.

7 Chaith sé lá iomlán ag feitheamh sa scuaine do na trialacha.

8 Chan sé 'Where the Streets Have No Name' le U2.

9 Dúirt duine de na breithiúna go raibh an giotár as tiúin.

10 Ghlaoigh Bressie air agus dúirt sé go raibh sé ar fheabhas.

11 Bhí giotáraí ag teastáil uaidh.

12 Bhí sé ag dul ar thuras domhanda i mí an Mheithimh.

13 Bheadh an chéad cheolchoirm in Madison Square Garden.

14 Bhí Peadar ar scamall a naoi.

a *He spent seven years attending classes.*

b *He had four guitars at home.*

c *He spent a full day waiting in the queue for the auditions.*

d *Peadar was disappointed.*

e *One of the judges said that the guitar was out of tune.*

f *Peadar was on cloud nine.*

g *He wouldn't ever be a guitarist in a group.*

h *Bressie called him and said that he was excellent.*

i *He needed a guitarist.*

j *One of the judges said that he was very bad at playing the guitar.*

k *He was going on a world trip in June.*

l *The first concert would be in Madison Square Garden.*

m *He started playing when he was six years old.*

n *He sang 'Where the Streets Have No Name' by U2.*

1	2	3	4	5	6	7	8	9	10	11	12	12	14

Fíor nó bréagach?

	Fíor	Bréagach
1 Bhí Peadar ag na trialacha don chlár teilifíse *The X Factor* an lá sin.	☐	☐
2 Bhí díomá an domhain air nuair a dúirt duine de na breithiúna go raibh sé go dona ag seinm an ghiotáir.	☐	☐
3 Thosaigh sé ag seinm an ghiotáir nuair a bhí sé cúig bliana d'aois.	☐	☐
4 Dúirt Bressie go raibh sé ar fheabhas.	☐	☐
5 Bhí Bressie ag dul ar thuras domhanda i mí an Mheithimh.	☐	☐
6 Bheadh an chéad cheolchoirm ar siúl sa 3Arena.	☐	☐

Scríbhneoireacht

Léigh an scéal 'Draíocht an Cheoil' agus freagair na ceisteanna.

1 Céard a dúirt duine de na breithiúna le Peadar? _____

2 Cé mhéad bliain a chaith Peadar ag freastal ar ranganna giotáir? _____

3 Cé mhéad a chosain an giotár leictreach a cheannaigh a athair dó? _____

4 Conas mar a bhí an aimsir nuair a bhí sé ag feitheamh sa scuaine? _____

5 Ainmnigh an t-amhrán a chan sé an lá sin. _____

6 Cad a dúirt duine de na breithiúna leis? _____

7 Cén chaoi ar mhothaigh Peadar nuair a cháin (*criticised*) an breitheamh é?

_____

8 Cad a cheap Bressie de Pheadar? _____

9 Cé a bhí ag teastáil ó Bressie dá thuras? _____

10 An raibh áthas ar Pheadar ag deireadh an scéil? Cén fáth? _____

Bosca foclóra

Scríobh na focail thíos i do chóipleabhar, foghlaim iad agus ansin cuir in abairtí iad.

thit an lug ar an lag ag	*very disappointed*	meangadh	*smile*
clúiteach	*famous*	ar fheabhas	*excellent*
ag seinm an ghiotáir	*playing the guitar*	turas domhanda	*world tour*

Samplaí

Thit an lug ar an lag agam nuair a chaill mé m'fhón póca nua.

Bhí meangadh mór ar aghaidh mo dhaid nuair a bhuaigh a fhoireann an cluiche.

Obair ghrúpa

Taighde

Cad é an grúpa ceoil is fearr leat? Déan taighde orthu agus scríobh alt orthu ansin agus freagair na ceisteanna thíos san alt. Croch an t-alt agus pictiúr den ghrúpa sa seomra ranga.

1 Cad is ainm don ghrúpa?

2 Cé mhéad duine atá sa ghrúpa?

3 Cad as don ghrúpa?

4 Cén dath atá ar ghruaig agus ar shúile na mball (*members*)?

5 Cén cineál ceoil a sheinneann siad?

6 Ainmnigh trí amhrán a bhí acu.

7 Cén aois iad na baill sa ghrúpa?

8 Céard iad na caithimh aimsire atá ag na baill taobh amuigh (*apart from*) den cheol?

Obair ghrúpa

Féach ar na pictiúir thíos agus, i do ghrúpa, déan cur síos ar na caithimh aimsire iontu.

Caithimh aimsire

Meaitseáil > Caitheamh aimsire 1

Meaitseáil na pictiúir agus na focail thíos. Scríobh na focail i do chóipleabhar agus foghlaim iad mar cheacht obair bhaile.

ag imirt spóirt		ag seinm ceoil		ag damhsa	
ag léamh		ag iascaireacht		ag éisteacht le ceol	

Scríbhneoireacht

Cuir na habairtí le chéile thíos agus scríobh amach na grúpaí abairtí i do chóipleabhar. Léigh na habairtí os ard sa rang.

1 Is mise Síofra. Is aoibhinn liom ceol Gaelach.
2 Is mise Daithí. Is maith liom a bheith ag léamh.
3 Is mise Nollaig. Taitníonn ceol liom.
4 Is mise Elena. Taitníonn damhsa liom.
5 Is mise Conall. Is duine spórtúil mé.
6 Is mise Treasa. Is aoibhinn liom a bheith ag iascaireacht.

a Déanaim damhsa bailé gach lá.
b Seinnim an bodhrán.
c Imrím peil le foireann na scoile.
d Tá bád iascaigh ag mo dhaid.
e Éistim le ceol ar m'fhón póca gach lá.
f Léim gach saghas leabhar.

Sampla
1 Is mise Síofra. Is aoibhinn liom ceol Gaelach. Seinnim an bodhrán.

Obair bhaile

Scríobh ceithre abairt i do chóipleabhar agus luaigh na caithimh aimsire a thaitníonn leat. Léigh na habairtí os ard sa rang.

Céard iad na caithimh aimsire is fearr leat?

Feasacht teanga > Briathra san aimsir láithreach

buailim le...........................*I meet with*		canaim..............................*I sing*
éistim le ....*I listen to*		féachaim ar......................*I watch*
imrím..................................*I play (sport)*		léim ....*I read*
seinnim ....*I play (music)*		téim...................................*I go*

Obair bhaile

Scríobh na briathra thuas i do chóipleabhar agus foghlaim iad mar cheacht obair bhaile.

Labhair amach > Ciorcal oibre

Freagair na ceisteanna thíos i do ghrúpa agus scríobh freagraí na gceisteanna i do chóipleabhar.

1 An seinneann tú ceol?

2 An éisteann tú le ceol?

3 An dtéann tú amach le do chairde go minic?

4 An bhfreastalaíonn tú ar rang damhsa?

5 An bhféachann tú ar an teilifís go minic?

Feasacht teanga > Forainmneacha réamhfhoclacha

Scríobh na forainmneacha réamhfhoclacha thíos i do chóipleabhar.

le liom leat leis léi linn libh leo

Ceacht le déanamh anois

Líon na bearnaí thíos. Cabhróidh na focail sa bhosca leat.

1 Is aoibhinn _____ ceol Justin Bieber. D'fhreastail **mé** ar a cheolchoirm an mhí seo caite.

2 Is maith _____ a bheith ag damhsa agus téann **siad** chuig dioscó gach Satharn.

3 Taitníonn spórt go mór _____ agus imríonn **sí** cispheil ar fhoireann na scoile.

4 'An maith _____ a bheith ag damhsa, a Bhreandáin?' 'Is fuath liom a bheith ag damhsa, a Shíle.'

5 Is aoibhinn _____ peil agus imríonn **sé** í gach lá tar éis na scoile.

léi   leat   liom   leis   leo

179

Meaitseáil › Caithimh aimsire 2

Meaitseáil na pictiúir agus na focail thíos. Scríobh na focail i do chóipleabhar agus foghlaim iad mar cheacht obair bhaile.

ag dul chuig an bpictiúrlann		ag seoladh téacsanna		ag caint le mo chairde ar na suíomhanna sóisialta	
ag déanamh drámaíochta		ag siopadóireacht		ag féachaint ar an teilifís	

Éist agus scríobh

Éist leis an múinteoir ag léamh an ailt thíos os ard sa rang agus scríobh i do chóipleabhar é. Ceartaigh an t-alt ansin.

Tá a lán caitheamh aimsire agam. Is aoibhinn liom ceol agus spórt. Éistim le ceol gach lá. Téim amach le mo chairde go minic. Is maith linn a bheith ag seoladh téacsanna. Bím ag caint le mo chairde ar na suíomhanna sóisialta freisin. Féachaim ar an teilifís gach oíche.

Féinfhoghlaim

Céard iad na caithimh aimsire a thaitníonn leat? Bain úsáid as an bhfoclóir nó téigh chuig an seomra ríomhairí agus déan liosta de na caithimh aimsire a thaitníonn leat. Scríobh an liosta ar an gclár bán.

Samplaí

1 An maith leat a bheith ag marcaíocht ar chapall?

2 An maith leat a bheith ag canadh?

3 An maith leat a bheith ag siúl sa pháirc le do chairde?

Scríbhneoireacht > Brian

Líon na bearnaí thíos. Cabhróidh na focail sa bhosca leat.

Haigh! Brian anseo. Tá mé trí _____ déag d'aois agus tá mé sa chéad bhliain sa mheánscoil. Tar éis mo chuid obair bhaile a chríochnú is aoibhinn liom a bheith ag caint le mo chairde ar na suíomhanna _____. Tá fón póca agam agus éistim le ceol ar m'fhón _____. Taitníonn _____ go mór liom. Drake an ceoltóir is fearr liom. Téim isteach sa bhaile mór le mo chairde gach seachtain. Is aoibhinn linn scannáin. Téimid chuig an _____. Ní maith liom a bheith ag siopadóireacht ach is maith le mo chara Leo a bheith _____. Cheannaigh Leo bróga reatha nua Dé Sathairn seo caite. Anocht beidh mé ag dul chuig teach Leo. Féachfaimid ar an _____.

| ag siopadóireacht | bliana | bpictiúrlann |
| ceol | póca | sóisialta | teilifís |

Níos mó oibre le déanamh ar an alt thuas!

Léigh an t-alt os ard i do ghrúpa sa rang. Scríobh amach an t-eolas a thugtar dúinn faoi Bhrian san alt.

1 _____
2 _____
3 _____
4 _____
5 _____

Spórt agus spraoi sa rang!

Imir cluiche searáidí sa rang. Déan cur síos ar chaitheamh aimsire le do lámha.

Cúinne na teicneolaíochta

Féach ar chlár ar TG4 sa rang. Pléigh an clár os ard sa rang nó éist leis an gclár *Rí-Rá ar RnaG*.

181

Ceol › Seisiún ceoil

An dtaitníonn ceol traidisiúnta leat? Pléigh an pictiúr thíos sa rang.

Meaitseáil

Meaitseáil na rudaí sna pictiúir agus na hainmfhocail thíos.

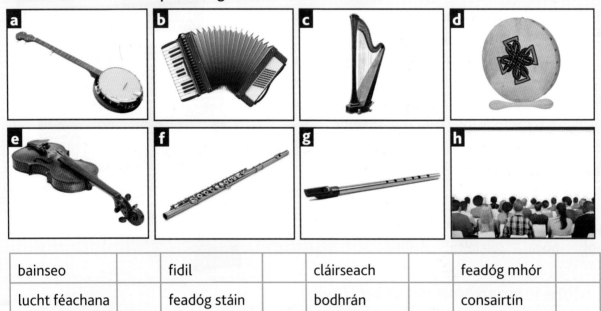

bainseo		fidil		cláirseach		feadóg mhór	
lucht féachana		feadóg stáin		bodhrán		consairtín	

Scríbhneoireacht

Scríobh liosta de na huirlisí ceoil atá sa phictiúr thuas i do chóipleabhar. Foghlaim iad mar cheacht obair bhaile.

Taighde

Tarraing pictiúr d'uirlis cheoil Ghaelaigh i do chóipleabhar. Téigh chuig an seomra ríomhairí agus déan taighde ar an uirlis cheoil sin. Déan cur síos ar an uirlis cheoil sa rang.

Labhair amach › Ciorcal oibre

Freagair na ceisteanna thíos i do ghrúpa agus scríobh freagraí na gceisteanna i do chóipleabhar.

1 An seinneann tú uirlis cheoil?
2 Cén uirlis a sheinneann tú?

Ríomhphost > Ceolchoirm Kíla

Léigh os ard an ríomhphost a sheol Sadhbh chuig a cara. Freagair na ceisteanna a ghabhann leis.

A Áine, a chara,

Míle buíochas as an ríomhphost a sheol tú chugam inniu. Fan go gcloisfidh tú an nuacht atá agam. Bhí sceitimíní orm ar maidin nuair a bhuaigh mé dhá thicéad ar Raidió na Gaeltachta do cheolchoirm Kíla a bheidh ar siúl i mBaile Átha Cliath ar an 13 Lúnasa. Beidh Aoife ag teacht in éineacht liom. Is aoibhinn liom an grúpa Kíla. Seinneann siad ceol traidisiúnta agus measaim go bhfuil a n-albam *Suas Síos* ar fheabhas.

Cathain a bheidh tú ag teacht abhaile ón nGaeltacht? Rachaimid chuig seisiún ceoil nuair a thagann tú abhaile. Tá súil agam go bhfuil tú ag baint taitnimh as na céilithe! Seol ríomhphost chugam go luath.

Slán go fóill,

Sadhbh

1 Céard a bhuaigh Sadhbh ar Raidió na Gaeltachta?

2 Cá mbeidh an cheolchoirm ar siúl?

3 Cathain a bheidh an cheolchoirm ar siúl?

4 Cén saghas ceoil a sheinneann Kíla?

5 Cá rachaidh na cailíní nuair a thagann Áine abhaile ón nGaeltacht?

Scríbhneoireacht

Seol ríomhphost chuig do mhúinteoir Gaeilge nó chuig do chara agus déan cur síos ar cheolchoirm nó ar sheisiún ceoil ar fhreastail tú air le déanaí.

Taighde

Fleadh Cheoil na hÉireann

An raibh tú riamh ag Fleadh Cheoil na hÉireann? Téigh chuig an seomra ríomhairí agus faigh eolas faoi Fhleadh Cheoil na hÉireann. Déan tionscadal ar an bhfleadh.

Fógra

Léigh an ticéad thíos do cheolchoirm Justin Bieber agus freagair
na ceisteanna thíos.

> # Ceolchoirm Justin Bieber
> ## 1ú Samhain
> ## 8.00 p.m.
> ## 3Arena
> ## Baile Átha Cliath
> ## €80

1 Cathain a bheidh ceolchoirm Justin Bieber ar siúl?

2 Cá mbeidh an cheolchoirm ar siúl?

3 Cé mhéad a bheidh ar na ticéid?

4 Cén t-am a thosóidh an cheolchoirm?

Labhair amach > Ciorcal oibre

Freagair na ceisteanna thíos i do ghrúpa agus scríobh freagraí
na gceisteanna i do chóipleabhar.

1 Cén saghas ceoil a thaitníonn leat?

2 Cathain a éisteann tú le ceol?

3 An raibh tú riamh ag ceolchoirm?

4 Cá raibh an cheolchoirm ar siúl?

5 Cé a bhí ag seinm?

6 Ar thaitin an cheolchoirm leat?

ceol clasaiceach	*classical music*	ceol rac	*rock music*
ceol tíre	*country music*	ceol traidisiúnta	*traditional music*
popcheol	*pop music*	snagcheol	*jazz music*

Próifíl

Téigh chuig an seomra ríomhairí agus déan taighde ar ghrúpa ceoil nó ar amhránaí. Scríobh
próifíl i do chóipleabhar. Déan cur síos ar an ngrúpa nó ar an amhránaí sin i do ghrúpa.

Léamhthuiscint > Ceolchoirm: 5 Seconds of Summer

Léigh an t-alt os ard i do ghrúpa agus freagair na ceisteanna i do chóipleabhar.

Haigh! Is mise Éilis. Bhí mé ag ceolchoirm 5 Seconds of Summer Dé Sathairn seo caite. Thug mo thuismitheoirí dhá thicéad dom do mo bhreithlá. Bhí áthas an domhain orm nuair a d'oscail mé an cárta breithlae.

Tháinig mo chara Úna in éineacht liom. Shroicheamar an 3Arena ar a seacht a chlog agus bhí an áit plódaithe *(crowded)* le daoine óga.

Is é Luke Hemmings príomhamhránaí *(main singer)* an ghrúpa agus seinneann sé an giotár freisin. Nuair a shiúil Luke amach ar an stáitse thosaigh an slua ag screadaíl *(screaming)*. Chan siad 'She Looks So Perfect' agus ansin chan siad 'Amnesia'. Bhí gach duine ag damhsa agus ag bualadh bos *(clapping)*.

Ba cheolchoirm iontach í. Ag deireadh na hoíche chan siad 'Good Girls'. Chríochnaigh an cheolchoirm ar a haon déag agus cheannaigh mé póstaer agus t-léine.

1 Cá raibh Éilis Dé Sathairn seo caite?
2 Cén uirlis cheoil a sheinneann Luke Hemmings?
3 Ainmnigh amhrán amháin a chan siad.
4 Céard a cheannaigh Éilis nuair a chríochnaigh an cheolchoirm?

Fíor nó bréagach?

	Fíor	Bréagach
1 Fuair Éilis trí thicéad óna tuismitheoirí dá breithlá.	☐	☐
2 Nuair a shiúil Luke amach ar an stáitse thosaigh an slua ag screadaíl.	☐	☐
3 Sheinn Luke an giotár.	☐	☐
4 Ag deireadh na hoíche chan siad 'Bad Girls'.	☐	☐

Obair ealaíne

Dear póstaer do cheolchoirm. Croch an póstaer ar an mballa sa seomra ranga.

An phictiúrlann

Pléigh an pictiúr

Céard atá ar siúl sa pictiúr thíos? Pléigh an pictiúr sa rang.

1 Cé mhéad déagóir atá ag ceannach ticéad?

2 Cén scannán atá ar siúl sa phictiúrlann?

3 Cén dath atá ar na suíocháin sa phictiúrlann?

4 Cé atá ag díol ticéad?

5 Cé mhéad buachaill atá ag ithe grán rósta?

Obair bhaile

Scríobh na focail thíos i do chóipleabhar agus foghlaim iad mar cheacht obair bhaile.

an phictiúrlann	*the cinema*	freastalaí	*assistant/attendant*
grán rósta	*popcorn*	oifig na dticéad	*ticket office*
scannán	*film*	scuaine	*queue*
siopa milseán	*sweet shop*	suíochán/suíocháin	*seat/seats*
ticéad/ticéid	*ticket/tickets*	uachtar reoite	*ice cream*

Labhair amach > Ciorcal oibre

Pléigh an pictiúr thuas i do ghrúpa.

An raibh tú ag an bpictiúrlann le déanaí? Cathain?

Cén saghas scannán a thaitníonn leat?

Obair bhaile

Scríobh na focail i do chóipleabhar agus foghlaim iad mar cheacht obair bhaile.

scannáin bhleachtaireachta.... *detective films*	scannáin chogaidh.......*war films*
scannáin ficsean eolaíochta.... *science-fiction films*	scannáin ghrá...............*romantic films*
scannáin ghrinn........................*comedy films*	scannáin uafáis ....*horror films*

Chuir mé na ticéid in áirithe ar an idirlíon..............*I booked the tickets on the internet.*	
Bhuail mé le mo chairde taobh amuigh ....*I met my friends outside*	
den phictiúrlann.	*the cinema.*
Is é Ryan Gosling an t-aisteoir is fearr liom. ....*Ryan Gosling is my favourite actor.*	

Labhair amach > Ciorcal oibre

Freagair na ceisteanna thíos i do ghrúpa agus scríobh freagraí na gceisteanna i do chóipleabhar.

1 Cén saghas scannán a thaitníonn leat?
2 An dtéann tú chuig an bpictiúrlann go minic?
3 Cá gceannaíonn tú na ticéid?
4 Cé a théann chuig an bpictiúrlann in éineacht leat?
5 Cá mbuaileann tú le do chairde?
6 Cén t-aisteoir is fearr leat?

Éist agus scríobh

Éist leis an múinteoir ag léamh an ailt thíos os ard sa rang agus scríobh i do chóipleabhar é. Ceartaigh an t-alt ansin.

66

Is aoibhinn liom dul chuig an bpictiúrlann. Téim ann gach seachtain le mo chara. Buailim le mo chara taobh amuigh den phictiúrlann. Ceannaímid grán rósta agus uachtar reoite. Is é Ryan Reynolds an t-aisteoir is fearr liom. Taitníonn scannáin ghrinn go mór liom. Is maith le mo chara scannáin ghrá.

99

Léamhthuiscint > Zac Efron

Léigh an t-alt os ard i do ghrúpa agus freagair na ceisteanna i do chóipleabhar.

Haigh! Is mise Aisling. Is aoibhinn liom scannáin. Is é Zac Efron an t-aisteoir is fearr liom. Rugadh é sa bhliain 1987 in California. Nuair a bhí Zac ocht mbliana déag d'aois ghlac sé páirt sa scannán *High School Musical*. Ghlac sé páirt Troy Bolton agus ghlac Vanessa Hudgens páirt Gabriella Montez.

Is aoibhinn le Zac a bheith ag canadh agus ag damhsa agus sa bhliain 2007 ghlac sé páirt sa scannán *Hairspray*. Bhí an scannán *Hairspray* bunaithe ar cheoldráma *(musical)*. Bhí na haisteoirí John Travolta agus Michelle Pfeiffer sa scannán *Hairspray* freisin.

Baywatch an scannán is fearr liom le Zac Efron. Is scannán grinn é. Tá Zac ar fheabhas ina pháirt mar gharda tarrthála *(lifeguard)*. Tá an scannán suite in Florida. Ghlac an t-aisteoir Dwayne Johnson páirt sa scannán *Baywatch* freisin.

1 Ainmnigh an t-aisteoir is fearr le hAisling.

2 Cén aois a bhí Zac Efron nuair a ghlac sé páirt sa scannán *High School Musical*?

3 Cathain a ghlac Zac Efron páirt sa scannán *Hairspray*?

4 Cén sórt scannáin é *Baywatch*?

Scríbhneoireacht

Céard atá ar eolas agat faoi Zac Efron? Scríobh cúig abairt faoi (nó faoi aisteoir eile) i do chóipleabhar.

Labhair amach > Ciorcal oibre

Freagair na ceisteanna thíos i do ghrúpa agus scríobh freagraí na gceisteanna i do chóipleabhar.

1 Cén t-aisteoir is fearr leat?

2 Céard atá ar eolas agat faoin aisteoir is fearr leat?

3 Déan taighde ar an aisteoir is fearr leat agus déan cur síos air/uirthi sa rang.

Teicneolaíocht > An fón póca

Obair bhaile

Scríobh na focail i do chóipleabhar agus foghlaim iad mar cheacht obair bhaile.

ríomhaire .... *computer*	fón póca .... *mobile phone*	dlúthdhiosca ... *CD*
blag .... *blog*	suíomh idirlín .... *website*	íoslódáil .... *download*
suíomh .... *social-* sóisialta *media site*	pictiúr a roinnt ...... *to share a picture*	féinphic .... *selfie*
aip .... *app*	teachtaireacht ...... *message*	tvuíteáil .... *tweeting*

Léamhthuiscint > Cóilín

Léigh an t-alt os ard i do ghrúpa agus freagair na ceisteanna i do chóipleabhar.

Cóilín an t-ainm atá orm. Fuair mé fón póca nua do mo bhreithlá ó mo thuismitheoirí. Is maith liom ceol agus is aoibhinn liom a bheith ag íoslódáil físeán ar YouTube. Bím ag caint le mo chairde ar na suíomhanna sóisialta gach oíche. Ní maith liom a bheith ag tvuíteáil ach is aoibhinn le mo chara Oscar a bheith ag tvuíteáil. Tá blag agam agus is maith liom a bheith ag scríobh faoi mo shaol agus mo chairde ar an mblag.

1 Céard a fuair Cóilín óna thuismitheoirí dá bhreithlá?
2 Cathain a bhíonn Cóilín ag caint lena chairde ar na suíomhanna sóisialta?
3 An maith le Cóilín a bheith ag tvuíteáil?
4 Céard faoi a scríobhann Cóilín ar an mblag?

Labhair amach > Ciorcal oibre

Freagair na ceisteanna thíos i do ghrúpa agus scríobh freagraí na gceisteanna i do chóipleabhar.

1 An bhfuil fón póca agat?
2 Cén úsáid a bhaineann tú as an bhfón póca?

Cúinne na teicneolaíochta

Téigh chuig an seomra ríomhairí agus scríobh blag faoi do shaol sa chéad bhliain sa mheánscoil. Léigh an blag os ard i do ghrúpa.

An teilifís

Scríobh na focail i do chóipleabhar agus foghlaim iad mar cheacht obair bhaile.

cartúin .... *cartoons*	cláir chainte..................... *chat shows*
cláir cheoil........... *music programmes*	cláir faisnéise................... *documentary programmes*
cláir ghrinn.......... *comedy programmes*	cláir nuachta .... *news programmes*
cláir spóirt........... *sports programmes*	cláir thráth na gceist ...... *quiz programmes*
réamhaisnéis ...... *weather forecast* na haimsire	scannán.......................... *film*

Líon na bearnaí leis na hainmfhocail ón mbosca thíos.

1 Taitníonn spórt le mo dheirfiúr agus féachann sí ar _____.

2 Is aoibhinn liom an t-aisteoir Zac Efron. Ghlac sé páirt sa _____ *Baywatch*.

3 Bhí eolas uaim faoin aimsir agus d'fhéach mé ar _____.

4 Chonaic mé an taoiseach ag caint ar _____ aréir.

5 Is aoibhinn le páistí _____.

6 Is é Miley Cyrus an ceoltóir is fearr liom agus féachaim ar _____ go minic.

7 Ceapann mo dhaideo go bhfuil *Mrs Brown's Boys* an-ghreannmhar. Is aoibhinn leis _____.

chláir cheoil	**chláir spóirt**	**réamhaisnéis na haimsire**
cláir ghrinn	**chlár nuachta**	**scannán** **cartúin**

Labhair amach > Ciorcal oibre

Freagair na ceisteanna thíos i do ghrúpa agus scríobh freagraí na gceisteanna i do chóipleabhar.

1 An bhféachann tú ar an teilifís?
2 Cén clár teilifíse is fearr leat?

Cúinne na teicneolaíochta

Féach ar chlár ar TG4. Pléigh an clár sa rang.

Sceideal TG4

Feasacht teanga > An t-am

Cén t-am a thosaíonn na cláir thíos? Scríobh amach an t-am i bhfocail i do chóipleabhar.

Dé Luain, 12ú Lúnasa

9.00	Elmo an Ceoldráma
9.15	Arán Draíochta
9.45	Zack & Quack
10.15	Olly an Veain Bheag Bhán
10.45	An Lá a Rugadh Mé
11.15	Is Maith Liom Pop
12.00	Nuacht TG4
1.10	Seó Spóirt
1.40	Abair Amhrán

Cúinne na teicneolaíochta

1 Féach ar an gclár *Féilte* nó *Is Maith Liom Pop* ar TG4. Pléigh an clár sa rang.

2 Téigh chuig an seomra ríomhairí agus féach ar sceideal TG4 ar an idirlíon.

3 Scríobh amach eolas faoi chlár amháin do dhaoine óga.

4 Déan cur síos ar an gclár sa rang.

Labhair amach > Ciorcal oibre

Freagair na ceisteanna thíos i do ghrúpa agus scríobh freagraí na gceisteanna i do chóipleabhar.

1 An bhféachann tú ar TG4? Cathain?

2 Cén clár is fearr leat? Cén t-am a thosaíonn an clár de ghnáth?

3 An éisteann tú le Raidió na Gaeltachta nó Raidió na Life?

4 Cén clár is fearr leat? Déan cur síos ar an gclár.

Obair ghrúpa

Cum sceideal do TG4 agus léigh amach an sceideal sa rang.

Cluastuiscint 7.1 > CD 1 Rian 38–40

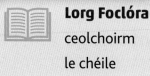 **Lorg Foclóra**

ceolchoirm

le chéile

club óige

amuigh

Éist go cúramach leis na míreanna cainte ar an dlúthdhiosca agus ansin freagair na ceisteanna seo thíos. Cloisfidh tú gach mír dhá uair.

Mír a haon

1 Cuir tic sa bhosca ceart.

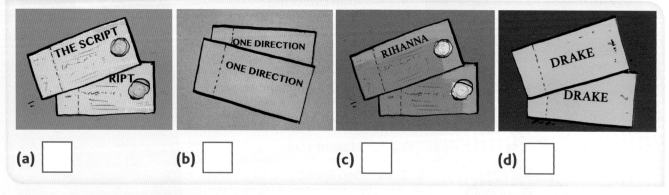

(a) ☐   (b) ☐   (c) ☐   (d) ☐

2 Cathain a bheidh Shawn Mendes ag teacht go Baile Átha Cliath?

_____

3 Cé mhéad airgid a thug a haintín d'Aisling dá breithlá?

_____

Mír a dó

1 Ainmnigh clár teilifíse amháin a thaitníonn leis na cailíní.

_____

2 Cá ndeachaigh na cailíní ar a hocht a chlog?

_____

3 Cá raibh tuismitheoirí Chaitríona?

_____

Obair bhreise

Éist leis an dlúthdhiosca cúpla uair agus déan iarracht gach mír chainte a scríobh síos i do chóipleabhar. Ansin scríobh mír ar an gclár bán.

Spórt

Meaitseáil > Na spóirt Ghaelacha

Meaitseáil na pictiúir agus na hainmfhocail thíos.

peil Ghaelach		iománaíocht		camógaíocht		liathróid láimhe	

Scríobh na focail thuas i do chóipleabhar agus foghlaim iad mar cheacht obair bhaile.

Labhair amach > Ciorcal oibre

Freagair na ceisteanna thíos i do ghrúpa agus scríobh freagraí na gceisteanna i do chóipleabhar. Ansin scríobh na focail thíos i do chóipleabhar.

1 An imríonn tú aon spórt Gaelach? **2** Cén spórt?

Cumann Lúthchleas Gael .... *the GAA*
clubtheach .... *club house*
cúl .... *goal*
Páirc an Chrócaigh .... *Croke Park*
seomra gléasta .... *dressing room*
cluiche ceannais .... *all-Ireland*
  na hÉireann   *final*

bainisteoir .... *manager*
cluiche .... *match*
foireann .... *team*
seisiún traenála .... *training session*
tá mé i mo bhall de ..... *I am a member of*
cúilín .... *point*

Scríbhneoireacht > Peil Ghaelach

Líon na bearnaí san alt thíos. Cabhróidh na focail sa bhosca leat.

Haigh! Maidhc is ainm dom. Is aoibhinn liom _____. Is fearr liom peil _____ ná aon spórt eile. Tá mé i mo _____ den chlub peile sa bhaile mór. Tá _____ nua againn le cúpla mí anuas. Tá dhá sheomra gléasta ann. Tá mo chairde sa chlub freisin. Bíonn seisiún _____ againn faoi dhó sa tseachtain agus bíonn cluiche againn ar an _____.

bhall   clubtheach   Ghaelach   Satharn   spórt   traenála

Iománaíocht

Taighde

Léigh na habairtí thíos agus pioc amach na freagraí cearta. Téigh chuig an seomra ríomhairí agus déan taighde ar an idirlíon.

1 Cé mhéad imreoir a bhíonn ar gach foireann iománaíochta?

  a cúig dhuine dhéag **b** ceithre dhuine dhéag **c** sé dhuine dhéag

2 Conas a imrítear iománaíocht?

  a le slacán **b** le maide **c** le camán

3 Cén t-ainm atá ar an liathróid?

  a sliotar **b** camán **c** liathróid bheag

4 Cá mbíonn cluiche ceannais na hÉireann ar siúl?

  a Páirc Uí Chaoimh **b** Páirc an Chrócaigh **c** Páirc Sheáin Mhic Dhiarmada

5 Cá fhad a leanann cluiche ceannais na hÉireann?

  a 55 nóiméad **b** 90 nóiméad **c** 70 nóiméad

6 Cá bhfuil Páirc an Chrócaigh?

  a Corcaigh **b** Gaillimh **c** Baile Átha Cliath

Obair ealaíne

Céard iad dathanna do chontae? Déan taighde ar an idirlíon. Dear brat agus croch é ar an mballa sa seomra ranga.

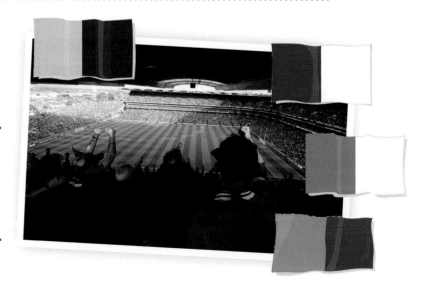

Cúinne na teicneolaíochta

Féach ar chluiche iománaíochta nó peile ar TG4. Pléigh an cluiche sa rang.

Léitheoireacht

Léigh an t-úrscéal *An Camán Draíochta* le Brian de Bhaldraithe.

Léamhthuiscint > Caoilfhionn Ní Thuama

▶️ **Léigh an t-alt os ard i do ghrúpa agus freagair na ceisteanna i do chóipleabhar.**

Caoilfhionn Ní Thuama is ainm dom. Tá mé trí bliana déag d'aois. Taitníonn spórt go mór liom. Imrím cispheil agus badmantan ar fhoireann na scoile. Tá dhá fhoireann cispheile sa chéad bhliain. Bíonn traenáil ag m'fhoireann gach Luan agus Céadaoin tar éis scoile. Tá ceithre chúirt cispheile againn os comhair na scoile. Bíonn na cluichí móra ar siúl ar an Satharn.

Tá mo chara Tríona ar an bhfoireann badmantain liom. Bíonn traenáil againn i halla na scoile ar an Aoine. Bíonn na cluichí go léir ar siúl ar an gCéadaoin ar a trí a chlog. Bhuamar ár gcluiche an tseachtain seo caite agus bhí áthas an domhain orainn. Thug an príomhoide leathlá dúinn ar an Aoine!

1 Cén dá spórt a imríonn Caoilfhionn?

2 Cé mhéad cúirt cispheile atá os comhair na scoile?

3 Cá mbíonn an traenáil ar siúl don fhoireann badmantain?

4 Cén fáth ar thug an príomhoide leathlá do na cailíní?

Scríbhneoireacht

Scríobh amach i do chóipleabhar an t-eolas a thugtar dúinn faoi Chaoilfhionn san alt thuas.

Feasacht teanga > Ag comhaireamh

aon **ch**luiche	seacht **g**cluiche	aon **ch**úl	seacht **g**cúl
dhá **ch**luiche	ocht **g**cluiche	dhá **ch**úl	ocht **g**cúl
trí **ch**luiche	naoi **g**cluiche	trí **ch**úl	naoi **g**cúl
ceithre **ch**luiche	deich **g**cluiche	ceithre **ch**úl	deich **g**cúl
cúig **ch**luiche		cúig **ch**úl	
sé **ch**luiche		sé **ch**úl	

Ceacht le déanamh anois

Líon na bearnaí thíos. Scríobh na huimhreacha i bhfocail.

1 Scóráil mé (*3 cúl*) _____ sa chluiche cispheile.

2 D'imir mé (*2 cluiche*) _____ peile an tseachtain seo caite.

3 Tá (*4 camán*) _____ ag mo dheartháir sa bhaile.

4 Tá (*3 foireann*) _____ badmantain sa chéad bhliain.

Meaitseáil › Spórt 1

Meaitseáil na hainmfhocail agus na pictiúir thíos.

dornálaíocht		leadóg		cispheil		sacar	
rugbaí		snámh		lúthchleasaíocht		galf	

Obair bhaile

Scríobh na hainmfhocail thuas i do chóipleabhar agus foghlaim iad mar cheacht obair bhaile.

Labhair amach › Ciorcal oibre

Freagair na ceisteanna thíos i do ghrúpa agus scríobh freagraí na gceisteanna i do chóipleabhar.

1 Cén spórt a imríonn tú?
2 Cathain a bhíonn traenáil agat?
3 Cathain a bhíonn na cluichí ar siúl?
4 An bhfuil tú i do bhall de chlub spóirt?

Éist agus scríobh

Éist leis an múinteoir ag léamh an ailt thíos os ard sa rang agus scríobh i do chóipleabhar é. Ceartaigh an t-alt ansin.

" Is maith liom spórt. Imrím sacar agus rugbaí gach seachtain. Tá mé ar fhoireann na scoile. Bíonn traenáil againn gach lá tar éis na scoile. Bíonn cluiche againn ar an Satharn. Bhuaigh m'fhoireann rugbaí an cluiche an tseachtain seo caite. Bhí áthas orainn. "

Meaitseáil > Spórt 2

Meaitseáil na hainmfhocail agus na pictiúir thíos.

a 	b 	c 	d 
e 	f 	g 	h 

leadóg bhoird		seoltóireacht		marcaíocht ar chapall		eitpheil	
badmantan		rothaíocht		haca		gleacaíocht	

Obair bhaile

Scríobh na hainmfhocail thíos i do chóipleabhar agus foghlaim iad mar cheacht obair bhaile.

eachléimneach ....*showjumping*   rámhaíocht..........................*rowing*

snúcar...................................*snooker*   tumadóireacht..................*diving*

Spórt agus spraoi sa rang!

Tabhair 90 soicind do na daltaí na spóirt go léir atá ar eolas acu a scríobh ina gcóipleabhair. Scríobh na spóirt ansin ar an gclár bán. Cé a bhuaigh an comórtas?

Lúbra

Aimsigh na hainmfhocail thíos sa lúbra.

eitpheil

rámhaíocht

snúcar

leadóg

l	i	m	i	o	r	t	n	o	a
i	l	e	a	d	ó	g	t	s	g
e	h	p	a	h	r	d	a	e	ú
h	t	i	c	t	i	b	n	o	l
p	p	s	p	ó	o	t	ú	c	l
t	h	c	o	í	a	h	m	á	r
i	c	a	l	r	a	h	t	r	e
e	é	t	i	s	n	ú	c	a	r

Rugbaí

Léitheoireacht › Próifíl: Robbie Henshaw

Léigh próifíl Robbie Henshaw agus freagair na ceisteanna thíos.

Ainm:	Robbie Henshaw
Dáta breithe:	12 Meitheamh 1993
Cár rugadh é:	Baile Átha Luain, an Iarmhí
Ainm a mham:	Audrey
Ainm a dhaid:	Tony
Deirfiúracha:	Katie, Ali, Emily
Meánscoil:	Marist College, Baile Átha Luain
Ollscoil:	Ollscoil na hÉireann, Gaillimh
Ábhar staidéir:	eacnamaíocht, tíreolaíocht
Caithimh aimsire:	seinneann sé an fhidil, an giotár, an pianó agus an bosca ceoil
Club rugbaí:	2012–16 Connacht; 2016– Laighean

1 Cén aois é Robbie Henshaw anois?

2 Cé mhéad deirfiúr atá ag Robbie Henshaw?

3 Cad is ainm dá thuismitheoirí?

4 Céard iad na hábhair a rinne Robbie Henshaw san ollscoil?

5 Cá n-imríonn Robbie Henshaw rugbaí anois?

Taighde

Téigh chuig an seomra ríomhairí agus déan taighde ar réalta spóirt. Scríobh próifíl i do chóipleabhar. Léigh amach an phróifíl i do ghrúpa.

Spórt agus spraoi sa rang!

Imir cluiche sa rang. Críochnaigh an abairt seo.

Chuaigh mé chuig an gclub spóirt agus d'imir mé …

Lean ar aghaidh timpeall an ranga.

Suirbhé

Céard iad na cineálacha spóirt a imríonn do chara sa rang? Cuir na ceisteanna thíos ar do chara.

1 Cén spórt is fearr leat?
2 An imríonn tú aon spórt ar fhoireann na scoile?
3 An imríonn tú aon spórt le club?
4 Cathain a bhíonn traenáil ar siúl?
5 Cathain a bhíonn cluichí ar siúl?

Sampla > Juan

1 Seo é mo chara Juan. Peil Ghaelach an spórt is fearr leis.
2 Imríonn Juan ar fhoireann na scoile.
3 Imríonn sé le foireann Chluain Tarbh freisin.
4 Bíonn traenáil aige gach Luan agus Céadaoin.
5 Bíonn cluichí ar siúl ar an Domhnach.

Meaitseáil > Trealamh spóirt

Meaitseáil na hainmfhocail agus na pictiúir thíos. Scríobh na hainmfhocail thíos i do chóipleabhar agus foghlaim iad mar cheacht obair bhaile.

clogad		maidí gailf		linn snámha		raon reatha		raicéad	
páirc peile		camán		galfchúrsa		ciú		cúirt leadóige	

Obair bhaile

Scríobh na hainmfhocail thuas i do chóipleabhar agus foghlaim iad mar cheacht obair bhaile.

Ceapadóireacht › Cuairt a thug mé ar Wimbledon

❯ Chuaigh Pól go Wimbledon. Scríobh an scéal i do chóipleabhar faoin lá.

❯ Léigh an scéal os ard i do ghrúpa agus ansin scríobh an scéal ar an gclár bán sa seomra ranga.

Pictiúr a haon

Bhí mé ag éisteacht leis an raidió.............................	*I was listening to the radio.*
Bhí comórtas ann do dhá thicéad .... don chluiche ceannais in Wimbledon.	*There was a competition for two tickets for the Wimbledon final.*
Sheol mé téacs leis an bhfreagra.............................	*I sent a text with the answer.*
Bhuaigh mé an comórtas agus bhí.......................... áthas an domhain orm.	*I won the competition and I was delighted.*

Pictiúr a dó

Thaistil mé le mo dhaid go Wimbledon.	*I travelled with my dad to Wimbledon.*
Bhí sé te agus grianmhar an lá sin..........................	*It was hot and sunny that day.*
Bhí an chúirt leadóige plódaithe le daoine.	*The tennis court was packed with people.*
Thosaigh an cluiche ar a trí a chlog.	*The match started at three o'clock.*

Pictiúr a trí

Bhí Djokovic agus Murray ag imirt.....................	*Djokovic and Murray were playing.*
Bhí an cluiche ar fheabhas...............................	*The match was excellent.*
Bhí atmaisféar beomhar sa chúirt....................	*There was a lively atmosphere in the court.*
Bhí lucht leanúna Murray ag screadaíl.............	*Murray's fans were screaming.*

Pictiúr a ceathair

Bhuaigh Murray an cluiche....................................	*Murray won the match.*
Bronnadh an corn air..	*He was awarded the cup.*
Ba chluiche iontach é..	*It was a wonderful match.*
Thaitin an lá in Wimbledon go mór liom.	*I really enjoyed the day in Wimbledon.*

Cluastuiscint 7.2 › CD 1 Rian 41–43

Éist go cúramach leis na míreanna cainte ar an dlúthdhiosca agus ansin freagair na ceisteanna seo thíos. Cloisfidh tú gach mír dhá uair.

> **Lorg Foclóra**
> cluiche leathcheannais
> beomhar
> traenáil
> cluiche ceannais

Mír a haon

1 Cuir tic sa bhosca ceart.

(a) ☐   (b) ☐   (c) ☐   (d) ☐

2 Cén fáth nach raibh Aonghus i bPáirc an Chrócaigh?

_____

3 Cá mbeidh an dioscó ar siúl?

_____

Mír a dó

1 Cén spórt a imríonn Donncha ar fhoireann na scoile?

_____

2 Cathain a bhíonn na cluichí ar siúl?

_____

3 Cén club sacair is fearr le Donncha?

_____

Obair bhreise

Éist leis an dlúthdhiosca cúpla uair agus déan iarracht gach mír chainte a scríobh i do chóipleabhar. Ansin scríobh mír ar an gclár bán.

Dul siar

Líon na bearnaí thíos. Cabhróidh na focail sa bhosca leat.

Tá a lán caitheamh _____ agam. Is maith liom ceol, imrím spórt agus féachaim
ar an teilifís gach lá. Taitníonn scannáin liom freisin. Téim chuig an bpictiúrlann go minic le mo
chairde. Tá madra agam agus caithim a lán ama _____ le mo mhadra, Poc.

Éistim le ceol gach lá ar _____. Fuair mé fón póca ó mo thuismitheoirí do mo
bhreithlá. Thug mo thuismitheoirí dhá thicéad dom do _____ Drake freisin.
Chuaigh mé chuig an gceolchoirm le mo chairde Cathal agus Áine. Bhí atmaisféar
_____ ann. Thaitin _____ go mór linn.

Téim ar na suíomhanna sóisialta ar m'fhón póca gach
lá. Is aoibhinn liom a bheith ag caint le mo chairde ar
na suíomhanna _____. Scríobhaim
blag agus léann mo chairde an _____.
Glacaim féinphiceanna agus roinnim na pictiúir le mo
chairde. Ní bhíonn na múinteoirí sásta ar scoil nuair a
fheiceann siad daltaí ag seoladh _____
sa rang.

Féachaim ar an _____ gach tráthnóna.
Is maith liom cláir _____. *Modern
Family* an clár is fearr liom. Is maith le mo
thuismitheoirí _____ nuachta.

Téim chuig an bpictiúrlann uair sa mhí. Cuirim na ticéid in áirithe ar an idirlíon agus bailím na
ticéid ag oifig _____. Is é Johnny Depp _____ is fearr liom.
Thaitin an _____ *Pirates of the Caribbean* go mór liom.

Imrím spórt ar scoil agus _____ sa bhaile mór. Tá mé ar fhoireann
_____ na scoile. Bíonn traenáil againn gach lá tar éis scoile agus imrímid
cluiche ar an _____. Imríonn mo dheirfiúr cispheil ar fhoireann na scoile. Is
aoibhinn léi cispheil. Téim chuig Páirc an _____ le mo chairde go minic. Beidh
cluiche ceannais _____ ar siúl Dé Domhnaigh seo chugainn agus tá dhá
thicéad agam. Tá mé ag tnúth go mór leis an gcluiche.

aimsire   an cheolchoirm   an t-aisteoir   beomhar   blag
cheolchoirm   Chrócaigh   cláir   Domhnach   ghrinn   iománaíochta
le club   m'fhón póca   na dticéad   na hÉireann   sa pháirc
scannán   sóisialta   téacsanna   teilifís

Dul siar ar an eolas a bhailigh mé san aonad seo

Líon isteach an t-eolas fút féin.

Ainmnigh dhá chaitheamh aimsire a thaitníonn leat.

_____

An éisteann tú le ceol? _____

Cén saghas ceoil a thaitníonn leat? _____

Ainmnigh an ceoltóir nó an grúpa ceoil is fearr leat.

_____

An raibh tú riamh ag ceolchoirm? _____

An dtéann tú chuig an bpictiúrlann go minic? _____

Cén saghas scannán a thaitníonn leat? _____

Cén t-aisteoir is fearr leat? _____

Cathain a fhéachann tú ar an teilifís? _____

Cén saghas clár teilifíse is fearr leat? _____

An bhfuil fón póca agat? _____

Cén úsáid a bhaineann tú as an bhfón póca? _____

An dtéann tú ar na suíomhanna sóisialta? _____

An nglacann tú féinphiceanna? _____

Cén spórt is fearr leat? _____

Ainmnigh dhá spórt a imríonn tú. _____

An imríonn tú ar fhoireann na scoile? _____

Ainmnigh na spóirt a imríonn na daltaí sa scoil seo. _____

An bhfuil tú ar fhoireann sa cheantar? _____

Má imríonn tú ar fhoireann, cathain a bhíonn traenáil agat? _____

Ar bhuaigh d'fhoireann cluiche mór riamh? _____

Cuimhnigh!

Téigh go dtí **www.edco.ie/cinnte1** agus bain triail as na hidirghníomhaíochtaí.

Aonad a hOcht

8

An Cultúr Gaelach

Clár

Amhrán

Dlúthdhiosca an mhúinteora, rian 13

Éist leis an gceol ar dhlúthdhiosca an mhúinteora agus can an t-amhrán.

Amhrán na bhFiann

Liam Ó Rinn (liricí)

Sinne Fianna Fáil, atá faoi gheall ag Éirinn,
Buíon dár slua thar toinn do ráinig chugainn,
Faoi mhóid bheith saor, seantír ár sinsear feasta,
Ní fhágfar faoin tíorán ná faoin tráil.

Anocht a théam sa bhearna bhaoil,
Le gean ar Ghaeil chun báis nó saol;
Le gunna scréach, faoi lámhach na bpiléar,
Seo libh, canaig' Amhrán na bhFiann.

Amhrán

Éist leis an amhrán thíos ar dhlúthdhiosca an mhúinteora.

Dlúthdhiosca an mhúinteora, rian 14

An Dreoilín

Seán Monaghan

Jiggáil (portaireacht béil)

Curfá (1)

Ó mo Dhreo,
Ó mo Dhreo … o … oilín. } A

Ite ag an gcat, Fuil ar a smut
'S gan fágthaí 'am ach cnáimhín. } x2

Curfá (1) *arís*

Curfá (2)

Dúidín Dáidín
An ruidín deas a chaill mé
Go lige Dia na nGrást
Go bhfaighidh mé arís é. } x2

Curfá (2) *arís*

Curfá (1)

Jiggáil (portaireacht béil)

An Scéilín

Scéilín faoi mo Dhreoilín,
Is di do shil mé deoirín,
Nuair a bhuail an cat í,
'S thit sí síos ón ard.

Pé ar bith cé an mí-ádh aisteach,
A tháinig uirthi taisteal,
Cé chreidfeadh go bhféadfadh sí bás 'fháil
'S mé 'mo sheasamh lena taobh?

Mar bheadh cineál *magnet* ann,
Is ábhar iontais aigne dhom,
An chaoi ar fhág sí an rata
'S mar léim sí ina threo.

An rud is annamh is iontach,
Mar léim sé ina thintreach,
Thug sé sceilp dá chrúb di,
'S ní raibh fhios aici níos mó.

Ciúnas binn an éinín,
'S gan inti ach méid mo mhéirín,
Mar bheadh éinín Dé ann,
'S í imithe suas ar Neamh.

Sin é críoch mo scéilín,
Scéilín faoi mo Dhreoilín,
'S an chaoi ar ith an cat í,
'S nár fhág sé a'am ach cnámh.

Curfá (1)
Curfá (1A)
Curfá (2) } x3

Dán

Dlúthdhiosca an mhúinteora, rian 15

Éist leis an dán thíos ar dhlúthdhiosca an mhúinteora.

Teilifís
le Gabriel Rosenstock

Ar a cúig a chlog ar maidin	
Theastaigh an teilifís uaithi.	*She wanted the television*
An féidir **argóint** le beainín	*argue*
Dhá bhliain go leith?	
Síos linn le chéile,	
Níor bhacas fiú le gléasadh	*I didn't bother to dress*
Is bhí an seomra **préachta**	*freezing*
Gan solas fós sa spéir.	*Without a light*
Stánamar le hiontas ar scáileán bán.	*We stared with amazement at a white screen*
Anois! Sásta?	
Ach chonaic sise sneachta	
Is **sioráf** tríd an sneachta	*giraffe*
Is **ulchabhán Artach**	*Arctic owl*
Ag faoileáil	*Gliding*
Os a chionn.	

Scríbhneoireacht > Obair bheirte

Léitheoireacht

A Meaitseáil na habairtí i mBéarla agus i nGaeilge thíos.

B Scríobh na habairtí meaitseáilte thíos i do chóipleabhar.

1 Is dán é seo faoi chailín óg.	a It is very dark.
2 Dúisíonn sí i lár na hoíche.	b The room was very cold.
3 Tá sé an-dorcha.	c They switch on the television.
4 Ní féidir léi dul a chodladh.	d Dad sees a white screen.
5 Iarrann sí ar a daid dul léi chuig an seomra suí.	e This is a poem about a young girl.
6 Bhí an seomra an-fhuar.	f His daughter sees snow, a giraffe and an owl.
7 Cuireann siad an teilifís ar siúl.	g She wakes up in the middle of the night.
8 Feiceann Daid scáileán bán.	h We see a strong relationship between the young girl and her dad.
9 Feiceann a iníon sneachta, sioráf agus ulchabhán.	i She asks her dad to go with her to the sitting room.
10 Feicimid gaol láidir idir an cailín óg agus a daid.	j She can't go asleep.

1	2	3	4	5	6	7	8	9	10

Alt le scríobh

Scríobh scéal an dáin i d'fhocail féin i do chóipleabhar.

Bain úsáid as na nótaí thuas.

Freagair na ceisteanna.

1 Cén t-am ar maidin a theastaigh an teilifís ón gcailín óg?

☐ a cúig a chlog ☐ a sé a chlog ☐ a seacht a chlog

2 Cén aois í an cailín?

☐ dhá bhliain ☐ trí bliana ☐ dhá bhliain go leith

3 Céard a chonaic an cailín ar an scáileán?

☐ madra ☐ cat ☐ sneachta is sioráf

4 Cá raibh an t-ulchabhán?

☐ ag faoileáil os a chionn ☐ ag luí ar an sneachta ☐ ina chodladh

Fíor nó bréagach?

	Fíor	Bréagach

1 Dhúisigh buachaill óg go luath ar maidin.

2 Bhí sé fós dorcha nuair a chuaigh siad síos staighre.

3 Bhí an teilifís briste.

4 Bhí an seomra an-fhuar.

5 Dath dubh a bhí ar an scáileán.

Tuairimí a nochtadh › Labhair amach › Obair ghrúpa

1 Ar dhúisigh tú i lár na hoíche go minic nuair a bhí tú an-óg?

2 Ar fhéach tú ar an teilifís i lár na hoíche riamh nuair a bhí tú an-óg?

3 Céard a cheapann tú a fheiceann páistí óga nuair a fheiceann siad scáileán bán?

4 Ar thaitin an dán 'Teilifís' leat?

Mo thuairim faoin dán

Thaitin an dán liom...*I liked the poem.*

Léirigh Daid grá sa dán dá iníon. ....*Dad showed love for his daughter in the poem.*

Feicimid cailín óg bríomhar sa dán. ....*We see a lively young girl in the poem.*

Thaitin téama an dáin go mór liom............*I really liked the theme of the poem.*

Obair ealaíne

Tarraing pictiúr den dán seo i do chóipleabhar agus scríobh an dán i do chóipleabhar. Déan cur síos ar an bpictiúr sa rang.

Bosca foclóra › Obair bhaile

Scríobh na focail thíos i do chóipleabhar agus foghlaim iad mar cheacht obair bhaile.

téama an dáin	*the theme of the poem*	scéal an dáin	*the story of the poem*
mothúcháin	*emotions*	grá	*love*
áthas	*happiness*	samhlaíocht	*imagination*
an óige	*youth*	gaol	*relationship*

Scríbhneoireacht › Mothúcháin an dáin

Céard iad na mothúcháin atá le feiceáil sa dán seo?

brón (*sadness*)	áthas (*happiness*)	
grá (*love*)	fearg (*anger*)	

Scríobh trí líne i do chóipleabhar faoi na mothúcháin a fheiceann tú sa dán 'Teilifís'. Cabhróidh na habairtí thíos leat.

Is dán brónach é an dán seo.

Is dán áthasach é an dán seo.

Tá grá le feiceáil sa dán seo.

Tá fearg le feiceáil sa dán seo.

Ar léigh tú dán sa rang Béarla a thaitin leat? Léigh an dán i mBéarla sa rang agus pléigh an dán.

Rólghlacadh

An féidir dráma gearr a dhéanamh den dán 'Teilifís'? Ullmhaigh dráma le do chara sa rang bunaithe ar scéal an dáin.

Dán nó Rap a scríobh › Obair ghrúpa

Déan iarracht dán nó rap a scríobh i do ghrúpa.

Taighde

Céard atá ar eolas agat faoin bhfile Gabriel Rosenstock? Bailigh eolas faoin bhfile agus scríobh próifíl i do chóipleabhar.

Gearrscéal

Dlúthdhiosca an
mhúinteora, rian 16

Éist leis an ngearrscéal seo ar dhlúthdhiosca an mhúinteora
agus déan na cleachtaí a ghabhann leis.

Calua

Bhí Calua an-óg agus an-bheag. Ní raibh sé ach **cúig
throigh is fiche ar a fhad**. Bhí sé **níos troime ná** bus, ach
bhí sé ábalta ar ghluaiseacht go tapaidh tríd an uisce –
timpeall deich míle san uair. Bhí siad sa **Mhuir Artach** agus
iad thíos thíos an-domhain ar fad. Bhí sé **chomh dubh le
pic** timpeall orthu, ach bhraith Calua na **míolta móra** eile
in aice leis. Bhí siad go léir ag marú éisc. Fuair Calua
ochtapas a bhí rómhór dó, ach tháinig a mháthair, Brúnla,
chuige agus **stróic** an bheirt acu an t-ochtapas as a chéile.
Bhí béile an-deas ansin acu.

twenty-five feet long
heavier than

the Arctic Ocean
as black as pitch
whales

tore

Lig Seantrumpa **búir** as agus thosaigh na míolta móra ag
bogadh suas go mall. D'éirigh an t-uisce geal, agus ansin
níos gile fós, go dtí gur shroich siad barr an uisce. Is iad a
bhí go sásta ansin **ag luascadh** go bog ar na **tonnta** faoi
sholas geal na gréine. Bhí **leac oighir** mórthimpeall orthu,
rud a chuir ionadh ar Chalua. Ar chósta Chalifornia a
rugadh é agus ba é seo a chéad turas go dtí an Mhuir
Artach.

a roar

swinging; waves
a sheet of ice

Bhí **cnap** beag leac oighir in aice le Calua. Chuir sé a shrón
leis. Bhí sé fuar. Bhuail sé lena cheann é. Bhog an cnap
anonn is anall. Léim sé in airde air. Chuaigh an cnap síos,
ach tháinig sé aníos arís in aice le Calua. Thosaigh **lao** eile,
Darradú, ag súgradh leis. Bhí an-spórt acu. Bhí na míolta
móra go léir breá sásta – b'fhéidir go raibh siad róshásta.

a lump

calf (young whale)

Chuala siad an harpún ag bualadh Seantrumpa. Chuala
siad an phléasc istigh ina chorp. Chuala siad an chnead a
lig sé as. Chonaic siad é **ag iompú** ar a thaobh, a chuid fola

turning

ag leathadh ar na tonnta. Scread Brúnla: 'Síos! Síos!' ar sise agus síos leis an triúr acu go domhain, go dtí go raibh sé ina oíche dhubh acu. D'fhan siad thíos ar feadh fiche nóiméad agus scanradh orthu, an dá lao istigh faoi Bhrúnla. Ach bhí aer uathu. Bhí orthu dul suas. Suas leo go mall: Brúnla ar dtús, ansin Darradú, ansin Calua. Shroich siad barr an uisce. Thit **scáth na loinge** ar Bhrúnla. Ní raibh an t-am aici scread a ligean, mar bhuail an harpún sa taobh í gur chuir sé a cuid fola ar fud an uisce. Bhí **sceon** ar an dá lao. Chas Calua agus **theith sé i** dtreo an **mhachaire leac oighir** a bhí in aice leo. Lean Darradú é. Nuair a shroich Calua an leac oighir chuala sé **pléasc** eile; ansin scréach Darradú taobh thiar de. Theith sé leis isteach faoin gclúdach gorm leac oighir. Bhraith sé go raibh sé sábháilte, ach mar sin féin lean sé ar aghaidh chomh tapaidh agus ab fhéidir leis.

the shadow of the ship

terror; they fled
icefield

explosion

Thosaigh an eagla **ag trá**. D'fhéach Calua suas. Bhí clúdach gorm an leac oighir i ngach áit. Chuir sé a shrón leis. Bhí sé crua. Bhrúigh sé é, ach níor bhog sé. Shnámh sé timpeall. Chonaic sé a lán **rónta**. Lean sé ceann amháin acu chun súgradh a dhéanamh leis, ach bhí an rón **róghnóthach**.

receding

seals
busy

Ansin bhí sé in am dó aer a thógáil. Ghluais sé timpeall, ach ní fhaca sé aon bhriseadh sa leac oighir. Chuaigh sé ar aghaidh tamall eile, ach ba é an scéal céanna fós é. Bhí sé **i gcruachás**. Ansin chonaic sé an rud a dhéanadh na rónta – anois is arís chuireadh rón a cheann suas trí pholl beag chun aer a fháil. Thriail Calua é, ach bhí an poll róbheag dó. Bhraith sé an eagla istigh ina bholg. Thosaigh a chroí ag bualadh go tapaidh. Ní raibh ach rud amháin le déanamh. Síos leis níos doimhne ná riamh i bpoll dorcha na farraige. Ansin chas sé ar ais agus tháinig sé aníos go tapaidh, níos tapúla ná riamh. Bhuail sé an leac oighir de bhuille uafásach agus rinne sé smidiríní de. Tháinig a cheann ar fad os cionn an leac oighir agus líon sé a **scamhóga** le haer. Ansin bhris sé an leac oighir ina thimpeall go dtí go raibh lochán ann. Bhí sé sábháilte. Bhí bród air. Nuair a bhí a dhóthain aeir aige chuaigh sé faoi uisce arís go mall, agus thug sé aghaidh ar an áit ina raibh an long.

in a predicament

lungs

Nuair a shroich sé an áit ní raibh long ná míol mór le feiceáil ann. Lig Calua **geoin** as, ach freagra ní bhfuair sé. Chonaic sé **béar bán** agus a **coileán** ag siúl ar an leac oighir. Thosaigh sé ag cur sneachta. Bhí ceo ag titim. Bhraith Calua fuar, an-fhuar. Bhí rud éigin uaidh, rud éigin te.

cry
polar bear; pup (young bear)

Scríbhneoireacht > Obair bheirte

Léitheoireacht

A Meaitseáil na habairtí i mBéarla agus i nGaeilge thíos.

B Scríobh na habairtí meaitseáilte i do chóipleabhar.

C Léigh an scéal i do ghrúpa.

1 Bhí Calua an-óg agus an-bheag.

2 Bhí sé níos troime ná bus.

3 Bhraith Calua ar na míolta móra eile in aice leis.

4 Bhí leac oighir mór mórthimpeall orthu.

5 Ar chósta Chalifornia a rugadh é.

6 Bhí na míolta móra go léir breá sásta.

7 Chuala siad harpún ag bualadh Sheantrumpa.

8 Chuala siad an phléasc istigh ina chorp.

9 D'fhan siad go domhain san fharraige ar feadh fiche nóiméad.

10 Bhí aer uathu agus shnámh siad go barr an uisce.

11 Bhuail harpún Brúnla agus maraíodh Darradú.

12 Bhí eagla ar Chalua mar ní raibh sé ábalta an leac oighir a bhriseadh.

13 Bhuail Calua an leac oighir le buille uafásach agus líon sé a scamhóga le haer.

14 Bhí sé fágtha ina aonar agus bhí brón air.

a They heard a harpoon hitting Seantrumpa.

b Calua was afraid because he could not break the ice.

c He was born on the coast of California.

d Calua hit the ice with a terrible thump and he filled his lungs with air.

e Calua was very young and very small.

f A harpoon hit Brúnla and Darradú was killed.

g He was heavier than a bus.

h Calua depended on the other big whales beside him.

i All the whales were happy.

j He was left on his own and he was sad.

k They stayed deep in the sea for twenty minutes.

l They needed air and they swam to the top of the water.

m They heard the explosion in his body.

n There was ice around them.

1	2	3	4	5	6	7	8	9	10	11	12	13	14

Alt le scríobh

Scríobh an scéal i d'fhocail féin i do chóipleabhar. Bain úsáid as na nótaí thuas.

Obair ealaíne

Tarraing pictiúr den scéal 'Calua' agus croch na pictiúir ar an mballa sa seomra ranga.

Scríbhneoireacht

Léigh an scéal 'Calua' agus freagair na ceisteanna.

1 Cá raibh Calua agus na míolta móra eile an lá sin? _____

2 Céard a rinne Calua nuair a fuair sé ochtapas? _____

3 Cár rugadh Calua? _____

4 Cén t-ainm a bhí ar an lao a bhí ag súgradh le Calua? _____

5 Céard a tharla do Sheantrumpa? _____

6 Céard a rinne Calua nuair a bhris sé an leac oighir? _____

Fíor nó bréagach?

	Fíor	Bréagach
1 Bhí Calua níos troime ná bus.	☐	☐
2 Bhí leac oighir mórthimpeall orthu.	☐	☐
3 D'fhan siad go domhain san uisce ar feadh tríocha nóiméad.	☐	☐
4 Nuair a shroich siad barr an uisce thit scáth na loinge ar Bhrúnla.	☐	☐
5 Chonaic Calua béar dubh agus a coileán.	☐	☐
6 Bhí Calua te, an-te.	☐	☐

Tuairimí a nochtadh > Labhair amach > Obair ghrúpa

Pléigh na ceisteanna thíos i do ghrúpa. Cabhróidh an bosca foclóra leat.

1 An raibh brón ort nuair a léigh tú an scéal?

2 Ar thaitin an scéal leat?

Bosca foclóra

Bhí an-bhrón orm nuair a léigh mé an scéal 'Calua'. .... *I was very sad when I read the story 'Calua'.*

Fuair na míolta móra bás. .... *The whales died.*

Bhí eagla an domhain ar Chalua. .... *Calua was terrified.*

Ag deireadh an scéil bhí Calua an-uaigneach. .... *At the end of the story Calua was very lonely.*

Bhí sé fágtha ina aonar. .... *He was left on his own.*

Teicneolaíocht

Féach ar chlár teilifíse faoi mhíolta móra.

Gearrscannán

El Toro

Féach ar an ngearrscannán *El Toro* agus déan na cleachtaí a ghabhann leis.

Scríbhneoireacht > Obair bheirte
Léitheoireacht

A   Meaitseáil na habairtí i mBéarla agus i nGaeilge thíos.
B   Scríobh na habairtí meaitseáilte thíos i do chóipleabhar.
C   Léigh na habairtí os ard i do ghrúpa.

1   Bhuail bulaí Cian sa seomra ranga.
2   Thosaigh na daltaí eile ag gáire faoi.
3   Bhí Cian ag iarraidh dul lena dhaid chun an tarbh a fheiceáil.
4   Ní raibh Daid sásta Cian a thabhairt leis.
5   Dúirt Daid go raibh eagla an domhain ar Chian roimh an tarbh agus gur theith sé ón bpáirc ar luas lasrach.
6   An oíche sin bhí Cian ag féachaint ar chluiche peile ar an teilifís.
7   Bhí brón agus uaigneas air nuair a d'fhéach sé ar ghrianghraf dá mham agus é féin.
8   Chonaic Cian tarbhchomhrac ar an teilifís agus thosaigh an matador ag caint leis.
9   D'inis an matador dó go gcaithfeadh sé troid chun meas a fháil.
10 Fuair Cian clóca agus thosaigh sé ag cleachtadh lena mhadra Poochies.
11 An lá ina dhiaidh sin bhuail Seán Ó Máille é ar scoil agus bhí Cian trína chéile.
12 Chaith Cian culaith ghorm agus chuaigh sé amach sa pháirc chun troid in aghaidh an tairbh.
13 Bhí an teilifíseán aige ar thralaí agus bhí an matador ag caint leis.
14 Baineadh geit as Daid nuair a chonaic sé Cian sa pháirc leis an tarbh.
15 Thuig Daid ansin go raibh saol deacair ag a mhac agus shiúil an bheirt acu abhaile le chéile.

a   *Dad was not happy to take Cian with him.*
b   *Cian wanted to go with his dad to see the bull.*
c   *That night Cian was watching a football match on the TV.*
d   *The matador told him that he had to fight to get respect.*
e   *Cian saw a bullfight on the TV and the matador started talking to him.*
f   *Dad got a fright when he saw Cian in the field with the bull.*
g   *The TV was on a trolley and the matador was talking to him.*
h   *He was sad and lonely when he saw a photo of his mam and himself.*
i   *The other students started laughing at him.*
j   *The following day Seán Ó Máille hit Cian in school and he was upset.*
k   *Dad understood that Cian had a tough life and the two of them walked home together.*
l   *Dad said that Cian was terrified of the bull and that Cian fled from the field at the speed of light.*
m   *Cian got a cloak and started to practise with his dog Poochies.*
n   *A bully hit Cian in the classroom.*
o   *Cian wore a blue suit and he went out to the field to fight the bull.*

1	2	3	4	5	6	7	8	9	10	11	12	13	14	15

Scríbhneoireacht

Féach ar an ngearrscannán *El Toro*. Freagair na ceisteanna.

1 Céard a tharlaíonn sa seomra ranga?

_____

2 Cá bhfuil Cian ag féachaint ar an teilifís?

_____

3 Cén fáth a bhfuil brón ar Chian?

_____

4 Cén t-ainm atá ar a mhadra? _____

5 Céard a dhéanann an madra nuair a fhaigheann Cian an clóca? _____

6 Cén dath atá ar an gclóca a bhíonn ag an matador? _____

7 Cá dtéann Cian leis an teilifíseán ar an tralaí? _____

8 Cá raibh an tarbh? _____

9 Cé a chonaic Cian sa pháirc leis an tarbh? _____

10 Céard a bheidh ag Cian agus Daid don dinnéar? _____

Fíor nó bréagach?

	Fíor	Bréagach
1 Is bulaí é Cian agus bíonn sé ag bualadh buachaillí eile sa rang.	☐	☐
2 Is buachaill ciúin é Cian sa seomra ranga.	☐	☐
3 Bíonn brón ar Chian nuair a fhéachann sé ar an ngrianghraf dá mham.	☐	☐
4 Tugann Daid cead dó dul leis chun an tarbh a fheiceáil.	☐	☐
5 Tosaíonn an matador ag caint le Cian.	☐	☐
6 Daisy an t-ainm atá ar an madra.	☐	☐
7 Cuireann Cian culaith ghorm air féin agus faigheann sé clóca dearg.	☐	☐
8 Tógann Cian an raidió amach sa pháirc.	☐	☐
9 Tá sé ar intinn ag a dhaid dinnéar le hispíní agus sceallóga a ullmhú.	☐	☐
10 Siúlann an matador i dtreo na gréine ag deireadh an scannáin.	☐	☐

Alt le scríobh

Scríobh scéal an scannáin i d'fhocail féin i do chóipleabhar.
Bain úsáid as na nótaí ar leathanach 216.

Obair ealaíne

Tarraing pictiur de tharbhchomhrac i do chóipleabhar.

Tuairimí a nochtadh > Labhair amach > Obair ghrúpa

Pléigh na ceisteanna thíos i do ghrúpa.

1 Ar thaitin an scannán leat?
2 Céard é an téama is mó sa scannán?

Scríbhneoireacht > Mothúcháin

Céard iad na mothúcháin is mó a fheicimid sa
scannán *El Toro*? Pioc amach na mothúcháin ón liosta thíos.

Bosca foclóra

brón .... *sadness*	trua .... *pity*	áthas .... *happiness*
crá croí .... *torment*	uaigneas .... *loneliness*	féintrua .... *self-pity*
grá .... *love*	fearg .... *anger*	áiféala .... *regret*

Labhair amach

Cuir ceisteanna ar do chara sa rang bunaithe ar na mothúcháin sa scannán.

Sampla

Ceist: Cén fáth a raibh Cian brónach sa scannán?

Freagra: Bhí Cian brónach mar bhí a mham imithe agus mhothaigh sé
           (he felt) uaigneach.

Taighde

Déan taighde ar chultúr na Spáinne ar an idirlíon. Féach ar tharbhchomhrac agus pléigh an tarbhchomhrac sa rang.

Staidéar ar an ngearrscannán › Príomhphearsa an scéil › Obair bhaile

Déan cur síos ar Chian sa ghearrscannán *El Toro*. Scríobh na haidiachtaí thíos i do chóipleabhar agus foghlaim iad mar cheacht obair bhaile.

Cuir tic sna boscaí má oireann siad do Chian.

beomhar *(lively)*		brónach *(sad)*	
soineanta *(innocent)*		neamhspleách *(independent)*	
cancrach *(cranky)*		cainteach *(chatty)*	
tostach *(silent)*		uaigneach *(lonely)*	
cróga *(brave)*		goilliúnach *(sensitive)*	

Obair bhaile

Cén sórt buachalla é Cian? Scríobh alt faoi i do chóipleabhar.

Aonad a Naoi

Gramadach

 Téigh go dtí **www.edco.ie/cinnte1** agus bain triail as na hidirghníomhaíochtaí.

Clár

Briathra

Is féidir na briathra a roinnt i dtrí ghrúpa – an chéad réimniú, an dara réimniú agus na briathra neamhrialta.

An chéad réimniú › An chéad ghrúpa

Sa chéad réimniú tá:

❱ briathra le siolla amháin;

❱ briathra le níos mó ná siolla amháin a chríochnaíonn le 'áil', 'óil', 'áin'.

Samplaí

bris	can	dún	fág	iarr	ól	siúil	sábháil	tiomáin

An dara réimniú › An dara grúpa

Sa dara réimniú tá:

❱ briathra le níos mó ná siolla amháin.

Samplaí

bailigh	ceangail	ceannaigh	codail	deisigh	eitil
foghlaim	imigh	imir	inis	tarraing	tuirling

Na briathra neamhrialta

Tá na briathra seo a leanas neamhrialta:

abair	beir	bí	clois	déan	faigh	feic	ith	tabhair	tar	téigh

Na gutaí (*the vowels*) – a, e, i, o, u

Tá na gutaí seo leathan: a, o, u.

Tá na gutaí seo caol: e, i.

Ná déan dearmad ar an riail: 'Leathan le leathan agus caol le caol.'

An aimsir chaite

Úsáideann tú an aimsir chaite nuair atá tú ag caint faoi imeachtaí atá thart. Féach ar na samplaí thíos.

> ### Samplaí
>
> D'fhág mé an teach ar a hocht a chlog **ar maidin**.
>
> D'fhreastail mé ar chúrsa Gaeltachta **an samhradh seo caite**.
>
> Chuaigh mé chuig an bpictiúrlann **inné**.
>
> Chonaic mé mo chara ag an dioscó **aréir**.
>
> Bhí m'aintín ar saoire san Iodáil **an tseachtain seo caite**.

inné	*yesterday*	ag am lóin	*at lunch-time*
aréir	*last night*	arú inné	*the day before yesterday*
cúpla lá ó shin	*a few days ago*	an tseachtain seo caite	*last week*
coicís ó shin	*a fortnight ago*	an mhí seo caite	*last month*
an samhradh seo caite	*last summer*	anuraidh	*last year*

Labhair amach > Ciorcal oibre

Freagair na ceisteanna os ard sa rang. Roghnaigh an freagra ceart.

1	An raibh tú ar saoire sa Spáinn an samhradh seo caite?	Bhí	Ní raibh
2	Ar imir tú cluiche peile an tseachtain seo caite?	D'imir	Níor imir
3	An ndearna tú obair bhaile aréir?	Rinne	Ní dhearna
4	Ar shiúil tú ar scoil ar maidin?	Shiúil	Níor shiúil
5	Ar ith tú ceapairí ag am lóin?	D'ith	Níor ith
6	An raibh tú sa bhunscoil anuraidh?	Bhí	Ní raibh

Cum ceisteanna breise agus scríobh na ceisteanna ar an gclár bán sa seomra ranga.

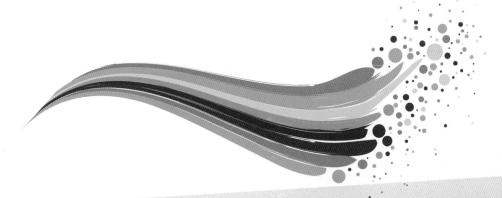

An chéad réimniú – briathra leathana

Críochnaíonn na briathra thíos ar chonsan leathan – consan a bhfuil guta leathan roimhe. Cuir líne faoin nguta leathan i ngach briathar.

fág...............*leave*	fás..................*grow*	can................*sing*
cas..................*turn*	fan..................*stay*	féach.............*watch*
geall...............*promise*	gearr..............*cut*	glan................*clean*
iarr.................*ask*	meas...............*think*	ól....................*drink*
pós..................*marry*	tóg..................*take*	cíor................*comb*
díol..................*sell*	íoc...................*pay*	líon................*fill*
scríobh............*write*	scrios.............*destroy*	dún................*close*

Spórt agus spraoi sa rang!

Téigh timpeall an ranga go tapa agus faigh amach an bhfuil na briathra thuas ar eolas ag na daltaí eile.

Ceacht le déanamh anois

Léigh na habairtí samplacha thíos agus ansin cum abairtí leis na briathra thuas. Scríobh na habairtí ar an gclár bán sa seomra ranga.

1 **D'fhéach** mo dheartháir ar chluiche peile ar an teilifís aréir.
2 **D'ól mé** cupán tae ar maidin.
3 **Chíor** mo dheirfiúr a cuid gruaige ar maidin.
4 **Thóg mé** mo leabhair ó mo mhála scoile ar scoil inniu.

Féinfhoghlaim

Téigh ar shuíomh idirlín www.teanglann.ie nó féach san fhoclóir agus aimsigh briathra leathana le siolla amháin. Déan liosta i do chóipleabhar agus ansin scríobh an liosta ar an gclár bán sa seomra ranga.

Rialacha le foghlaim – an aimsir chaite

1 Má thosaíonn an briathar le consan, cuireann tú séimhiú air.

2 Má thosaíonn an briathar le guta, cuireann tú **d'** roimh an mbriathar.

3 Má thosaíonn an briathar le **f**, cuireann tú isteach **d'** agus séimhiú.

díol (*sell*)	ól (*drink*)	fan (*wait/stay*)
d**h**íol mé	**d'**ól mé	**d'**fhan mé
d**h**íol tú	**d'**ól tú	**d'**fhan tú
d**h**íol sé/sí	**d'**ól sé/sí	**d'**fhan sé/sí
d**h**íol**amar**	**d'**ól**amar**	**d'**fhan**amar**
d**h**íol sibh	**d'**ól sibh	**d'**fhan sibh
d**h**íol siad	**d'**ól siad	**d'**fhan siad

Riail le foghlaim – an fhoirm dhiúltach

níor + séimhiú (ach amháin na gutaí)

níor (dhíol) mé	**níor** (ól) mé	**níor** (fhan) mé

Riail le foghlaim – an fhoirm cheisteach

ar + séimhiú (ach amháin na gutaí)

ar (dhíol) mé?	**ar** (ól) mé?	**ar** (fhan) mé?

Obair bhaile

Scríobh amach na briathra thuas i do chóipleabhar. Ansin pioc cúig bhriathar ón liosta ar an leathanach thall agus scríobh na briathra san aimsir chaite i do chóipleabhar.

Scríbhneoireacht

Scríobh na briathra ar leathanach 224 i do chóipleabhar agus ansin cum abairtí leis na briathra. Scríobh na habairtí ar an gclár bán sa seomra ranga. Léigh na habairtí samplacha i dtosach.

Samplaí

D'fhás bláthanna áille sa ghairdín an samhradh seo caite.

Scríobh mé mo chuid obair bhaile i mo dhialann scoile inné.

225

scríobh (*write*)*	fás (*grow*)	íoc (*pay*)
scríobh mé	**d'fh**ás mé	**d'**íoc mé
scríobh tú	**d'fh**ás tú	**d'**íoc tú
scríobh sé/sí	**d'fh**ás sé/sí	**d'**íoc sé/sí
scríobh**amar**	**d'fh**ás**amar**	**d'**íoc**amar**
scríobh sibh	**d'fh**ás sibh	**d'**íoc sibh
scríobh siad	**d'fh**ás siad	**d'**íoc siad
níor (scríobh) mé	**níor** (fhás) mé	**níor** (íoc) mé
ar (scríobh) mé?	**ar** (fhás) mé?	**ar** (íoc) mé?

*Ní féidir séimhiú a chur ar bhriathar a thosaíonn le 'sc'.

Ceachtanna le déanamh anois

Líon na bearnaí thíos leis an bhfoirm cheart den bhriathar.

1 (*Níor íoc mé*) _____ as an turas scoile inné.

2 (*Scríobh sinn*) _____ aiste sa rang Béarla an tseachtain seo caite.

3 (*Ar fás*) _____ bláthanna i do ghairdín anuraidh?

4 (*Íoc mé*) _____ as an mbus ar maidin.

5 (*Níor scríobh*) _____ mé i mo chóipleabhar Gaeilge inné.

6 (*Ar íoc tú*) _____ as an turas scoile an tseachtain seo caite?

Téigh siar ar na briathra ar leathanach 224 agus líon na bearnaí thíos.

1 (*Ar dún tú*) _____ an fhuinneog aréir?

2 (*Gearr mé*) _____ mo cháca breithlae Dé Sathairn seo caite.

3 (*Níor iarr sí*) _____ cead óna tuismitheoirí dul chuig an dioscó.

4 (*Glan sí*) _____ a seomra mar bhí sé an-salach.

5 (*Fág sé*) _____ an teach agus chuaigh sé ar an mbus ar a hocht a chlog.

6 (*Ar pós*) _____ do dhearthháir an samhradh seo caite?

An chéad réimniú – briathra caola

Críochnaíonn na briathra thíos ar chonsan caol – consan a bhfuil guta caol roimhe.
Cuir líne faoin nguta caol i ngach briathar.

béic ....*shout*	bris ....*break*	buail ....*hit*
caill ....*lose*	caith ....*spend/throw*	cuir ....*put*
éist ....*listen*	fill...................*return*	goid ....*steal*
léim...................*jump*	múin ....*teach*	rith...................*run*
séid ....*blow*	teip ....*fail*	troid ....*fight*
tuig ....*understand*	tuill ....*earn*	úsáid...............*use*

Obair bhaile

Scríobh amach na briathra thuas i do chóipleabhar. Ansin pioc cúig bhriathar ón liosta agus scríobh na briathra san aimsir chaite i do chóipleabhar.

Spórt agus spraoi sa rang!

Téigh timpeall an ranga go tapa agus faigh amach an bhfuil na briathra thuas ar eolas ag na daltaí eile.

Ceacht le déanamh anois

Léigh na habairtí samplacha thíos agus ansin cum abairtí leis na briathra thuas. Scríobh na habairtí ar an gclár bán sa seomra ranga.

1 **Shéid** gaoth láidir aréir agus bhris an ghaoth fuinneoga an tí.
2 **Throid** na buachaillí i gclós na scoile agus bhí an múinteoir ar buile leo.
3 **Níor** éist na daltaí leis an múinteoir agus thug sí obair bhaile dóibh.

Féinfhoghlaim

Téigh ar shuíomh idirlín www.teanglann.ie nó féach san fhoclóir agus aimsigh briathra caola le siolla amháin. Déan liosta i do chóipleabhar agus ansin scríobh an liosta ar an gclár bán sa seomra ranga.

caith *(spend/throw/smoke)*	goid *(steal)*	fill *(return)*
chaith mé	ghoid mé	d'fhill mé
chaith tú	ghoid tú	d'fhill tú
chaith sé/sí	ghoid sé/sí	d'fhill sé/sí
chaith**eamar**	ghoid**eamar**	d'fhill**eamar**
chaith sibh	ghoid sibh	d'fhill sibh
chaith siad	ghoid siad	d'fhill siad
níor (chaith) mé	**níor** (ghoid) mé	**níor** (fhill) mé
ar (chaith) mé?	**ar** (ghoid) mé?	**ar** (fhill) mé?

Obair bhaile

Scríobh amach na briathra thuas i do chóipleabhar.

Éist agus scríobh

Éist leis an múinteoir ag léamh an ailt thíos os ard sa rang agus scríobh i do chóipleabhar é. Ceartaigh an t-alt ansin.

66

D'fhan mé sa leaba Dé Sathairn. Ar a deich a chlog **shiúil** mo mham isteach sa seoma leapa le cupán tae. **D'oscail mé** mo shúile ansin agus **d'ól mé** an cupán tae. **Níor fhan mé** sa leaba. **Léim mé** as an leaba agus **chuir mé** glao fóin ar mo chara. **Bhuail mé** le mo chara ag am lóin. **Chaith mé** an lá ag siopadóireacht. **Bhí** lá deas agam.

99

Scríbhneoireacht

Scríobh freagraí na gceisteanna thíos i do chóipleabhar.

1 **Ar chaill tú** leabhar scoile riamh?
2 **Ar bhris tú** fuinneog riamh?
3 **Ar chaith tú** an lá in oifig an phríomhoide riamh?
4 **Ar bhuail tú** leis an taoiseach riamh?
5 **Ar thuill tú** airgead riamh?
6 **Ar fhill tú** abhaile déanach ón scoil riamh?
7 **Ar éist tú** le Raidió na Gaeltachta riamh?
8 **Ar chuir tú** do leabhair i do mhála scoile ar maidin?

Scríbhneoireacht

Scríobh na briathra thíos i do chóipleabhar agus ansin cum abairtí leis na briathra. Scríobh na habairtí ar an gclár bán sa seomra ranga.

éist *(listen)*	troid *(fight)*	tuig *(understand)*
d'éist mé	**th**roid mé	**th**uig mé
d'éist tú	**th**roid tú	**th**uig tú
d'éist sé/sí	**th**roid sé/sí	**th**uig sé/sí
d'éist**eamar**	**th**roid**eamar**	**th**uig**eamar**
d'éist sibh	**th**roid sibh	**th**uig sibh
d'éist siad	**th**roid siad	**th**uig siad
níor (éist) mé	**níor** (throid) mé	**níor** (thuig) mé
ar (éist) mé?	**ar** (throid) mé?	**ar** (thuig) mé?

Ceacht le déanamh anois

Líon na bearnaí thíos leis an bhfoirm cheart den bhriathar.

1 (*Éist sí*) _____ leis an raidió tar éis na scoile.

2 Chuaigh mé ag siopadóireacht Dé Sathairn seo caite agus (*caith mé*) _____ a lán airgid.

3 (*Caill*) _____ mo dhearbháir m'iPod ar scoil inné agus ní raibh mé sásta leis.

4 (*Níor tuig mé*) _____ an cheist agus chuir mé mo lámh suas sa rang.

5 (*Ar fill tú*) _____ abhaile ón bpictiúrlann ar a deich a chlog aréir?

6 (*Léim sinn*) _____ san aer nuair a bhuamar an cluiche peile.

Éist agus scríobh

Pioc amach na briathra san aimsir chaite san alt thíos. Ansin éist leis an múinteoir ag léamh an ailt thíos os ard sa rang agus scríobh i do chóipleabhar é. Ceartaigh an t-alt ansin.

> Ghoid an buachaill an leabhar Béarla agus chuir sé an leabhar ina mhála scoile. Bhí brón ar an gcailín nuair a chaill sí a leabhar Béarla agus shiúil sí chuig oifig an phríomhoide. Chuir an príomhoide glao fóin ar mháthair an chailín. Thiomáin máthair an chailín chuig an scoil agus shiúil sí chuig oifig an phríomhoide.

Cum alt san aimsir chaite sa rang agus scríobh an t-alt ar an gclár bán.

An chéad réimniú – briathra a chríochnaíonn le 'igh'

suigh (*sit*)	nigh (*wash*)
shuigh mé	nigh mé
shuigh tú	nigh tú
shuigh sé/sí	nigh sé/sí
shuíomar	**níomar**
shuigh sibh	nigh sibh
shuigh siad	nigh siad
níor (shuigh) mé	**níor** (nigh) mé
ar (shuigh) mé?	**ar** (nigh) mé?

Obair bhaile

Scríobh amach na briathra thuas i do chóipleabhar.

Scríbhneoireacht

Scríobh freagraí na gceisteanna thíos i do chóipleabhar.

> 1 **Ar nigh tú** do chuid gruaige ar maidin?
>
> 2 **Ar shuigh tú** ar chathaoir sa chistin ar maidin?
>
> 3 **Ar shuigh tú** ag barr an ranga i mbliana?
>
> 4 **Ar nigh tú** do lámha roimh an dinnéar inné?

Cum ceisteanna breise ag úsáid na mbriathra thuas. Scríobh na ceisteanna ar an gclar bán sa seomra ranga. Freagair na ceisteanna i do chóipleabhar.

Ceacht le déanamh anois

Líon na bearnaí thíos leis an bhfoirm cheart den bhriathar.

> 1 (*Suigh sinn*) _____ sna seomraí gléasta roimh an gcluiche.
>
> 2 (*Nigh siad*) _____ a lámha nuair a tháinig siad isteach don dinnéar.
>
> 3 (*Ar suigh tú*) _____ in aice le Peadar ar an mbus scoile?
>
> 4 (*Níor nigh mé*) _____ mo bhróga peile agus tá siad an-salach.
>
> 5 (*Nigh sinn*) _____ na gréithe tar éis an dinnéir aréir.

léigh (*read*)	glaoigh (*call*)	buaigh (*win*)
léigh mé	ghlaoigh mé	bhuaigh mé
léigh tú	ghlaoigh tú	bhuaigh tú
léigh sé/sí	ghlaoigh sé/sí	bhuaigh sé/sí
léamar	**ghlaoamar**	**bhuamar**
léigh sibh	ghlaoigh sibh	bhuaigh sibh
léigh siad	ghlaoigh siad	bhuaigh siad
níor (léigh) mé	**níor** (ghlaoigh) mé	**níor** (bhuaigh) mé
ar (léigh) mé?	**ar** (ghlaoigh) mé?	**ar** (bhuaigh) mé?

Obair bhaile

Scríobh amach na briathra thuas i do chóipleabhar. Cum ceisteanna ag úsáid na mbriathra. Scríobh na ceisteanna ar an gclár bán sa seomra ranga agus ansin freagair na ceisteanna i do chóipleabhar.

Éist agus scríobh

Éist leis an múinteoir ag léamh an ailt thíos os ard sa rang agus scríobh i do chóipleabhar é. Ceartaigh an t-alt ansin.

Bhuaigh mé comórtas aistí sa rang Béarla. Ghlaoigh an príomhoide orm agus thug sí duais dom. Léigh mé an aiste don rang sa rang Béarla. Bhuaigh mé caoga euro. Ghlaoigh mé ar mo thuismitheoirí agus bhí an-áthas orthu.

Ceacht le déanamh anois

Líon na bearnaí thíos. Cabhróidh na focail atá sa bhosca leat.

1 _____ an cluiche peile agus thug an príomhoide leathlá dóibh.

2 _____ mo chara orm agus chuamar chuig an gcluiche le chéile.

3 _____ gearrscéal suimiúil sa rang Béarla inné.

4 Níor _____ an cluiche haca agus bhí brón an domhain orainn.

5 _____ alt sa nuachtán faoi Ed Sheeran le déanaí.

bhuaigh siad   bhuamar   ghlaoigh   léamar   léigh mé

231

An dara réimniú – briathra leathana

Críochnaíonn na briathra thíos ar 'aigh'. Cuir líne faoin 'aigh' i ngach briathar.

aontaigh.................. *agree*	brostaigh........... *hurry*	cabhraigh......... *help*
ceannaigh .... *buy*	ceartaigh.......... *correct*	cónaigh .... *live*
críochnaigh .... *finish*	diúltaigh............ *refuse*	fiosraigh.......... *investigate*
gortaigh .... *injure*	scanraigh.......... *frighten*	scrúdaigh .... *examine*
sleamhnaigh .... *slip*	tosaigh .... *start*	ullmhaigh .... *prepare*

Obair bhaile

Scríobh amach na briathra thuas i do chóipleabhar. Ansin pioc cúig bhriathar ón liosta agus scríobh na briathra san aimsir chaite i do chóipleabhar. Féach ar na samplaí ar an leathanach thall.

Scríbhneoireacht

díol (*sell*)	**ól (*drink*)**	**fan (*wait/stay*)**

An cuimhin leat na rialacha a bhaineann leis an aimsir chaite? Féach ar an leathanach thall agus scríobh na rialacha i do chóipleabhar.

Spórt agus spraoi sa rang!

Téigh timpeall an ranga go tapa agus faigh amach an bhfuil na briathra thuas ar eolas ag na daltaí eile.

Ceacht le déanamh anois

Léigh na habairtí samplacha thíos agus ansin cum abairtí leis na briathra thuas. Scríobh na habairtí ar an gclár bán sa seomra ranga.

1 **Cheannaigh sé** dhá thicéad do cheolchoirm 5 Seconds of Summer inné.

2 **Chríochnaigh sí** a cuid obair bhaile go luath agus thosaigh sí ag féachaint ar an teilifís.

3 **Shleamhnaigh sí** ar an urlár fliuch agus ghortaigh sí a cos.

4 **Chabhraigh sé** leis an múinteoir na cóipleabhar a bhailiú.

brostaigh (*hurry*)	ullmhaigh (*prepare*)	críochnaigh (*finish*)
bhrostaigh mé	**d'**ullmhaigh mé	**ch**ríochnaigh mé
bhrostaigh tú	**d'**ullmhaigh tú	**ch**ríochnaigh tú
bhrostaigh sé/sí	**d'**ullmhaigh sé/sí	**ch**ríochnaigh sé/sí
bhrost**aíomar**	**d'**ullmh**aíomar**	**ch**ríochn**aíomar**
bhrostaigh sibh	**d'**ullmhaigh sibh	**ch**ríochnaigh sibh
bhrostaigh siad	**d'**ullmhaigh siad	**ch**ríochnaigh siad
níor (bhrostaigh) mé	**níor** (ullmhaigh) mé	**níor** (chríochnaigh) mé
ar (bhrostaigh) mé?	**ar** (ullmhaigh) mé?	**ar** (chríochnaigh) mé?

Scríbhneoireacht

Scríobh amach na briathra thuas i do chóipleabhar. Scríobh abairtí leis na briathra ar an gclár bán sa seomra ranga.

Éist agus scríobh

Éist leis an múinteoir ag léamh an ailt thíos os ard sa rang agus scríobh i do chóipleabhar é. Ceartaigh an t-alt ansin.

66

D'ullmhaigh mé mo lón agus **bhrostaigh mé** ar scoil. **Bhí** scrúdú Gaeilge agam. **Thosaigh** an scrúdú ar a naoi a chlog. Nuair a **chríochnaigh mé** an scrúdú, **chabhraigh mé** leis an múinteoir na cóipleabhair a bhailiú. **Cheartaigh** an múinteoir an scrúdú agus **bhrostaigh mé** abhaile an lá sin mar **bhí** áthas an domhain orm.

99

Ceacht le déanamh anois

Líon na bearnaí thíos leis an bhfoirm cheart den bhriathar.

1 (*Níor tosaigh*) _____ an cluiche in am agus bhí mé déanach don bhus.

2 (*Ar críochnaigh tú*) _____ do chuid obair bhaile ar a hocht a chlog?

3 (*Sleamhnaigh*) _____ mo chara ar an mbóthar fliuch agus ghortaigh sí a cos.

4 (*Brostaigh sinn*) _____ ar scoil mar bhíomar déanach.

5 (*Ar ullmhaigh tú*) _____ do lón ar maidin?

6 (*Cónaigh sinn*) _____ i mBré agus bhogamar go Maigh Eo anuraidh.

An dara réimniú – briathra caola

Críochnaíonn na briathra thíos ar 'igh'. Cuir líne faoin 'igh' i ngach briathar.

aistrigh...............*translate*	bailigh...............*collect*	ceistigh ....*question*
cóirigh ....*arrange*	cuidigh...............*help*	deisigh...............*fix*
dúisigh...............*wake*	éirigh...............*get up*	foilsigh ....*publish*
imigh ....*go*	impigh ....*beg*	oibrigh.............*work*

Obair bhaile

Scríobh amach na briathra thuas i do chóipleabhar. Ansin pioc cúig bhriathar ón liosta agus scríobh na briathra san aimsir chaite i do chóipleabhar. Féach ar na samplaí ar an leathanach thall.

Spórt agus spraoi sa rang!

Téigh timpeall an ranga go tapa agus faigh amach an bhfuil na briathra thuas ar eolas ag na daltaí eile.

Ceacht le déanamh anois

Léigh na habairtí samplacha thíos agus ansin cum abairtí leis na briathra thuas. Scríobh na habairtí ar an gclár bán sa seomra ranga.

1 **Dheisigh** mo dhaid mo rothar agus rothaigh mé ar scoil.
2 **Chuidigh mé** le mo chara a sheomra leapa a ghlanadh.
3 **Bhailigh mé** an t-airgead don turas scoile.
4 **D'éirigh sí** go luath agus **chóirigh sí** a leaba.

Féinfhoghlaim

Téigh ar shuíomh idirlín www.teanglann.ie nó féach san fhoclóir agus aimsigh briathra caola le níos mó ná siolla amháin. Déan liosta i do chóipleabhar agus ansin scríobh an liosta ar an gclár bán sa seomra ranga.

ceistigh (*question*)	éirigh (*get up*)	imigh (*go*)
cheistigh mé	**d'**éirigh mé	**d'**imigh mé
cheistigh tú	**d'**éirigh tú	**d'**imigh tú
cheistigh sé/sí	**d'**éirigh sé/sí	**d'**imigh sé/sí
cheist**íomar**	**d'**éir**íomar**	**d'**im**íomar**
cheistigh sibh	**d'**éirigh sibh	**d'**imigh sibh
cheistigh siad	**d'**éirigh siad	**d'**imigh siad
níor (cheistigh) mé	**níor** (éirigh) mé	**níor** (imigh) mé
ar (cheistigh) mé?	**ar** (éirigh) mé?	**ar** (imigh) mé?

Scríbhneoireacht

Scríobh amach na briathra thuas i do chóipleabhar. Scríobh abairtí leis na briathra ar an gclár bán sa seomra ranga.

Éist agus scríobh

Pioc amach na briathra san aimsir chaite san alt thíos. Ansin éist leis an múinteoir ag léamh an ailt thíos os ard sa rang agus scríobh i do chóipleabhar é. Ceartaigh an t-alt ansin.

Dhúisigh mo chara ar a seacht a chlog ar maidin. D'éirigh sí go tapa agus chóirigh sí a leaba. Ansin bhailigh sí a cuid leabhar scoile. Ar a hocht a chlog chuidigh sí lena deartháir óg a lón a ullmhú agus dhúisigh sí a deirfiúr óg. D'imigh sí ar scoil ar leathuair tar éis a hocht.

Ceacht le déanamh anois

Líon na bearnaí thíos leis an bhfoirm cheart den bhriathar.

1 (*Deisigh*) _____ mo dhaid mo rothar Dé Sathairn seo caite.

2 (*Níor cóirigh Seán*) _____ a leaba ar maidin.

3 (*Ar dúisigh tú*) _____ ar a seacht a chlog ar maidin?

4 (*Aistrigh*) _____ an múinteoir an cheist di sa rang Fraincise.

5 (*Oibrigh*) _____ Úna go dian san ollmhargadh Dé Sathairn seo caite.

An dara réimniú – briathra a chríochnaíonn le 'il', 'in', 'ir', 'is'

ceangail............*tie*	codail................*sleep*	oscail ....*open*
eitil....................*fly*	cosain ....*defend*	taitin..................*enjoy*
bagair ....*threaten*	freagair.............*answer*	labhair.............*speak*
iompair.............*carry*	imir....................*play*	inis ....*tell*

Obair bhaile

Scríobh amach na briathra thuas i do chóipleabhar. Ansin pioc cúig bhriathar ón liosta agus scríobh na briathra san aimsir chaite i do chóipleabhar. Féach ar na samplaí ar an leathanach thall.

Spórt agus spraoi sa rang!

Téigh timpeall an ranga go tapa agus faigh amach an bhfuil na briathra thuas ar eolas ag na daltaí eile.

Ceacht le déanamh anois

Léigh na habairtí samplacha thíos agus ansin cum abairtí leis na briathra thuas. Scríobh na habairtí ar an gclár bán sa seomra ranga.

1 **D'fhreagair mé** an cheist sa rang eolaíochta agus bhí áthas orm.

2 **D'oscail** an múinteoir an fhuinneog mar bhí an seomra róthe.

3 **Thaitin** an scannán go mór leis na páistí.

4 **Chodail** mo mhadra os comhair na tine aréir.

Féinfhoghlaim

Téigh ar shuíomh idirlín www.teanglann.ie nó féach san fhoclóir agus aimsigh briathra caola le níos mó ná siolla amháin. Déan liosta i do chóipleabhar agus ansin scríobh an liosta ar an gclár bán sa seomra ranga.

Scríbhneoireacht

Scríobh amach na briathra thíos i do chóipleabhar. Scríobh abairtí leis na briathra ar an gclár bán sa seomra ranga.

codail (*sleep*)	imir (*play*)	oscail (*open*)
chodail mé	d'imir mé	d'oscail mé
chodail tú	d'imir tú	d'oscail tú
chodail sé/sí	d'imir sé/sí	d'oscail sé/sí
chodlaíomar	d'imríomar	d'osclaíomar
chodail sibh	d'imir sibh	d'oscail sibh
chodail siad	d'imir siad	d'oscail siad
níor chodail mé	níor imir mé	níor oscail mé
ar chodail mé?	ar imir mé?	ar oscail mé?

Obair bhaile

Scríobh freagraí na gceisteanna thíos i do chóipleabhar.

1 Ar imir tú cluiche peile ar fhoireann na scoile riamh?

2 Ar labhair tú leis an bpríomhoide riamh?

3 Ar chodail tú sa seomra ranga riamh?

Ceachtanna le déanamh anois

Líon na bearnaí thíos. Cabhróidh na focail atá sa bhosca leat.

1 _____ an dalta a lán ceisteanna sa rang Gaeilge inné.

2 _____ i dteach álainn sa Ghaeltacht.

3 _____ mé doras na cistine agus chonaic mé gadaí sa teach.

4 _____ mo dheartháir cluiche iománaíochta inné.

chodlaíomar
d'fhreagair
d'imir
d'oscail

Líon na bearnaí thíos leis an bhfoirm cheart den bhriathar.

1 (*Taitin*) _____ an cluiche go mór le mo thuismitheoirí.

2 (*Níor freagair*) _____ mo chara a fón agus bhí fearg orm léi.

3 (*Níor imir sí*) _____ peil ar fhoireann na scoile.

4 (*Ar codail tú*) _____ ar an mbus scoile riamh?

5 (*Oscail*) _____ Liam a mhála scoile agus chonaic sé luichín.

237

An dara réimniú – briathra eile le níos mó ná siolla amháin

foghlaim (*learn*)	tarraing (*pull*)	tuirling (*alight*)
d'fhoghlaim mé	**th**arraing mé	**th**uirling mé
d'fhoghlaim tú	**th**arraing tú	**th**uirling tú
d'fhoghlaim sé/sí	**th**arraing sé/sí	**th**uirling sé/sí
d'fhoghlaim**íomar**	**th**arraing**íomar**	**th**uirling**íomar**
d'fhoghlaim sibh	**th**arraing sibh	**th**uirling sibh
d'fhoghlaim siad	**th**arraing siad	**th**uirling siad
níor (fhoghlaim) mé	**níor** (tharraing) mé	**níor** (thuirling) mé
ar (fhoghlaim) mé?	**ar** (tharraing) mé?	**ar** (thuirling) mé?

Ceachtanna le déanamh anois

Léigh na habairtí samplacha thíos agus ansin cum abairtí leis na briathra thuas. Scríobh na habairtí ar an gclár bán sa seomra ranga.

> 1 **D'fhoghlaim mé** a lán amhrán sa Ghaeltacht anuraidh.
>
> 2 **Thuirling** an t-eitleán ag an aerfort sa Fhrainc ar maidin.
>
> 3 **Tharraing** an fear an madra ón abhainn inné.

Scríobh amach na briathra sa chéad phearsa, uimhir iolra.

d'fhoghlaim mé	
tharraing mé	
thuirling mé	

Líon na bearnaí thíos leis an bhfoirm cheart den bhriathar.

> 1 (*Foghlaim mé*) _____ scileanna nua ar an bpáirc imeartha inné.
>
> 2 (*Tarraing*) _____ an buachaill cailín óg ón abhainn aréir.
>
> 3 (*Tuirling*) _____ an t-eitleán ag aerfort Bhaile Átha Cliath ar maidin.
>
> 4 (*Ar foghlaim tú*) _____ ceacht nuair a thóg an príomhoide d'fhón póca inné?
>
> 5 (*Tuirling sinn*) _____ den bhus agus chuamar ag siopadóireacht.

Briathra neamhrialta 1

bí (*be*)

bhí mé	ní raibh mé	an raibh mé?
bhí tú	ní raibh tú	an raibh tú?
bhí sé/sí	ní raibh sé/sí	an raibh sé/sí?
bhíomar	ní rabhamar	an rabhamar?
bhí sibh	ní raibh sibh	an raibh sibh?
bhí siad	ní raibh siad	an raibh siad?

téigh (*go*)

chuaigh mé	ní dheachaigh mé	an ndeachaigh mé?
chuaigh tú	ní dheachaigh tú	an ndeachaigh tú?
chuaigh sé/sí	ní dheachaigh sé/sí	an ndeachaigh sé/sí?
chuamar	ní dheachamar	an ndeachamar?
chuaigh sibh	ní dheachaigh sibh	an ndeachaigh sibh?
chuaigh siad	ní dheachaigh siad	an ndeachaigh siad?

feic (*see*)

chonaic mé	ní fhaca mé	an bhfaca mé?
chonaic tú	ní fhaca tú	an bhfaca tú?
chonaic sé/sí	ní fhaca sé/sí	an bhfaca sé/sí?
chonaiceamar	ní fhacamar	an bhfacamar?
chonaic sibh	ní fhaca sibh	an bhfaca sibh?
chonaic siad	ní fhaca siad	an bhfaca siad?

Ceachtanna le déanamh anois

Líon na bearnaí thíos leis an bhfoirm cheart den bhriathar.

1 (*Téigh mé*) _____ go dtí an siopa agus cheannaigh mé ceapaire.
2 (*Feic sé*) _____ a chara ag stad an bhus.
3 (*An téigh tú*) _____ chuig an bpictiúrlann Dé Sathairn seo caite?
4 (*Bí sinn*) _____ i dtrioblóid sa rang inné mar nach raibh ár gcuid obair bhaile déanta againn.
5 (*Ní feic sinn*) _____ an cluiche rugbaí ar an teilifís aréir.

Scríobh amach na briathra sa chéad phearsa, uimhir iolra.

bhí mé		chuaigh mé		chonaic mé	

Éist agus scríobh

Pioc amach na briathra san aimsir chaite san alt thíos. Ansin éist leis an múinteoir ag léamh an ailt thíos os ard sa rang agus scríobh i do chóipleabhar é. Ceartaigh an t-alt ansin.

"

Bhí mé ag an bpictiúrlann aréir le mo chara Jeaic. Chonaiceamar scannán le Ryan Reynolds. Bhí an scannán go hiontach. Ní raibh aon ghrán rósta againn. Ní fhacamar ár gcairde sa phictiúrlann. Chuamar abhaile ar a deich a chlog. Bhíomar an-tuirseach.

"

Briathra neamhrialta 2

déan (*do/make*)

rinne mé	ní dhearna mé	an ndearna mé?
rinne tú	ní dhearna tú	an ndearna tú?
rinne sé/sí	ní dhearna sé/sí	an ndearna sé/sí?
rinneamar	ní dhearnamar	an ndearnamar?
rinne sibh	ní dhearna sibh	an ndearna sibh?
rinne siad	ní dhearna siad	an ndearna siad?

abair (*say*)

dúirt mé	ní dúirt mé	an ndúirt mé?
dúirt tú	ní dúirt tú	an ndúirt tú?
dúirt sé/sí	ní dúirt sé/sí	an ndúirt sé/sí?
dúramar	ní dúramar	an ndúramar?
dúirt sibh	ní dúirt sibh	an ndúirt sibh?
dúirt siad	ní dúirt siad	an ndúirt siad?

faigh (*get*)

fuair mé	ní bhfuair mé	an bhfuair mé?
fuair tú	ní bhfuair tú	an bhfuair tú?
fuair sé/sí	ní bhfuair sé/sí	an bhfuair sé/sí?
fuaireamar	ní bhfuaireamar	an bhfuaireamar?
fuair sibh	ní bhfuair sibh	an bhfuair sibh?
fuair siad	ní bhfuair siad	an bhfuair siad?

Ceachtanna le déanamh anois

Líon na bearnaí thíos leis an bhfoirm cheart den bhriathar.

1 (*Ní faigh mé*) _____ a lán obair bhaile ar scoil inné.

2 (*Abair mo mham*) _____ go raibh cead agam bualadh le mo chara.

3 (*Fuair sinn*) _____ ticéid do chluiche peile.

4 (*Faigh mé*) _____ airgead ó mo thuismitheoirí.

5 (*Déan mo chara*) _____ dearmad glao a chur ar a tuismitheoirí.

Líon na bearnaí sa tábla thíos leis na briathra sa chéad phearsa, uimhir iolra.

fuair mé	
dúirt mé	
rinne mé	

Líon na bearnaí thíos. Cabhróidh na focail atá sa bhosca leat.

1 An _____ tú do chuid obair bhaile go luath inné?

2 _____ airgead ó mo dhaid agus ní dheachaigh mé ag siopadóireacht.

3 _____ mo dheirfiúr a lán cairde nua sa Ghaeltacht anuraidh.

4 _____ leis an múinteoir go ndearna tú dearmad ar do leabhar Béarla?

5 _____ leathlá ar scoil mar bhuamar an cluiche cispheile.

> an ndúirt tú   fuaireamar   ndearna   ní bhfuair mé   rinne

Briathra neamhrialta 3

tar (*come*)

tháinig mé	níor tháinig mé	ar tháinig mé?
tháinig tú	níor tháinig tú	ar tháinig tú?
tháinig sé/sí	níor tháinig sé/sí	ar tháinig sé/sí?
thángamar	níor thángamar	ar thángamar?
tháinig sibh	níor tháinig sibh	ar tháinig sibh?
tháinig siad	níor tháinig siad	ar tháinig siad?

clois (*hear*)

chuala mé	níor chuala mé	ar chuala mé?
chuala tú	níor chuala tú	ar chuala tú?
chuala sé/sí	níor chuala sé/sí	ar chuala sé/sí?
chualamar	níor chualamar	ar chualamar?
chuala sibh	níor chuala sibh	ar chuala sibh?
chuala siad	níor chuala siad	ar chuala siad?

ith (*eat*)

d'ith mé	níor ith mé	ar ith mé?
d'ith tú	níor ith tú	ar ith tú?
d'ith sé/sí	níor ith sé/sí	ar ith sé/sí?
d'itheamar	níor itheamar	ar itheamar?
d'ith sibh	níor ith sibh	ar ith sibh?
d'ith siad	níor ith siad	ar ith siad?

Ceachtanna le déanamh anois

Líon na bearnaí thíos leis an bhfoirm cheart den bhriathar.

1 (*Ith sinn*) _____ ár lón sa seomra ranga inné.

2 (*Ar clois sibh*) _____ go mbeadh an taoiseach ag teacht chuig an scoil ar cuairt?

3 (*Tar siad*) _____ abhaile ón dioscó agus bhí tuirse an domhain orthu.

4 (*Ní ith sí*) _____ píotsa don dinnéar mar bhí sí tinn.

5 (*Ar tar*) _____ d'aintín abhaile ó Mheiriceá an samhradh seo caite?

Líon na bearnaí sa tábla thíos leis na briathra sa chéad phearsa, uimhir iolra.

d'ith mé	
tháinig mé	
chuala mé	

Éist agus scríobh

Pioc amach na briathra san aimsir chaite san alt thíos. Ansin éist leis an múinteoir ag léamh an ailt thíos os ard sa rang agus scríobh i do chóipleabhar é. Ceartaigh an t-alt ansin.

Tháinig mé abhaile ón nGaeltacht Dé Sathairn seo caite. Tháinig mo chara Leo abhaile in éineacht liom. Bhí saoire iontach againn ach bhí ocras an domhain orainn. D'ith mé burgar agus sceallóga ach níor ith Leo burgar. D'ith Leo píotsa. Tháinig mo dhaid chuig an stáisiún chun síob a thabhairt dúinn. Chuala mé mo dhaid ag caint le mo dhearthair ar an bhfón. Bhí mo dhearthair sa ghairdín ag imirt peile.

Briathra neamhrialta 4

beir (*catch*)

rug mé	níor rug mé	ar rug mé?
rug tú	níor rug tú	ar rug tú?
rug sé/sí	níor rug sé/sí	ar rug sé/sí?
rugamar	níor rugamar	ar rugamar?
rug sibh	níor rug sibh	ar rug sibh?
rug siad	níor rug siad	ar rug siad?

tabhair (*give/bring*)

thug mé	níor thug mé	ar thug mé?
thug tú	níor thug tú	ar thug tú?
thug sé/sí	níor thug sé/sí	ar thug sé/sí?
thugamar	níor thugamar	ar thugamar?
thug sibh	níor thug sibh	ar thug sibh?
thug siad	níor thug siad	ar thug siad?

Ceachtanna le déanamh anois

Líon na bearnaí thíos leis an bhfoirm cheart den bhriathar.

1 (*Beir mé*) _____ ar an liathróid agus scóráil mé cúl.

2 (*Tabhair sé*) _____ bronntanas dá chara dá bhreithlá.

3 (*Ar tabhair tú*) _____ do chóipleabhar don mhúinteoir ag deireadh an ranga?

4 (*Ar beir*) _____ na gardaí ar an ngadaí nuair a rith sé amach ón siopa?

5 (*Níor tabhair mé*) _____ bronntanas do mo dheartháir dá bhreithlá.

Scríobh amach na briathra sa chéad phearsa, uimhir iolra.

rug mé	
thug mé	
níor rug mé	
níor thug mé	
ar rug mé?	
ar thug mé?	

Críochnaigh na habairtí thíos i do chóipleabhar.

1 Thug mé …

2 Rug mé …

Dul siar ar na briathra neamhrialta

Ceachtanna le déanamh anois

Líon na bearnaí thíos leis an bhfoirm cheart den bhriathar.

1 (*Téigh mé*) _____ go dtí an siopa agus cheannaigh mé seacláid.

2 (*Clois sí*) _____ an clog agus léim sí as an leaba.

3 (*Beir sé*) _____ ar an liathróid agus chaith sé i dtreo an chiseáin í.

4 (*Tar sinn*) _____ abhaile agus d'ullmhaíomar an lón.

5 (*Tabhair*) _____ an múinteoir a lán obair bhaile don rang.

Líon na bearnaí thíos. Cabhróidh na focail atá sa bhosca leat.

1 _____ sé an gadaí agus chuir sé glao ar na gardaí.

2 _____ mo dhinnéar mar bhí mé tinn.

3 _____ an buachaill rothar nua dá bhreithlá an tseachtain seo caite.

4 _____ na buachaillí chuig an rang agus bhí fearg ar an múinteoir.

5 _____ do bhricfeasta ar maidin?

ar ith tú   chonaic   fuair   ní dheachaigh   níor ith mé

Líon na bearnaí thíos leis an bhfoirm cheart den bhriathar.

1 (*Abair mé*) _____ leis an bpríomhoide go
raibh brón orm go raibh mé déanach don scoil.

2 (*Faigh mé*) _____ culaith shnámha nua do
mo chuid laethanta saoire inniu.

3 (*Feic mé*) _____ mo chara ag stad an bhus
agus thug mo mham síob di.

4 (*Ith sinn*) _____ sceallóga agus burgair don dinnéar inné.

5 (*Tabhair*) _____ an dochtúir oideas don bhuachaill.

Líon na bearnaí thíos. Cabhróidh na focail atá sa bhosca leat.

1 _____ mé abhaile ón nGaeltacht agus chuir mé glao ar
mo chairde.

2 _____ mé ar an raidió go mbeadh Justin Bieber ag
teacht go hÉirinn.

3 _____ cóisir mhór agam do mo bhreithlá anuraidh.

4 _____ sé an múinteoir ag teacht agus rith sé isteach sa
seomra ranga.

5 _____ leathlá ón bpríomhoide nuair a bhuamar an
cluiche peile.

bhí   chonaic   chuala   fuaireamar   tháinig

An aimsir láithreach

Úsáideann tú an aimsir láithreach nuair atá tú ag caint faoi rudaí atá ag tarlú anois nó faoi rudaí a tharlaíonn go minic. Féach ar na samplaí thíos:

Samplaí

Éiríonn tú as an leaba **gach lá**.

Itheann tú dinnéar **gach tráthnóna**.

Déanann tú obair bhaile **gach oíche**.

Fágann tú an teach **gach maidin**.

Téann tú ar saoire **gach samhradh**.

Téann tú amach le do chairde **gach seachtain**.

gach lá	*every day*	gach tráthnóna	*every evening*
gach oíche	*every night*	gach seachtain	*every week*
gach Aoine	*every Friday*	gach samhradh	*every summer*

Labhair amach › Ciorcal oibre

Freagair na ceisteanna os ard sa rang. Roghnaigh an freagra ceart.

1 An éiríonn tú ar a hocht a chlog gach maidin?	Éirím	Ní éirím
2 An itheann tú ceapaire gach lá ar scoil?	Ithim	Ní ithim
3 An dtéann tú chuig dioscó gach seachtain?	Téim	Ní théim

Cum ceisteanna breise agus scríobh na ceisteanna ar an gclár bán sa seomra ranga.

An chéad réimniú – briathra leathana

fág	*leave*	fás	*grow*	can	*sing*
cas	*turn*	fan	*stay*	féach	*watch*
geall	*promise*	gearr	*cut*	glan	*clean*
iarr	*ask*	meas	*think*	ól	*drink*
pós	*marry*	tóg	*take*	cíor	*comb*
díol	*sell*	íoc	*pay*	líon	*fill*
scríobh	*write*	scrios	*destroy*	dún	*close*

Cuir líne faoin nguta leathan sna briathra thuas.

Spórt agus spraoi sa rang!

Téigh timpeall an ranga go tapa agus faigh amach an bhfuil na briathra thuas ar eolas ag na daltaí eile. Imir cluiche searáidí leis na briathra thuas.

díol (*sell*)	féach (*watch*)	ól (*drink*)
díol**aim**	féach**aim**	ól**aim**
díol**ann** tú	féach**ann** tú	ól**ann** tú
díol**ann** sé/sí	féach**ann** sé/sí	ól**ann** sé/sí
díol**aimid**	féach**aimid**	ól**aimid**
díol**ann** sibh	féach**ann** sibh	ól**ann** sibh
díol**ann** siad	féach**ann** siad	ól**ann** siad

Riail le foghlaim – an fhoirm dhiúltach

ní + séimhiú (ach amháin na gutaí)

ní dhíolaim   **ní** fhéachaim   **ní** ólaim

Riail le foghlaim – an fhoirm cheisteach

an + urú (ach amháin na gutaí)

an ndíolaim?   **an** bhféachaim?   **an** ólaim?

Obair bhaile

Scríobh amach na briathra thuas i do chóipleabhar. Cum abairtí leis na briathra. Scríobh na habairtí ar an gclár bán. Ansin pioc cúig bhriathar ón liosta ar an leathanach thall agus scríobh na briathra san aimsir láithreach i do chóipleabhar. Léigh na habairtí samplacha thíos.

Samplaí

Féachaim ar an teilifís gach lá nuair a thagaim abhaile ón scoil.

Díolann an fear nuachtáin sa siopa gach maidin.

Fásann bláthanna sa ghairdín san earrach.

Labhair amach > Ciorcal oibre

Freagair na ceisteanna os ard sa rang. Roghnaigh an freagra ceart thíos.

1 **An bhfásann** bláthanna áille i do ghairdín?   Fásann   Ní fhásann

2 **An bhféachann** tú ar chluiche peile ar an teilifís
   gach Satharn?   Féachaim   Ní fhéachaim

3 **An ndíolann** siopa na scoile uachtar reoite?   Díolann   Ní dhíolann

Ceachtanna le déanamh anois

Líon na bearnaí thíos leis an bhfoirm cheart den bhriathar.

1 (*Íoc sí*) _____ as an mbus scoile gach maidin.

2 (*Cíor mé*) _____ mo chuid gruaige gach lá.

3 (*Ní féach mé*) _____ ar an teilifís gach lá tar éis scoile.

4 (*An fág tú*) _____ an teach ar a hocht gach maidin?

5 (*Ní glan sé*) _____ a sheomra leapa gach Satharn.

Líon na bearnaí thíos. Cabhróidh na focail atá sa bhosca leat.

1 _____ bláthanna deasa i ngairdín na scoile sa gheimhridh.

2 _____ ar an teilifís gach Satharn?

3 _____ an fear milseáin sa siopa gach lá.

4 Sa siopa nuachtán ní _____ siad bróga reatha ná éadaí spóirt.

5 _____ mo dhaid ar chluiche peile ar an teilifís gach Céadaoin.

> **an bhféachann tú   dhíolann   díolann   féachann   ní fhásann**

Líon na bearnaí thíos leis an bhfoirm cheart den bhriathar.

1 (*Ní dún sí*) _____ an fhuinneog ina seomra leapa gach oíche.

2 (*Ól sé*) _____ cupán caife gach maidin.

3 (*An scuab tú*) _____ urlár na cistine tar éis an dinnéir?

4 (*Ní can mé*) _____ i gcór na scoile gach seachtain.

5 (*Scuab sé*) _____ urlár na cistine tar éis an dinnéir gach lá.

Féach ar na samplaí ar leathanach 247. Scríobh amach na briathra thíos san aimsir láithreach i do chóipleabhar.

tóg	cas	fan

An chéad réimniú – briathra caola

Críochnaíonn na briathra thíos ar chonsan caol. Cuir líne faoin nguta caol i ngach briathar.

béic ....shout	bris ....break	buail................hit
caill ....lose	caith...............spend/throw	cuir.................put
éist ....listen	fill ....return	goid................steal
léim................jump	múin...............teach	rith.................run
séid ....blow	teip.................fail	troid...............fight
tuig ....understand	tuill.................earn	úsáid...............use

Spórt agus spraoi sa rang!

Téigh timpeall an ranga go tapa agus faigh amach an bhfuil na briathra thuas ar eolas ag na daltaí eile.

Ceacht le déanamh anois

Léigh na habairtí samplacha thíos agus ansin cum abairtí leis na briathra thuas. Scríobh na habairtí ar an gclár bán sa seomra ranga.

1 **Buailim** le mo chara sa bhaile mór gach Satharn.
2 **Cuireann sí** a cuid leabhar scoile ina mála scoile gach maidin.
3 **Séideann** an ghaoth i rith an fhómhair.

Féinfhoghlaim

Téigh ar shuíomh idirlín www.teanglann.ie nó féach san fhoclóir agus aimsigh briathra caola le siolla amháin. Déan liosta i do chóipleabhar agus ansin scríobh an liosta ar an gclár bán sa seomra ranga.

Spórt agus spraoi sa rang!

Imir cluiche searáidí sa rang leis na briathra thuas.

rith (*run*)	caill (*lose*)	múin (*teach*)
rith**im**	caill**im**	múin**im**
rith**eann** tú	caill**eann** tú	múin**eann** tú
rith**eann** sé/sí	caill**eann** sé/sí	múin**eann** sé/sí
rith**imid**	caill**imid**	múin**imid**
rith**eann** sibh	caill**eann** sibh	múin**eann** sibh
rith**eann** siad	caill**eann** siad	múin**eann** siad
ní (rith**im**)	**ní** (chaill**im**)	**ní** (mhúin**im**)
an (rith**im?**)	**an** (gcaill**im?**)	**an** (múin**im?**)

Obair bhaile

Scríobh amach na briathra thuas i do chóipleabhar. Ansin pioc cúig bhriathar ón tábla ar leathanach 249 agus scríobh na briathra san aimsir láithreach i do chóipleabhar.

Éist agus scríobh

Éist leis an múinteoir ag léamh an ailt thíos os ard sa rang agus scríobh i do chóipleabhar é. Ceartaigh an t-alt ansin.

66

Is múinteoir í mo mham. **Ní mhúineann sí** ar an Satharn. Ar a deich a chlog **ritheann** mo mham isteach i mo sheomra leapa le cupán tae. **Léimim** as an leaba agus **cuirim** glao fóin ar mo chara. **Buailim** le mo chara ag am lóin. **Caithim** an lá ag siopadóireacht. **Ní chaithim** a lán airgid ag siopadóireacht. **Bíonn** lá deas agam.

99

Ceacht le déanamh anois

Líon na bearnaí thíos leis an bhfoirm cheart den bhriathar.

1 (*Troid siad*) _____ i gclós na scoile gach lá.

2 (*An fill*) _____ d'aintín abhaile ó Mheiriceá gach samhradh?

3 (*An úsáid*) _____ na daltaí an leabharlann scoile ag am lóin?

4 (*Rith mé*) _____ chuig stad an bhus gach maidin.

5 (*Ní éist sí*) _____ leis an raidió sa charr gach maidin.

An chéad réimniú – briathra a chríochnaíonn le 'igh'

suigh (*sit*)	nigh (*wash*)
su**ím**	n**ím**
su**íonn** tú	n**íonn** tú
su**íonn** sé/sí	n**íonn** sé/sí
su**imid**	n**ímid**
su**íonn** sibh	n**íonn** sibh
su**íonn** siad	n**íonn** siad
ní (shu**ím**)	ní (n**ím**)
an (su**ím?**)	an (n**ím?**)

Scríbhneoireacht

Scríobh amach na briathra thuas i do chóipleabhar. Scríobh abairtí leis na briathra agus glaoigh amach na habairtí os ard sa rang.

Ceacht le déanamh anois

Líon na bearnaí thíos leis an bhfoirm cheart den bhriathar.

1 (*Nigh sé*) _____ a lámha roimh an dinnéar gach lá.
2 (*Ní suigh*) _____ an príomhoide ina hoifig gach lá.
3 (*An nigh tú*) _____ d'éide scoile gach deireadh seachtaine?
4 (*Ní nigh mé*) _____ urlár na cistine gach lá.
5 (*Suigh sé*) _____ sa seomra suí agus féachann sé ar an teilifís.

Labhair amach > Ciorcal oibre

Pléigh na ceisteanna thíos os ard sa rang. Scríobh freagraí na gceisteanna thíos.

1 **An suíonn tú** ag barr an ranga sa rang Gaeilge?
2 **An níonn** do thuismitheoirí an carr gach seachtain?
3 **An suíonn tú** sa seomra suí gach oíche?
4 **An níonn tú** do chuid fiacla gach maidin?
5 **An suíonn** an chlann le chéile don dinnéar gach lá?

Cum ceisteanna breise ag úsáid na mbriathra thuas. Scríobh na ceisteanna ar an gclár bán. Freagair na ceisteanna i do chóipleabhar.

léigh (*read*)	glaoigh (*call*)	buaigh (*win*)
léim	glaoim	buaim
léann tú	glaonn tú	buann tú
léann sé/sí	glaonn sé/sí	buann sé/sí
léimid	glaoimid	buaimid
léann sibh	glaonn sibh	buann sibh
léann siad	glaonn siad	buann siad
ní (léim)	ní (ghlaoim)	ní (bhuaim)
an (léim?)	an (nglaoim?)	an (mbuaim?)

Scríbhneoireacht

Scríobh amach na briathra thuas i do chóipleabhar. Scríobh abairtí leis na briathra agus glaoigh amach na habairtí os ard sa rang.

léigh..............................*read*	pléigh..............................*discuss*
glaoigh ....*call*	luaigh..............................*mention*

Ceacht le déanamh anois

Líon na bearnaí thíos leis an bhfoirm cheart den bhriathar.

1 (*Léigh sí*) _____ an páipéar nuachta gach maidin.

2 (*Buaigh*) _____ mo dheirfiúr an comórtas aistí gach bliain.

3 (*Pléigh*) _____ an múinteoir Béarla an dán sa rang gach lá.

4 (*An léigh tú*) _____ dráma sa rang Béarla gach bliain?

Éist agus scríobh

Éist leis an múinteoir ag léamh an ailt thíos os ard sa rang agus scríobh i do chóipleabhar é. Ceartaigh an t-alt ansin.

Riail le foghlaim

nuair a + séimhiú

66

Bíonn áthas orainn go léir nuair **a bhuann** an fhoireann peile cluiche mór. **Glaonn** an múinteoir corpoideachais orainn agus **léann sí** litir ón bpríomhoide. Ansin **pléimid** an cluiche le chéile. **Glaoimid** ar ár dtuismitheoirí ansin. **Ní bhuann** an fhoireann cluiche mór go minic.

99

An dara réimniú – briathra leathana

aontaigh	*agree*	brostaigh	*hurry*	cabhraigh	*help*
ceannaigh	*buy*	ceartaigh	*correct*	cónaigh	*live*
críochnaigh	*finish*	diúltaigh	*refuse*	fiosraigh	*investigate*
gortaigh	*injure*	scanraigh	*frighten*	scrúdaigh	*examine*
sleamhnaigh	*slip*	tosaigh	*start*	ullmhaigh	*prepare*

Spórt agus spraoi sa rang!

Téigh timpeall an ranga go tapa agus faigh amach an bhfuil na briathra thuas ar eolas ag na daltaí eile.

Ceacht le déanamh anois

Léigh na habairtí samplacha thíos agus ansin cum abairtí leis na briathra thuas. Scríobh na habairtí ar an gclár bán sa seomra ranga.

1 **Gortaíonn** mo dheirfiúr a cos ar an bpáirc peile gach seachtain.

2 **Brostaíonn** mo chara isteach sa rang gach maidin ach fós bíonn sí déanach.

3 **Ceannaím** mo lón sa siopa gach maidin.

4 **Cónaíonn** m'uncail i dteach mór galánta.

Féinfhoghlaim

Téigh ar shuíomh idirlín www.teanglann.ie nó féach san fhoclóir agus aimsigh briathra leathana le níos mó ná siolla amháin. Déan liosta i do chóipleabhar agus ansin scríobh an liosta ar an gclár bán sa seomra ranga.

Spórt agus spraoi sa rang!

Imir cluiche searáidí leis na briathra thuas sa rang.

cónaigh (*live*)	ullmhaigh (*prepare*)	ceartaigh (*correct*)
cón**aím**	ullmh**aím**	ceart**aím**
cón**aíonn** tú	ullmh**aíonn** tú	ceart**aíonn** tú
cón**aíonn** sé/sí	ullmh**aíonn** sé/sí	ceart**aíonn** sé/sí
cón**aímid**	ullmh**aímid**	ceart**aímid**
cón**aíonn** sibh	ullmh**aíonn** sibh	ceart**aíonn** sibh
cón**aíonn** siad	ullmh**aíonn** siad	ceart**aíonn** siad
ní (chón**aím**)	**ní** (ullmh**aím**)	**ní** (cheart**aím**)
an (gcón**aím?**)	**an** (ullmh**aím?**)	**an** (gceart**aím?**)

Obair bhaile

Scríobh amach na briathra thuas i do chóipleabhar. Scríobh abairtí leis na briathra agus glaoigh amach na habairtí os ard sa rang. Pioc cúig bhriathar ón liosta ar leathanach 253 agus scríobh na briathra san aimsir láithreach i do chóipleabhar.

Éist agus scríobh

Éist leis an múinteoir ag léamh an ailt thíos os ard sa rang agus scríobh i do chóipleabhar é. Ceartaigh an t-alt ansin.

Ní chónaím in aice na scoile. Ar maidin **ullmhaím** mo lón sa chistin agus **brostaím** chuig an siopa ar a hocht a chlog. **Ceannaím** úll agus **ceannaíonn** mo chara ceapaire. **Brostaímid** ar scoil ansin. **Bíonn** scrúdú mata againn gach Luan. **Tosaíonn** an scrúdú ar a deich a chlog. **Críochnaíonn** an scrúdú ar a haon déag. **Ceartaíonn** an múinteoir na scrúduithe.

Ceacht le déanamh anois

Líon na bearnaí thíos leis an bhfoirm cheart den bhriathar.

1 (*Cónaigh sí*) _____ in aice na farraige agus téann sí ag snámh gach lá.

2 (*Cabhraigh mé*) _____ le mo dhaid sa ghairdín gach Satharn.

3 (*Scrúdaigh sé*) _____ an rang gach Luan.

4 (*An gortaigh*) _____ do dheirfiúr a lámh ag imirt cispheile gach Satharn?

5 (*Ní críochnaigh*) _____ an cluiche haca gach Céadaoin ar a haon a chlog.

Féach ar na samplaí sa tábla thuas. Scríobh amach na briathra thíos san aimsir láithreach i do chóipleabhar.

tosaigh	cabhraigh	brostaigh

An dara réimniú – briathra caola

aistrigh .... *translate*	bailigh .... *collect*	ceistigh .... *question*
cóirigh .... *arrange*	cuidigh .... *help*	deisigh .... *fix*
dúisigh .... *wake*	éirigh .... *get up*	foilsigh .... *publish*
imigh .... *go*	impigh .... *beg*	oibrigh .... *work*

Spórt agus spraoi sa rang!

Téigh timpeall an ranga go tapa agus faigh amach an bhfuil na briathra thuas ar eolas ag na daltaí eile.

Ceacht le déanamh anois

Léigh na habairtí samplacha thíos agus ansin cum abairtí leis na briathra thuas. Scríobh na habairtí ar an gclár bán sa seomra ranga.

1 **Éiríonn** mo dheirfiúr go luath ar an Satharn mar bíonn cluiche peile aici.

2 **Ní chóirím** mo leaba ar maidin agus ní bhíonn mo mham róshásta liom.

3 **Ceistíonn** an múinteoir an rang gach lá.

4 **Dúisíonn** mo dheartháir déanach gach maidin.

Féinfhoghlaim

Téigh ar shuíomh idirlín www.teanglann.ie nó féach san fhoclóir agus aimsigh briathra caola le níos mó ná siolla amháin. Déan liosta i do chóipleabhar agus ansin scríobh an liosta ar an gclár bán sa seomra ranga.

Spórt agus spraoi sa rang!

Imir cluiche searáidí leis na briathra thuas sa rang.

oibrigh (*work*)	éirigh (*get up*)	cuidigh (*help*)
oibr**ím**	éir**ím**	cuid**ím**
oibr**íonn** tú	éir**íonn** tú	cuid**íonn** tú
oibr**íonn** sé/sí	éir**íonn** sé/sí	cuid**íonn** sé/sí
oibr**ímid**	éir**ímid**	cuid**ímid**
oibr**íonn** sibh	éir**íonn** sibh	cuid**íonn** sibh
oibr**íonn** siad	éir**íonn** siad	cuid**íonn** siad
ní (oibrím)	**ní** (éirím)	**ní** (chuidím)
an (oibrím?)	**an** (éirím?)	**an** (gcuidím?)

Obair bhaile

Scríobh amach na briathra thuas i do chóipleabhar. Ansin pioc cúig bhriathar ón tábla ar leathanach 255 agus scríobh na briathra san aimsir láithreach i do chóipleabhar.

Éist agus scríobh

Pioc amach na briathra san aimsir chaite san alt thíos. Ansin éist leis an múinteoir ag léamh an ailt thíos os ard sa rang agus scríobh i do chóipleabhar é. Ceartaigh an t-alt ansin.

66

Dúisíonn mo chara ar a seacht a chlog ar maidin. Éiríonn sí go tapa agus cóiríonn sí a leaba. Ansin bailíonn sí a leabhair scoile. Ar a hocht a chlog cuidíonn sí lena deartháir óg a lón a ullmhú agus dúisíonn sí a deirfiúr óg. Imíonn sí ar scoil ar a leathuair tar éis a hocht.

99

Ceachtanna le déanamh anois

Líon na bearnaí thíos leis an bhfoirm cheart den bhriathar.

1 (*Bailigh*) _____ mo dhaid na páistí ón mbunscoil ar a dó a chlog gach lá.
2 (*Éirigh mé*) _____ ar leathuair tar éis a seacht gach maidin.
3 (*An ceistigh*) _____ an múinteoir Gaeilge an rang gach lá?
4 (*Ní cóirigh mé*) _____ mo leaba gach maidin.
5 (*Cuidigh mé*) _____ le mo dheirfiúr an bord a leagadh gach lá.

Líon na bearnaí sa tábla thíos leis na briathra sa chéad phearsa, uimhir iolra.

imím	
dúisím	

An dara réimniú – briathra a chríochnaíonn le 'il', 'in', 'ir', 'is'

ceangail.............*tie*	codail................*sleep*	oscail ....*open*
eitil...................*fly*	cosain ....*defend*	taitin...............*enjoy*
bagair ....*threaten*	freagair............*answer*	labhair.............*speak*
iompair.............*carry*	imir...................*play*	inis ....*tell*

Spórt agus spraoi sa rang!

Téigh timpeall an ranga go tapa agus faigh amach an bhfuil na briathra thuas ar eolas ag na daltaí eile.

Ceacht le déanamh anois

Léigh na habairtí samplacha thíos agus ansin cum abairtí leis na briathra thuas. Scríobh na habairtí ar an gclár bán sa seomra ranga.

1 **Freagraíonn** na daltaí na ceisteanna sa rang gach lá.
2 **Codlaíonn** an t-iora rua i rith an gheimhridh.
3 **Taitníonn** an grúpa ceoil 5 Seconds of Summer go mór liom.
4 **Imríonn** sé iománaíocht ar fhoireann na scoile.

Féinfhoghlaim

Téigh ar shuíomh idirlín www.teanglann.ie nó féach san fhoclóir agus aimsigh briathra cosúil leis na cinn thuas. Déan liosta i do chóipleabhar agus ansin scríobh an liosta ar an gclár bán sa seomra ranga.

Spórt agus spraoi sa rang!

Imir cluiche searáidí leis na briathra thuas sa rang.

codail (*sleep*)	imir (*play*)	oscail (*open*)
codl**aím**	imr**ím**	oscl**aím**
codl**aíonn** tú	imr**íonn** tú	oscl**aíonn** tú
codl**aíonn** sé/sí	imr**íonn** sé/sí	oscl**aíonn** sé/sí
codl**aímid**	imr**ímid**	oscl**aímid**
codl**aíonn** sibh	imr**íonn** sibh	oscl**aíonn** sibh
codl**aíonn** siad	imr**íonn** siad	oscl**aíonn** siad
ní (chodl**aím**)	**ní** (imr**ím**)	**ní** (oscl**aím**)
an (gcodl**aím?**)	**an** (imr**ím?**)	**an** (oscl**aím?**)

Obair bhaile

Scríobh amach na briathra thuas i do chóipleabhar. Ansin pioc cúig bhriathar ón tábla ar leathanach 257 agus scríobh na briathra san aimsir láithreach i do chóipleabhar. Scríobh abairtí leis na briathra.

Ceachtanna le déanamh anois

Líon na bearnaí thíos leis an bhfoirm cheart den bhriathar.

> 1 '(*An taitin*) _____ stair leat, a Phóil?'
>
> 2 (*Labhair*) _____ na daltaí leis an múinteoir gach lá tar éis an ranga.
>
> 3 (*Ní freagair mé*) _____ ceisteanna sa rang Béarla.
>
> 4 (*Eitil*) _____ na héin chuig na tíortha teo san fhómhar.
>
> 5 (*Oscail*) _____ an príomhoide doras na scoile ar a hocht gach maidin.

Féach ar an tábla thuas. Scríobh amach na briathra thíos san aimsir láithreach i do chóipleabhar.

labhair	eitil	ceangail

Scríbhneoireacht

Pléigh na ceisteanna thíos os ard sa rang. Scríobh freagraí na gceisteanna thíos i do chóipleabhar.

> 1 **An imríonn tú** spórt ar fhoireann na scoile?
>
> 2 **An dtaitníonn** tíreolaíocht leat?
>
> 3 **An gcodlaíonn tú** i dteach do charad gach deireadh seachtaine?
>
> 4 **An labhraíonn tú** leis an bpríomhoide gach lá?
>
> 5 **An osclaíonn sibh** fuinneog sa seomra ranga gach lá?

An dara réimniú – briathra eile le níos mó ná siolla amháin

foghlaim (*learn*)	tarraing (*pull*)	tuirling (*alight*)
foghlaim**ím**	tarraing**ím**	tuirling**ím**
foghlaim**íonn** tú	tarraing**íonn** tú	tuirling**íonn** tú
foghlaim**íonn** sé/sí	tarraing**íonn** sé/sí	tuirling**íonn** sé/sí
foghlaim**ímid**	tarraing**ímid**	tuirling**ímid**
foghlaim**íonn** sibh	tarraing**íonn** sibh	tuirling**íonn** sibh
foghlaim**íonn** siad	tarraing**íonn** siad	tuirling**íonn** siad
ní fhoghlaim**ím**	ní tharraing**ím**	ní thuirling**ím**
an bhfoghlaim**ím**?	an dtarraing**ím**?	an dtuirling**ím**?

Ceachtanna le déanamh anois

Léigh na habairtí samplacha thíos agus ansin cum abairtí leis na briathra thuas. Scríobh na habairtí ar an gclár bán sa seomra ranga.

1 **Foghlaimím** Gaeilge gach lá ar scoil.

2 **Tuirlingíonn** eitleáin in aerfort Bhaile Átha Cliath gach lá.

3 **Tarraingíonn** na madraí an carr sleamhnáin sa sneachta.

Scríobh amach na briathra sa chéad phearsa, uimhir iolra.

foghlaimím	
tarraingím	
tuirlingím	

Líon na bearnaí thíos leis an bhfoirm cheart den bhriathar.

1 (*Tarraing*) _____ an madra an liathróid ón loch gach lá.

2 (*Foghlaim mé*) _____ focail nua sa rang Fraincise gach lá.

3 (*Tuirling*) _____ na páistí den bhus scoile gach maidin.

4 (*Ní foghlaim*) _____ mo dheirfiúr Fraincis. Foghlaimíonn sí Spáinnis.

5 (*Foghlaim siad*) _____ a lán amhrán sa Ghaeltacht gach bliain.

Scríbhneoireacht

Pléigh na ceisteanna thíos os ard sa rang. Scríobh freagraí na gceisteanna thíos i do chóipleabhar.

1 **An bhfoghlaimíonn tú** Fraincis sa chéad bhliain?

2 **An dtaitníonn** rugbaí leat?

Briathra neamhrialta 1

bí (be)

táim	nílim	an bhfuilim?
tá tú	níl tú	an bhfuil tú?
tá sé/sí	níl sé/sí	an bhfuil sé/sí?
táimid	nílimid	an bhfuilimid?
tá sibh	níl sibh	an bhfuil sibh?
tá siad	níl siad	an bhfuil siad?

bí (be)

bím	ní bhím	an mbím?
bíonn tú	ní bhíonn tú	an mbíonn tú?
bíonn sé/sí	ní bhíonn sé/sí	an mbíonn sé/sí?
bímid	ní bhímid	an mbímid?
bíonn sibh	ní bhíonn sibh	an mbíonn sibh?
bíonn siad	ní bhíonn siad	an mbíonn siad?

téigh (go)

téim	ní théim	an dtéim?
téann tú	ní théann tú	an dtéann tú?
téann sé/sí	ní théann sé/sí	an dtéann sé/sí?
téimid	ní théimid	an dtéimid?
téann sibh	ní théann sibh	an dtéann sibh?
téann siad	ní théann siad	an dtéann siad?

feic (see)

feicim	ní fheicim	an bhfeicim?
feiceann tú	ní fheiceann tú	an bhfeiceann tú?
feiceann sé/sí	ní fheiceann sé/sí	an bhfeiceann sé/sí?
feicimid	ní fheicimid	an bhfeicimid?
feiceann sibh	ní fheiceann sibh	an bhfeiceann sibh?
feiceann siad	ní fheiceann siad	an bhfeiceann siad?

Obair bhaile

Scríobh amach na briathra thuas i do chóipleabhar. Foghlaim na briathra mar cheacht obair bhaile. Scríobh abairtí leis na briathra i do chóipleabhar.

Ceachtanna le déanamh anois

Líon na bearnaí thíos leis an bhfoirm cheart den bhriathar.

1 (*Feic mé*) _____ mo chara ag stad an bhus gach lá.

2 (*Téigh*) _____ mo dheirfiúr ar scoil gach lá in éineacht lena cara.

3 (*Bí*) _____ an príomhoide ina sheasamh ag doras na scoile gach maidin.

4 (*Ní feic sé*) _____ a dhaid gach lá mar oibríonn sé sa Fhrainc.

5 (*An bí*) _____ tú déanach ar scoil go minic?

Scríobh amach na briathra sa chéad phearsa, uimhir iolra.

bím	
feicim	
téim	
táim	

Éist agus scríobh

Pioc amach na briathra san aimsir láithreach san alt thíos. Ansin éist leis an múinteoir ag léamh an ailt thíos os ard sa rang agus scríobh i do chóipleabhar é. Ceartaigh an t-alt ansin.

66

Bíonn scannán ar siúl sa phictiúrlann gach Satharn. Ní bhíonn a lán airgid agam ach nuair a bhíonn cúpla euro agam téim chuig an bpictiúrlann in éineacht le mo chara Shóna. Feicimid ár gcairde sa phictiúrlann. Téimid chuig bialann tar éis an scannáin. Bíonn lá deas againn.

99

Briathra neamhrialta 2

déan (*do/make*)

déanaim	ní dhéanaim	an ndéanaim?
déanann tú	ní dhéanann tú	an ndéanann tú?
déanann sé/sí	ní dhéanann sé/sí	an ndéanann sé/sí?
déanaimid	ní dhéanaimid	an ndéanaimid?
déanann sibh	ní dhéanann sibh	an ndéanann sibh?
déanann siad	ní dhéanann siad	an ndéanann siad?

abair (*say*)

deirim	ní deirim	an ndeirim?
deir tú	ní deir tú	an ndeir tú?
deir sé/sí	ní deir sé/sí	an ndeir sé/sí?
deirimid	ní deirimid	an ndeirimid?
deir sibh	ní deir sibh	an ndeir sibh?
deir siad	ní deir siad	an ndeir siad?

faigh (*get*)

faighim	ní fhaighim	an bhfaighim?
faigheann tú	ní fhaigheann tú	an bhfaigheann tú?
faigheann sé/sí	ní fhaigheann sé/sí	an bhfaigheann sé/sí?
faighimid	ní fhaighimid	an bhfaighimid?
faigheann sibh	ní fhaigheann sibh	an bhfaigheann sibh?
faigheann siad	ní fhaigheann siad	an bhfaigheann siad?

Obair bhaile

Scríobh amach na briathra thuas i do chóipleabhar. Foghlaim na briathra mar cheacht obair bhaile. Scríobh abairtí leis na briathra i do chóipleabhar. Léigh na habairtí samplacha thíos.

Samplaí

Faighim obair bhaile ón múinteoir Béarla gach lá.

Deir mo mham go gcaithim an iomarca ama ar m'fhón póca gach lá.

Déanaim iarracht mo sheomra a ghlanadh gach seachtain.

Ceachtanna le déanamh anois

Líon na bearnaí thíos leis an bhfoirm cheart den bhriathar.

1 (*Faigh mé*) _____ airgead ó mo thuismitheoirí gach seachtain.

2 (*Ní déan sí*) _____ aon obair bhaile ag an deireadh seachtaine.

3 (*An deir tú*) _____ do phaidreacha gach lá?

4 (*Faigh*) _____ na daltaí laethanta saoire sa samhradh.

5 (*Déan sé*) _____ dearmad ar a chóipleabhar gach lá.

Scríobh amach na briathra sa chéad phearsa, uimhir iolra.

déanaim	
deirim	
faighim	

Líon na bearnaí thíos leis an bhfoirm cheart den bhriathar.

1 (*Faigh*) _____ Seán cárta breithlae óna aintín gach bliain.

2 (*Deir*) _____ mo dhaid go mbíonn cead agam dul chuig an dioscó gach Satharn.

3 (*Déan mé*) _____ an bricfeasta don chlann gach Domhnach.

4 (*Ní faigh sé*) _____ cabhair óna dheartháir lena chuid obair bhaile ar chor ar bith.

5 (*An déan sí*) _____ cáca milis gach deireadh seachtaine?

Scríbhneoireacht

Pléigh na ceisteanna thíos os ard sa rang. Scríobh freagraí na gceisteanna i do chóipleabhar.

1 **An ndéanann tú** do lón gach maidin?

2 **An bhfaigheann tú** an traein gach maidin?

3 **An ndeir** do mham go mbíonn cead agat féachaint ar an teilifís gach oíche?

Briathra neamhrialta 3

tar (*come*)

tagaim	ní thagaim	an dtagaim?
tagann tú	ní thagann tú	an dtagann tú?
tagann sé/sí	ní thagann sé/sí	an dtagann sé/sí?
tagaimid	ní thagaimid	an dtagaimid?
tagann sibh	ní thagann sibh	an dtagann sibh?
tagann siad	ní thagann siad	an dtagann siad?

clois (*hear*)

cloisim	ní chloisim	an gcloisim?
cloiseann tú	ní chloiseann tú	an gcloiseann tú?
cloiseann sé/sí	ní chloiseann sé/sí	an gcloiseann sé/sí?
cloisimid	ní chloisimid	an gcloisimid?
cloiseann sibh	ní chloiseann sibh	an gcloiseann sibh?
cloiseann siad	ní chloiseann siad	an gcloiseann siad?

ith (*eat*)

ithim	ní ithim	an ithim?
itheann tú	ní itheann tú	an itheann tú?
itheann sé/sí	ní itheann sé/sí	an itheann sé/sí?
ithimid	ní ithimid	an ithimid?
itheann sibh	ní itheann sibh	an itheann sibh?
itheann siad	ní itheann siad	an itheann siad?

Obair bhaile

Scríobh amach na briathra thuas i do chóipleabhar. Foghlaim na briathra mar cheacht obair bhaile. Scríobh abairtí leis na briathra i do chóipleabhar.

Ceachtanna le déanamh anois

Líon na bearnaí thíos leis an bhfoirm cheart den bhriathar.

1 (*Ith mé*) _____ mo dhinnéar ar a cúig a chlog gach tráthnóna.

2 (*Clois sé*) _____ na héin ag canadh go luath gach maidin.

3 (*Tar*) _____ an príomhoide isteach sa rang gach lá.

4 (*Ní ith sí*) _____ cáis agus is fuath léi liamhás freisin.

5 (*An clois tú*) _____ na heitleáin ag tuirlingt san aerfort?

Scríobh amach na briathra sa chéad phearsa, uimhir iolra.

tagaim	
cloisim	
ithim	

Líon na bearnaí thíos leis an bhfoirm cheart den bhriathar.

1 (*Tar*) _____ m'uncail abhaile ó Mheiriceá i mí Iúil gach samhradh.

2 (*Clois mé*) _____ an madra ag tafann nuair a thagann duine chuig an doras.

3 (*An ith tú*) _____ burgar sa bhaile mór go minic?

4 (*Ní tar sé*) _____ abhaile ón scoil roimh a cúig a chlog ar an Luan.

5 (*Clois siad*) _____ an múinteoir ag teacht agus bíonn siad ciúin.

Scríbhneoireacht

Pléigh na ceisteanna thíos os ard sa rang. Scríobh freagraí na gceisteanna i do chóipleabhar.

1 **An itheann tú** milseáin gach lá?

2 **An dtagann tú** ar scoil ar an mbus scoile?

3 **An gcloiseann tú** an príomhoide ag tabhairt amach gach lá?

Briathra neamhrialta 4

beir (*catch*)

beirim	ní bheirim	an mbeirim?
beireann tú	ní bheireann tú	an mbeireann tú?
beireann sé/sí	ní bheireann sé/sí	an mbeireann sé/sí?
beirimid	ní bheirimid	an mbeirimid?
beireann sibh	ní bheireann sibh	an mbeireann sibh?
beireann siad	ní bheireann siad	an mbeireann siad?

tabhair (*give/bring*)

tugaim	ní thugaim	an dtugaim?
tugann tú	ní thugann tú	an dtugann tú?
tugann sé/sí	ní thugann sé/sí	an dtugann sé/sí?
tugaimid	ní thugaimid	an dtugaimid?
tugann sibh	ní thugann sibh	an dtugann sibh?
tugann siad	ní thugann siad	an dtugann siad?

Obair bhaile

Scríobh amach na briathra thuas i do chóipleabhar. Foghlaim na briathra mar cheacht obair bhaile. Scríobh abairtí leis na briathra i do chóipleabhar.

Ceachtanna le déanamh anois

Líon na bearnaí thíos leis an bhfoirm cheart den bhriathar.

1 (*Beir*) _____ na buachaillí ar an liathróid agus ritheann siad chuig an bpáirc. _____

2 (*Tabhair*) _____ mo dhaideo airgead dom do mo bhreithlá gach bliain.

3 (*An beir tú*) _____ ar an liathróid go minic sa chluiche cispheile?

4 (*Ní tabhair*) _____ an múinteoir eolaíochta scrúdú don rang go minic.

5 (*Tabhair*) _____ an tseanbhean arán do na héin gach lá.

Scríobh amach na briathra sa chéad phearsa, uimhir iolra.

beirim	
tugaim	

Dul siar ar na briathra neamhrialta

Ceachtanna le déanamh anois

Líon na bearnaí thíos leis an bhfoirm cheart den bhriathar.

1 (*Ith sinn*) _____ dinnéar gach lá ar a cúig a chlog.
2 (*Feic siad*) _____ na ba ag rith sna páirceanna gach samhradh.
3 (*Téigh*) _____ Eoin chuig an traenáil iománaíochta gach Satharn.
4 (*Beir*) _____ na gardaí ar a lán gadaithe gach lá.
5 (*An déan*) _____ siad a gcuid obair bhaile gach lá?

Scríobh amach na briathra sa chéad phearsa, uimhir iolra.

tagaim	
ithim	
déanaim	
deirim	
faighim	

Líon na bearnaí thíos leis an bhfoirm cheart den bhriathar.

1 (*Tar*) _____ Clíona abhaile ón scoil sa charr gach lá.
2 (*Faigh mé*) _____ leabhair scoile nua gach bliain.
3 (*Clois*) _____ an múinteoir na daltaí ag caint gach lá.
4 (*Téigh mé*) _____ chuig an bpictiúrlann ag an deireadh seachtaine.
5 (*Ní ith sé*) _____ burgar don lón gach lá.

Cuir an fhoirm cheisteach agus an fhoirm dhiúltach sna bearnaí thíos.

bím	ní bhím	an mbím?
ithim		
tugaim		
déanaim		
deirim		

An aimsir fháistineach

Úsáideann tú an aimsir fháistineach nuair atá tú ag caint faoi rudaí a tharlóidh sa todhchaí. Féach ar na samplaí thíos:

> **Samplaí**
>
> Déanfaidh mé mo chuid obair bhaile **anocht**.
>
> Rachaidh mé go dtí ceolchoirm **an deireadh seachtaine seo chugainn**.
>
> Beidh mo dhearthair ag imirt cluiche leadóige **amárach**.
>
> **An samhradh seo chugainn** rachaidh mé chuig an Iodáil.
>
> **Tar éis na scoile** imreoidh mé cluiche haca.

ag am lóin	*at lunch-time*	níos déanaí	*later*
tar éis na scoile	*after school*	anocht	*tonight*
amárach	*tomorrow*	arú amárach	*the day after tomorrow*
Dé Sathairn	*on Saturday*	an tseachtain seo chugainn	*next week*
an mhí seo chugainn	*next month*	an samhradh seo chugainn	*next summer*

An chéad réimniú – briathra leathana

fág	*leave*	fás	*grow*	can	*sing*
cas	*turn*	fan	*stay*	féach	*watch*
geall	*promise*	gearr	*cut*	glan	*clean*
iarr	*ask*	meas	*think*	ól	*drink*
pós	*marry*	tóg	*take*	cíor	*comb*
díol	*sell*	íoc	*pay*	líon	*fill*
scríobh	*write*	scrios	*destroy*	dún	*close*

Spórt agus spraoi sa rang!

Téigh timpeall an ranga go tapa agus faigh amach an bhfuil na briathra thuas ar eolas ag na daltaí eile.

dún (*close*)	féach (*watch*)	ól (*drink*)
dún**faidh** mé	féach**faidh** mé	ól**faidh** mé
dún**faidh** tú	féach**faidh** tú	ól**faidh** tú
dún**faidh** sé/sí	féach**faidh** sé/sí	ól**faidh** sé/sí
dún**faimid**	féach**faimid**	ól**faimid**
dún**faidh** sibh	féach**faidh** sibh	ól**faidh** sibh
dún**faidh** siad	féach**faidh** siad	ól**faidh** siad

Riail le foghlaim – an fhoirm dhiúltach

ní + séimhiú (ach amháin na gutaí)

ní dhúnfaidh mé	**ní** fhéachfaidh mé	**ní** ólfaidh mé

Riail le foghlaim – an fhoirm cheisteach

an + urú (ach amháin na gutaí)

an ndúnfaidh mé?	**an** bhféachfaidh mé?	**an** ólfaidh mé?

Obair bhaile

Scríobh amach na briathra thíos i do chóipleabhar agus foghlaim iad mar cheacht obair bhaile.

Ceachtanna le déanamh anois

Líon na bearnaí thíos leis an bhfoirm cheart den bhriathar.

1 (*Íoc mé*) _____ as an gceolchoirm tar éis na scoile.

2 (*Ól sí*) _____ cúpán tae anocht.

3 (*Ní féach sé*) _____ ar scannán anocht mar beidh sé ag imirt cluiche peile.

4 (*An dún tú*) _____ an fhuinneog nuair a bheidh tú ag dul a chodladh?

5 (*Fág mé*) _____ an scoil ar a ceathair agus siúlfaidh mé abhaile.

Scríobh amach na briathra sa chéad phearsa, uimhir iolra.

díolfaidh mé		scríobhfaidh mé	
íocfaidh mé		fanfaidh mé	
canfaidh mé		dúnfaidh mé	

An chéad réimniú – briathra caola

béic	*shout*	bris	*break*	buail	*hit*
caill	*lose*	caith	*spend/throw*	cuir	*put*
éist	*listen*	fill	*return*	goid	*steal*
léim	*jump*	múin	*teach*	rith	*run*
séid	*blow*	teip	*fail*	troid	*fight*
tuig	*understand*	tuill	*earn*	úsáid	*use*

Obair bhaile

Scríobh amach na briathra thuas i do chóipleabhar agus foghlaim iad mar cheacht obair bhaile. Pioc cúig bhriathar ón liosta thuas agus scríobh na briathra san aimsir fháistineach i do chóipleabhar.

Spórt agus spraoi sa rang!

Téigh timpeall an ranga go tapa agus faigh amach an bhfuil na briathra thuas ar eolas ag na daltaí eile.

Ceacht le déanamh anois

Léigh na habairtí samplacha thíos agus ansin cum abairtí leis na briathra thuas.

1 **Caithfidh mé** a lán airgid san ionad siopadóireachta an tseachtain seo chugainn.
2 **Ní bhuailfidh** Seán lena chairde tar éis na scoile mar beidh sé ag dul go dtí an fiaclóir.
3 **An úsáidfidh sibh** an seomra ríomhairí sa chéad bhliain?
4 **Ní shéidfidh** an ghaoth amárach. Beidh sé te agus grianmhar.

Féinfhoghlaim

Téigh ar shuíomh idirlín www.teanglann.ie nó féach san fhoclóir agus aimsigh briathra caola le siolla amháin. Déan liosta i do chóipleabhar agus ansin scríobh an liosta ar an gclár bán sa seomra ranga.

caill (*lose*)	múin (*teach*)	éist (*listen*)
caill**fidh** mé	múin**fidh** mé	éist**fidh** mé
caill**fidh** tú	múin**fidh** tú	éist**fidh** tú
caill**fidh** sé/sí	múin**fidh** sé/sí	éist**fidh** sé/sí
caill**fimid**	múin**fimid**	éist**fimid**
caill**fidh** sibh	múin**fidh** sibh	éist**fidh** sibh
caill**fidh** siad	múin**fidh** siad	éist**fidh** siad
ní (chaill**fidh**) mé	ní (mhúin**fidh**) mé	ní (éist**fidh**) mé
an (gcaill**fidh**) mé?	an (múin**fidh**) mé?	an (éist**fidh**) mé?

Obair bhaile

Scríobh amach na briathra thuas i do chóipleabhar agus foghlaim iad mar cheacht obair bhaile.

Ceachtanna le déanamh anois

Líon na bearnaí thíos. Cabhróidh na focail atá sa bhosca leat.

1 _____ mé leis an múinteoir sa rang Gaeilge amárach agus beidh mé i dtrioblóid.

2 _____ mo dheartháir airgead sa samhradh mar beidh sé ag obair sa siopa áitiúil.

3 _____ mo thuismitheoirí abhaile ó Cheanada Dé Sathairn seo chugainn.

4 _____ sí le ceol ar an mbus scoile inniu.

5 _____ sí lena cairde sa chathair Dé hAoine seo chugainn tar éis na scoile.

| **buailfidh** | **éistfidh** | **fillfidh** | **ní eistfidh** | **tuillfidh** |

Líon na bearnaí thíos leis an bhfoirm cheart den bhriathar.

1 (*Troid*) _____ na buachaillí ar an bpáirc peile ag an deireadh seachtaine.

2 (*Ní éist siad*) _____ lena dtuismitheoirí agus beidh siad i dtrioblóid.

3 (*Léim*) _____ an bhó thar an ngeata agus isteach sa pháirc.

4 (*Rith*) _____ na cailíní sa rás ag an lá spóirt an mhí seo chugainn.

5 (*An cuir*) _____ an múinteoir glao ar do thuismitheoirí má fhágann tú do leabhar sa bhaile?

An chéad réimniú – briathra a chríochnaíonn le 'igh'

suigh (*sit*)	nigh (*wash*)	léigh (*read*)
suí**fidh** mé	ní**fidh** mé	léi**fidh** mé
suí**fidh** tú	ní**fidh** tú	léi**fidh** tú
suí**fidh** sé/sí	ní**fidh** sé/sí	léi**fidh** sé/sí
suí**fimid**	ní**fimid**	léi**fimid**
suí**fidh** sibh	ní**fidh** sibh	léi**fidh** sibh
suí**fidh** siad	ní**fidh** siad	léi**fidh** siad
ní (shuí**fidh**) mé	**ní** (ní**fidh**) mé	**ní** (léi**fidh**) mé
an (suí**fidh**) mé?	**an** (ní**fidh**) mé?	**an** (léi**fidh**) mé?

Obair bhaile

Scríobh amach na briathra thuas i do chóipleabhar agus foghlaim iad mar cheacht obair bhaile. Scríobh sé abairt i do chóipleabhar leis na briathra thuas.

Ceachtanna le déanamh anois

Líon na bearnaí thíos leis an bhfoirm cheart den bhriathar.

1 (*Nigh mé*) _____ mo mhadra, Millie, ag an deireadh seachtaine.

2 (*Ní léigh sé*) _____ an páipéar nuachta anocht mar beidh sé ag imirt peile.

3 (*Suigh sí*) _____ lena haintín ag an bpictiúrlann amárach.

4 (*Ní nigh siad*) _____ a mbróga rugbaí tar éis an chluiche anocht.

5 (*Léigh*) _____ mo mhamó an páipéar nuachta anocht.

Líon na bearnaí sa tábla thíos.

léifidh mé	léifimid	ní léifimid	an léifimid?
nífidh mé			
suífidh mé			

glaoigh (*call*)	buaigh (*win*)	luaigh (*mention*)
glao**faidh** mé	bua**faidh** mé	lua**faidh** mé
glao**faidh** tú	bua**faidh** tú	lua**faidh** tú
glao**faidh** sé/sí	bua**faidh** sé/sí	lua**faidh** sé/sí
glao**faimid**	bua**faimid**	lua**faimid**
glao**faidh** sibh	bua**faidh** sibh	lua**faidh** sibh
glao**faidh** siad	bua**faidh** siad	lua**faidh** siad
ní (ghlao**faidh**) mé	ní (bhua**faidh**) mé	ní (lua**faidh**) mé
an (nglao**faidh**) mé?	an (mbua**faidh**) mé?	an (lua**faidh**) mé?

Obair bhaile

Scríobh amach na briathra thuas i do chóipleabhar agus foghlaim iad mar cheacht obair bhaile. Scríobh sé abairt i do chóipleabhar leis na briathra thuas.

Ceacht le déanamh anois

Líon na bearnaí thíos leis an bhfoirm cheart den bhriathar.

1 (*Léigh*) _____ na daltaí an t-úrscéal *To Kill a Mockingbird* an bhliain seo chugainn.

2 (*Ní léigh mé*) _____ *The Boy in the Striped Pyjamas* sa chéad bhliain.

3 (*Glaoigh*) _____ an príomhoide orm mar beidh mé déanach ag teacht ar scoil amárach.

4 (*Buaigh*) _____ an fhoireann cispheile an cluiche Dé Céadaoin seo chugainn.

5 (*An buaigh*) _____ sibh an cluiche rugbaí Dé Sathairn seo chugainn?

Líon na bearnaí sa tábla thíos.

glaofaidh mé	glaofaimid	ní ghlaofaidh mé	an nglaofaidh mé?
buafaidh mé			
luafaidh mé			

An dara réimniú – briathra leathana

aontaigh...............*agree*	brostaigh.........*hurry*	cabhraigh.......*help*
ceannaigh...........*buy*	ceartaigh.........*correct*	cónaigh...........*live*
críochnaigh........*finish*	diúltaigh..........*refuse*	fiosraigh.........*investigate*
gortaigh..............*injure*	scanraigh........*frighten*	scrúdaigh.......*examine*
sleamhnaigh......*slip*	tosaigh............*start*	ullmhaigh.......*prepare*

Obair bhaile

Scríobh amach na briathra thuas i do chóipleabhar agus foghlaim iad mar cheacht obair bhaile. Pioc cúig bhriathar ón liosta thuas agus scríobh na briathra san aimsir fháistineach i do chóipleabhar.

Spórt agus spraoi sa rang!

Téigh timpeall an ranga go tapa agus faigh amach an bhfuil na briathra thuas ar eolas ag na daltaí eile.

Ceacht le déanamh anois

Léigh na habairtí samplacha thíos agus ansin cum abairtí leis na briathra thuas.

1 **Ceannóidh mé** ticéad do cheolchoirm 5 Seconds of Summer an mhí seo chugainn.

2 **Cabhróidh mé** le mo dheartháir óg a chuid obair bhaile a dhéanamh anocht.

3 **Ullmhóidh mé** dinnéar do mo chairde ag an deireadh seachtaine.

4 **Ceartóidh** an múinteoir matamaitice an scrúdú sa rang amárach.

Féinfhoghlaim

Téigh ar shuíomh idirlín www.teanglann.ie nó féach san fhoclóir agus aimsigh briathra leathana le níos mó ná siolla amháin. Déan liosta i do chóipleabhar agus ansin scríobh an liosta ar an gclár bán sa seomra ranga.

ceannaigh (*buy*)	brostaigh (*hurry*)	tosaigh (*start*)
ceann**óidh** mé	brost**óidh** mé	tos**óidh** mé
ceann**óidh** tú	brost**óidh** tú	tos**óidh** tú
ceann**óidh** sé/sí	brost**óidh** sé/sí	tos**óidh** sé/sí
ceann**óimid**	brost**óimid**	tos**óimid**
ceann**óidh** sibh	brost**óidh** sibh	tos**óidh** sibh
ceann**óidh** siad	brost**óidh** siad	tos**óidh** siad
ní (cheann**óidh**) mé	**ní** (bhrost**óidh**) mé	**ní** (thos**óidh**) mé
an (gceann**óidh**) mé?	**an** (mbrost**óidh**) mé?	**an** (dtos**óidh**) mé?

Obair bhaile

Scríobh amach na briathra thuas i do chóipleabhar agus foghlaim iad mar cheacht obair bhaile. Scríobh trí abairt i do chóipleabhar leis na briathra thuas.

Ceachtanna le déanamh anois

Líon na bearnaí thíos leis an bhfoirm cheart den bhriathar.

1 (*Ceannaigh sé*) _____ leabhar nua sa siopa amárach.

2 (*Ní ullmhaigh mé*) _____ an dinnéar amárach.

3 (*An ceartaigh*) _____ an múinteoir an scrúdú Gaeilge ag an deireadh seachtaine?

4 (*Tosaigh sí*) _____ ag déanamh a cuid obair bhaile ar a cúig a chlog.

5 (*Scrúdaigh*) _____ an múinteoir na daltaí sa rang amárach.

Líon na bearnaí thíos leis an bhfoirm cheart den bhriathar.

1 (*Fiosraigh*) _____ na gardaí an tine sa chlub óige maidin amárach.

2 (*An cabhraigh tú*) _____ le do dhaid an tsiopadóireacht a dhéanamh anocht?

3 (*Cónaigh*) _____ m'uncail sa Fhrainc an bhliain seo chugainn.

4 (*Ullmhaigh*) _____ an múinteoir corpoideachais lá spóirt sa scoil an mhí seo chugainn.

5 (*Ní ceannaigh sé*) _____ cóipleabhar nua sa siopa ar maidin.

An dara réimniú – briathra caola

aistrigh	*translate*	bailigh	*collect*	ceistigh	*question*
cóirigh	*arrange*	cuidigh	*help*	deisigh	*fix*
dúisigh	*wake*	éirigh	*get up*	foilsigh	*publish*
imigh	*go*	impigh	*beg*	oibrigh	*work*

Obair bhaile

Scríobh amach na briathra thuas i do chóipleabhar agus foghlaim iad mar cheacht obair bhaile. Pioc cúig bhriathar ón liosta thuas agus scríobh na briathra san aimsir fháistineach i do chóipleabhar.

Spórt agus spraoi sa rang!

Téigh timpeall an ranga go tapa agus faigh amach an bhfuil na briathra thuas ar eolas ag na daltaí eile.

Ceacht le déanamh anois

Léigh na habairtí samplacha thíos agus ansin cum abairtí leis na briathra thuas.

1 **Imeoidh mé** go dtí an cluiche rugbaí Dé Sathairn seo chugainn.
2 **Ní dhúiseoidh** mo chara in am agus beidh sí déanach don bhus scoile.
3 **Cuideoidh sé** leis an múinteoir na cóipleabhair a bhailiú amárach.
4 **An gcóireoidh tú** do leaba ar maidin?

Féinfhoghlaim

Téigh ar shuíomh idirlín www.teanglann.ie nó féach san fhoclóir agus aimsigh briathra caola le níos mó ná siolla amháin. Déan liosta i do chóipleabhar agus ansin scríobh an liosta ar an gclár bán sa seomra ranga.

oibrigh (*work*)	éirigh (*get up*)	cuidigh (*help*)
oibr**eoidh** mé	éir**eoidh** mé	cuid**eoidh** mé
oibr**eoidh** tú	éir**eoidh** tú	cuid**eoidh** tú
oibr**eoidh** sé/sí	éir**eoidh** sé/sí	cuid**eoidh** sé/sí
oibr**eoimid**	éir**eoimid**	cuid**eoimid**
oibr**eoidh** sibh	éir**eoidh** sibh	cuid**eoidh** sibh
oibr**eoidh** siad	éir**eoidh** siad	cuid**eoidh** siad
ní (oibr**eoidh**) mé	**ní** (éir**eoidh**) mé	**ní** (chuid**eoidh**) mé
an (oibr**eoidh**) mé?	**an** (éir**eoidh**) mé?	**an** (gcuid**eoidh**) mé?

Obair bhaile

Scríobh amach na briathra thuas i do chóipleabhar agus foghlaim iad mar cheacht obair bhaile. Scríobh trí abairt i do chóipleabhar leis na briathra thuas.

Ceachtanna le déanamh anois

Líon na bearnaí thíos leis an bhfoirm cheart den bhriathar.

1 (*Oibrigh*) _____ mo thuismitheoirí sa ghairdín ag an deireadh seachtaine.

2 (*An foilsigh*) _____ na daltaí iris Ghaeilge an mhí seo chugainn?

3 (*Bailigh*) _____ an múinteoir na cóipleabhair ag deireadh an ranga.

4 (*Ní imigh mé*) _____ chuig an gclub peile tar éis na scoile.

5 (*Éirigh sé*) _____ ar a seacht a chlog Dé Sathairn seo chugainn.

Líon na bearnaí thíos leis an bhfoirm cheart den bhriathar.

1 (*An aistrigh*) _____ an múinteoir Fraincise an aiste sa rang amárach?

2 (*Ní dúisigh sé*) _____ in am agus beidh sé déanach don scrúdú.

3 (*Bailigh*) _____ an traenálaí na liathróidí tar éis an tseisiúin traenála.

4 (*Cuidigh mé*) _____ le mo dheartháir a sheomra leapa a ghlanadh anocht.

5 (*Ní éirigh*) _____ liom sa scrúdú agus beidh díomá ar mo thuismitheoirí.

An dara réimniú – briathra a chríochnaíonn le 'il', 'in', 'ir', 'is'

ceangail..............*tie*	codail................*sleep*	oscail ....*open*
eitil.....................*fly*	cosain ....*defend*	taitin.................*enjoy*
bagair ....*threaten*	freagair.............*answer*	labhair..............*speak*
iompair..............*carry*	imir....................*play*	inis ....*tell*

Obair bhaile

Scríobh amach na briathra thuas i do chóipleabhar agus foghlaim iad mar cheacht obair bhaile. Pioc cúig bhriathar ón liosta thuas agus scríobh na briathra san aimsir fháistineach i do chóipleabhar.

Spórt agus spraoi sa rang!

Téigh timpeall an ranga go tapa agus faigh amach an bhfuil na briathra thuas ar eolas ag na daltaí eile.

Ceacht le déanamh anois

Léigh na habairtí samplacha thíos agus ansin cum abairtí leis na briathra thuas.

1 **Freagróidh mé** a lán ceisteanna sa rang tíreolaíochta amárach.

2 **Ní chodlóidh mé** i mo sheomra leapa amárach mar beidh mé ag fanacht i dteach m'aintín.

3 **Osclóidh mé** an doras nuair a fheicfidh mé fear an phoist.

4 **An labhróidh tú** leis an múinteoir roimh an rang Gaeilge amárach?

Féinfhoghlaim

Téigh ar shuíomh idirlín www.teanglann.ie nó féach san fhoclóir agus aimsigh briathra cosúil leis na cinn thuas. Déan liosta i do chóipleabhar agus ansin scríobh an liosta ar an gclár bán sa seomra ranga.

codail (*sleep*)	imir (*play*)	oscail (*open*)
codl**óidh** mé	imr**eoidh** mé	oscl**óidh** mé
codl**óidh** tú	imr**eoidh** tú	oscl**óidh** tú
codl**óidh** sé/sí	imr**eoidh** sé/sí	oscl**óidh** sé/sí
codl**óimid**	imr**eoimid**	oscl**óimid**
codl**óidh** sibh	imr**eoidh** sibh	oscl**óidh** sibh
codl**óidh** siad	imr**eoidh** siad	oscl**óidh** siad
ní (chodlóidh) mé	**ní** (imreoidh) mé	**ní** (osclóidh) mé
an (gcodlóidh) mé?	**an** (imreoidh) mé?	**an** (osclóidh) mé?

Obair bhaile

Scríobh amach na briathra thuas i do chóipleabhar agus foghlaim iad mar cheacht obair bhaile. Scríobh trí abairt i do chóipleabhar leis na briathra thuas.

Ceachtanna le déanamh anois

Líon na bearnaí thíos leis an bhfoirm cheart den bhriathar.

1 (*Taitin*) _____ an cheolchoirm go mór leis na déagóirí.

2 (*Ceangail*) _____ an buachaill óg a bhróga reatha sula siúlfaidh sé ar scoil.

3 (*Labhair*) _____ mo thuismitheoirí leis an bpríomhoide amárach.

4 (*Codail sí*) _____ go sámh anocht mar go mbeidh tuirse uirthi tar éis an chluiche.

5 (*Ní imir siad*) _____ an cluiche peile mar go mbeidh sneachta ar an talamh.

Líon na bearnaí thíos leis an bhfoirm cheart den bhriathar.

1 (*Inis mé*) _____ di go mbeidh mé ag dul chuig a cóisir anocht.

2 (*Ní freagair sí*) _____ an doras nuair a chloisfidh sí an cloigín ag bualadh déanach san oíche.

3 (*Oscail sé*) _____ an fhuinneog sa seomra suí sa samhradh mar go mbeidh an seomra róthe.

4 (*An taitin*) _____ ceolchoirm Justin Bieber le Siún?

5 (*Codail siad*) _____ in óstán an deireadh seachtaine seo chugainn.

Briathra neamhrialta 1

bí (*be*)

beidh mé	ní bheidh mé	an mbeidh mé?
beidh tú	ní bheidh tú	an mbeidh tú?
beidh sé/sí	ní bheidh sé/sí	an mbeidh sé/sí?
beimid	ní bheimid	an mbeimid?
beidh sibh	ní bheidh sibh	an mbeidh sibh?
beidh siad	ní bheidh siad	an mbeidh siad?

tar (*come*)

tiocfaidh mé	ní thiocfaidh mé	an dtiocfaidh mé?
tiocfaidh tú	ní thiocfaidh tú	an dtiocfaidh tú?
tiocfaidh sé/sí	ní thiocfaidh sé/sí	an dtiocfaidh sé/sí?
tiocfaimid	ní thiocfaimid	an dtiocfaimid?
tiocfaidh sibh	ní thiocfaidh sibh	an dtiocfaidh sibh?
tiocfaidh siad	ní thiocfaidh siad	an dtiocfaidh siad?

téigh (*go*)

rachaidh mé	ní rachaidh mé	an rachaidh mé?
rachaidh tú	ní rachaidh tú	an rachaidh tú?
rachaidh sé/sí	ní rachaidh sé/sí	an rachaidh sé/sí?
rachaimid	ní rachaimid	an rachaimid?
rachaidh sibh	ní rachaidh sibh	an rachaidh sibh?
rachaidh siad	ní rachaidh siad	an rachaidh siad?

Scríobh na briathra thuas i do chóipleabhar agus foghlaim iad mar cheacht obair bhaile.

Scríobh sé abairt i do chóipleabhar leis na briathra thuas.

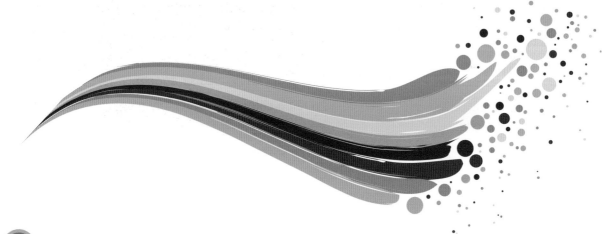

Ceachtanna le déanamh anois

Líon na bearnaí thíos leis an bhfoirm cheart den bhriathar.

1 (*Téigh siad*) _____ go dtí an cluiche iománaíochta Dé Domhnaigh seo chugainn.

2 (*Ní bí mé*) _____ ar scoil amárach – rachaidh mé go dtí an fiaclóir.

3 (*An tar tú*) _____ chuig an bpictiúrlann in éineacht liom Dé Sathairn?

4 (*Téigh sé*) _____ go dtí an Ghaeltacht an samhradh seo chugainn.

5 (*An bí tú*) _____ sa leabharlann tar éis na scoile amárach?

Líon na bearnaí sa tábla thíos.

tiocfaidh mé	tiocfaimid	ní thiocfaimid	an dtiocfaimid?
rachaidh mé			
beidh mé			

Briathra neamhrialta 2

beir (*catch*)

béarfaidh mé	ní bhéarfaidh mé	an mbéarfaidh mé?
béarfaidh tú	ní bhéarfaidh tú	an mbéarfaidh tú?
béarfaidh sé/sí	ní bhéarfaidh sé/sí	an mbéarfaidh sé/sí?
béarfaimid	ní bhéarfaimid	an mbéarfaimid?
béarfaidh sibh	ní bhéarfaidh sibh	an mbearfaidh sibh?
béarfaidh siad	ní bhéarfaidh siad	an mbéarfaidh siad?

feic (*see*)

feicfidh mé	ní fheicfidh mé	an bhfeicfidh mé?
feicfidh tú	ní fheicfidh tú	an bhfeicfidh tú?
feicfidh sé/sí	ní fheicfidh sé/sí	an bhfeicfidh sé/sí?
feicfimid	ní fheicfimid	an bhfeicfimid?
feicfidh sibh	ní fheicfidh sibh	an bhfeicfidh sibh?
feicfidh siad	ní fheicfidh siad	an bhfeicfidh siad?

clois (hear)

cloisfidh mé	ní chloisfidh mé	an gcloisfidh mé?
cloisfidh tú	ní chloisfidh tú	an gcloisfidh tú?
cloisfidh sé/sí	ní chloisfidh sé/sí	an gcloisfidh sé/sí?
cloisfimid	ní chloisfimid	an gcloisfimid?
cloisfidh sibh	ní chloisfidh sibh	an gcloisfidh sibh?
cloisfidh siad	ní chloisfidh siad	an gcloisfidh siad?

Scríobh na briathra thuas i do chóipleabhar agus foghlaim iad mar cheacht obair bhaile.
Scríobh sé abairt i do chóipleabhar leis na briathra thuas.

Ceachtanna le déanamh anois

Líon na bearnaí thíos leis an bhfoirm cheart den bhriathar.

1 (*Ní feic sé*) _____ an cluiche peile mar beidh sé ag déanamh scrúdú ar scoil.

2 (*Clois mé*) _____ na héin ag canadh go luath ar maidin.

3 (*Beir sé*) _____ ar an liathróid agus rithfidh sé i dtreo an chúil.

4 (*Ní clois siad*) _____ an múinteoir ag teacht agus leanfaidh siad ar aghaidh ag pleidhcíocht sa rang.

5 (*An feic tú*) _____ an t-uachtarán nuair a thabharfaidh sé cuairt ar an scoil?

Líon na bearnaí sa tábla thíos.

béarfaidh mé	béarfaimid	ní bhéarfaimid	an mbéarfaimid?
feicfidh mé			
cloisfidh mé			

Briathra neamhrialta 3

abair (say)

déarfaidh mé	ní déarfaidh mé	an ndéarfaidh mé?
déarfaidh tú	ní déarfaidh tú	an ndéarfaidh tú?
déarfaidh sé/sí	ní déarfaidh sé/sí	an ndéarfaidh sé/sí?
déarfaimid	ní dearfaimid	an ndéarfaimid?
déarfaidh sibh	ní déarfaidh sibh	an ndéarfaidh sibh?
déarfaidh siad	ní déarfaidh siad	an ndéarfaidh siad?

ith (eat)

íosfaidh mé	ní íosfaidh mé	an íosfaidh mé?
íosfaidh tú	ní íosfaidh tú	an íosfaidh tú?
íosfaidh sé/sí	ní íosfaidh sé/sí	an íosfaidh sé/sí?
íosfaimid	ní íosfaimid	an íosfaimid?
íosfaidh sibh	ní íosfaidh sibh	an íosfaidh sibh?
íosfaidh siad	ní íosfaidh siad	an íosfaidh siad?

déan (do/make)

déanfaidh mé	ní dhéanfaidh mé	an ndéanfaidh mé?
déanfaidh tú	ní dhéanfaidh tú	an ndéanfaidh tú?
déanfaidh sé/sí	ní dhéanfaidh sé/sí	an ndéanfaidh sé/sí?
déanfaimid	ní dhéanfaimid	an ndéanfaimid?
déanfaidh sibh	ní dhéanfaidh sibh	an ndéanfaidh sibh?
déanfaidh siad	ní dhéanfaidh siad	an ndéanfaidh siad?

Scríobh na briathra thuas i do chóipleabhar agus foghlaim iad mar cheacht obair bhaile.
Scríobh sé abairt i do chóipleabhar leis na briathra thuas.

Ceachtanna le déanamh anois

Líon na bearnaí thíos leis an bhfoirm cheart den bhriathar.

1 (Ní déan sé) _____ a chuid obair
bhaile agus beidh sé i dtrioblóid.

2 (Ith sí) _____ a lón sa bhialann lena cairde
amárach.

3 (Ní déan mé) _____ mo lón agus
beidh ocras an domhain orm.

4 (An abair mé) _____ le hAilbhe go
mbeimid ag dul chuig an bpictiúrlann anocht?

5 (Ith siad) _____ a ndinnéar agus imeoidh
siad chuig an bpáirc chun cluiche peile a imirt.

Líon na bearnaí sa tábla thíos.

déarfaidh mé	déarfaimid	ní déarfaimid	an ndéarfaimid?
íosfaidh mé			
déanfaidh mé			

Briathra neamhrialta 4

faigh (get)

gheobhaidh mé	ní bhfaighidh mé	an bhfaighidh mé?
gheobhaidh tú	ní bhfaighidh tú	an bhfaighidh tú?
gheobhaidh sé/sí	ní bhfaighidh sé/sí	an bhfaighidh sé/sí?
gheobhaimid	ní bhfaighimid	an bhfaighimid?
gheobhaidh sibh	ní bhfaighidh sibh	an bhfaighidh sibh?
gheobhaidh siad	ní bhfaighidh siad	an bhfaighidh siad?

tabhair (give)

tabharfaidh mé	ní thabharfaidh mé	an dtabharfaidh mé?
tabharfaidh tú	ní thabharfaidh tú	an dtabharfaidh tú?
tabharfaidh sé/sí	ní thabharfaidh sé/sí	an dtabharfaidh sé/sí?
tabharfaimid	ní thabharfaimid	an dtabharfaimid?
tabharfaidh sibh	ní thabharfaidh sibh	an dtabharfaidh sibh?
tabharfaidh siad	ní thabharfaidh siad	an dtabharfaidh siad?

Scríobh na briathra thuas i do chóipleabhar agus foghlaim iad mar cheacht obair bhaile.
Scríobh sé abairt i do chóipleabhar leis na briathra thuas.

Ceachtanna le déanamh anois

Líon na bearnaí thíos leis an bhfoirm cheart den bhriathar.

1 (*Tabhair mé*) _____ airgead
do mo dheartháir dá bhreithlá an tseachtain seo
chugainn.

2 (*An tabhair tú*) _____ an
aiste sin don mhúinteoir Béarla amárach?

3 (*Faigh sí*) _____ fón nua an Nollaig seo
chugainn.

4 (*Ní faigh sé*) _____ geansaí nua
óna chairde dá bhreithlá.

5 (*Tabhair siad*) _____ cabhair don
fhear dall ag dul trasna an bhóthair.

Líon na bearnaí sa tábla thíos.

gheobhaidh mé	gheobhaimid	ní bhfaighimid	an bhfaighimid?
tabharfaidh mé			

Dul siar ar na briathra neamhrialta
Ceachtanna le déanamh anois

Líon na bearnaí thíos leis an bhfoirm cheart den bhriathar.

1 (*Téigh sé*) _____ chuig an mbialann ag lorg poist Dé hAoine seo chugainn.

2 (*Ith sí*) _____ ceapaire tar éis na scoile.

3 (*Bí*) _____ cóisir mhór breithlae ag mo chara Dé Sathairn seo chugainn.

4 (*Feic*) _____ na buachaillí an bus ag teacht agus rithfidh siad go tapa.

5 (*Tar siad*) _____ abhaile ón nGaeltacht agus buailfidh siad lena gcairde.

Líon na bearnaí sa tábla thíos.

déanfaidh mé	ní dhéanfaidh mé	an ndéanfaidh mé?
déarfaidh mé		
íosfaidh mé		
tabharfaidh mé		
béarfaidh mé		

Líon na bearnaí thíos leis an bhfoirm cheart den bhriathar.

1 (*Ní tabhair mé*) _____ airgead do mo dheirfiúr dá breithlá. Ceannóidh mé bronntanas di.

2 (*An ith tú*) _____ uibheacha ag am bricfeasta amárach?

3 (*Ní déan sé*) _____ a lón ar maidin agus beidh ocras air.

4 (*An téigh tú*) _____ chuig an gcluiche liom Dé Sathairn seo chugainn?

5 (*Ní feic sé*) _____ a chara ar feadh seachtaine mar beidh sé ar saoire sa Fhrainc.

Scríobh amach na briathra sa chéad phearsa, uimhir iolra. Féach ar an sampla.

cloisfidh mé	cloisfimid
beidh mé	
tiocfaidh mé	
gheobhaidh mé	
feicfidh mé	
déanfaidh mé	

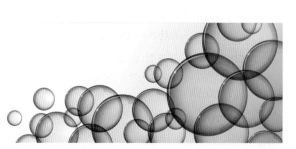

An aidiacht shealbhach

Ainmfhocail a thosaíonn le consan

Rialacha

uimhir uatha *(singular)*	**mo** *(my)*	**mo** + séimhiú	mo **th**each	mo **gh**airdín
	do *(your)*	**do** + séimhiú	do **th**each	do **gh**airdín
	a *(his)*	**a** + séimhiú	a **th**each	a **gh**airdín
	a *(her)*	**a**	a teach	a gairdín
uimhir iolra *(plural)*	**ár** *(our)*	**ár** + urú	ár **d**teach	ár **n**gairdín
	bhur *(your)*	**bhur** + urú	bhur **d**teach	bhur **n**gairdín
	a *(their)*	**a** + urú	a **d**teach	a **n**gairdín

Féach ar ainmfhocal a thosaíonn le 'f':

m'fhoireann; d'fhoireann; a fhoireann; a foireann; ár bhfoireann; bhur bhfoireann; a bhfoireann

Ceacht le déanamh anois

Féach ar an tábla thuas. Cuir an aidiacht shealbhach roimh na hainmfhocail thíos.

1 fiaclóir   2 fuinneog

Nuair a thosaíonn ainmfhocal le 'm' nó 'n', ní bhíonn urú air san uimhir iolra. Féach ar an sampla.

Sampla

mo mhála; **do** mhála; **a** mhála; **a** mála; **ár** mála; **bhur** mála; **a** mála

Ceachtanna le déanamh anois

Féach ar an tábla thuas. Cuir an aidiacht shealbhach roimh na hainmfhocail thíos.

1 múinteoir   2 máthair

Féach ar an tábla thuas. Cuir an aidiacht shealbhach roimh na hainmfhocail thíos.

1 cóisir   2 pictiúr
3 rothar   4 tuismitheoir

Líon na bearnaí thíos leis an bhfoirm cheart den ainmfhocal.

1 Tháinig (*mo cara*) _____ chuig an nGaeltacht in éineacht liom anuraidh.

2 Bhí (*a deirfiúr*) _____ tinn san ospidéal agus bhí brón an domhain uirthi.

3 Bhí (*a tuismitheoirí*) _____ an-bhródúil as Seán nuair a bhuaigh sé an cluiche.

4 Chonaiceamar (*ár príomhoide*) _____ agus ritheamar isteach sa rang.

5 'An bhfuil (*do cóipleabhar*) _____ i do mhála, a Áine?'

6 D'fhág sí (*a rothar*) _____ taobh amuigh den scoil ar maidin agus nuair a tháinig sí amach ag am lóin bhí an rothar ar iarraidh.

Éist agus scríobh

Éist leis an múinteoir ag léamh an ailt thíos os ard sa rang agus scríobh i do chóipleabhar é. Ceartaigh an t-alt ansin.

Bhí mo mham agus mo dhaid ar saoire an samhradh seo caite sa Spáinn. **Bhí mé** ag fanacht le mo chara Eoin. **Bhí mé** ag fanacht ina theach ar feadh seachtaine. **Bhí** mo dheirfiúr ag fanacht le mo mhamó. Gach maidin **fuaireamar** ár mbus scoile agus **shroicheamar** an scoil ar leathuair tar éis a hocht. **D'itheamar** ár lón sa seomra ranga agus ansin **d'imríomar** peil sa chlós. Is aoibhinn liom mo scoil agus mo chairde scoile.

Ceart nó mícheart?

Féach ar na habairtí thíos. An bhfuil siad ceart nó mícheart?

	Ceart	Mícheart
1 Tá **mo cara** ina cónaí i gContae Loch Garman agus tugann sé cuairt orm go minic.	☐	☐
2 Níor ith mé **mo bhricfeasta** ar maidin mar bhí mé déanach ar scoil.	☐	☐
3 Bhí **a gclub** óige dúnta an Aoine seo caite agus bhí an-díomá orthu.	☐	☐
4 Bhí **a mála** scoile ar **a dhroim** agus é ag fanacht ar an mbus scoile.	☐	☐
5 Tá **mo dheartháir** agus **mo dheirfiúr** ag obair san ollmhargadh.	☐	☐
6 Chuir sí **a pictiúr** ar an mballa sa seomra ealaíne inné.	☐	☐
7 Rinneamar **ár gcuid** obair bhaile sa leabharlann ar scoil inniu.	☐	☐

287

Ceacht le déanamh anois

Líon na bearnaí thíos leis an bhfoirm cheart den ainmfhocal.

1 D'fhág sé (*a geansaí*) _____ ar an bpáirc peile inné.

2 Bhí an oíche fliuch stoirmiúil agus d'fhan mé i (*mo teach*) _____.

3 Fuaireamar (*ár bus*) _____ sa chathair agus chuamar abhaile.

4 D'fhág siad (*a leabhar*) _____ sa bhaile agus ní raibh an príomhoide róshásta leo.

5 Bhí sé san ospidéal mar bhí (*a carr*) _____ i dtimpiste.

6 Chuir siad (*a bróga*) _____ orthu agus rith siad amach ar an bpáirc imeartha.

7 Bhí (*a ceann*) _____ ag cur fola agus chuir a mam glao ar an otharcharr.

Ainmfhocail a thosaíonn le guta

Rialacha

uimhir uatha (*singular*)	**m'** (*my*)	**m'**	m'úll	m'aintín
	d' (*your*)	**d'**	d'úll	d'aintín
	a (*his*)	**a**	a úll	a aintín
	a (*her*)	**a** + h	a **h**úll	a **h**aintín
uimhir iolra (*plural*)	**ár** (*our*)	**ár** + urú	ár **n**-úll	ár **n**-aintín
	bhur (*your*)	**bhur** + urú	bhur **n**-úll	bhur **n**-aintín
	a (*their*)	**a** + urú	a **n**-úll	a **n**-aintín

Ceachtanna le déanamh anois

Líon na bearnaí thíos leis an bhfoirm cheart den ainmfhocal.

1 D'ith me (*mo úll*) _____ ag am lóin inniu.

2 Tháinig (*a aintín*) _____ ar cuairt agus bhí áthas an domhain uirthi.

3 Chaill sé (*a uaireadóir*) _____ agus bhí sé déanach don bhus scoile.

4 Cheannaigh (*ár aintín*) _____ ríomhaire nua dúinn don Nollaig.

5 Thug (*mo uncail*) _____ dhá thicéad do cheolchoirm Taylor Swift dom.

6 'Ar nigh tú (*do aghaidh*) _____ ar maidin?'

7 Chaill (*ár athair*) _____ a chuid airgid sa Spáinn agus bhí air filleadh abhaile.

Ceartaigh na botúin sna habairtí thíos.

1 Chonaic mé mo uncail ag an aerfort agus bhí áthas an domhain orm.
2 Chaill mo dheirfiúr a eochair agus ní raibh sé in ann doras an tí a oscailt.
3 Bhí fearg ar mo athair nuair a chonaic sé go raibh an fhuinneog briste.
4 Chaill na páistí a eitilt chuig an Spáinn.
5 Bhí gairdín an-mhór ag mo chara, lán le crainn úll agus piorraí, agus thug sí a úlla do na páistí óga sa cheantar.
6 Thug a aintín bronntanas di dá breithlá.
7 Bhí ár árasán róbheag agus cheannaíomar teach mór faoin tuath.

Líon na bearnaí thíos. Cabhróidh na focail atá sa bhosca leat.

1 Chuir an príomhoide glao ar _____ mar bhí mé ag úsáid m'fhón póca sa rang mata.
2 Bhí _____ an-deacair agus thug a chara cabhair dó í a chríochnú.
3 'An bhfaca mé _____ ag ceolchoirm Rihanna le d'uncail?'
4 Tá _____ suite i lár na cathrach.
5 D'ullmhaigh mo dhaid bricfeasta dúinn ar maidin agus d'ith mo dheartháir _____.
6 'Ar fhág tú _____ ag an linn snámha?'
7 D'imir _____ i gcluiche peile agus bhí díomá orthu nuair a chaill sé an cluiche.

a n-uncail   a obair bhaile   ár n-árasán   d'aintín   d'uaireadóir   m'athair   m'ispíní

Líon na bearnaí thíos leis an bhfoirm cheart den ainmfhocal.

1 Ní maith leis (a éide scoile) _____ agus bíonn sé i dtrioblóid leis an bpríomhoide go minic.
2 D'fhág sé (a oifig) _____ déanach agus chuaigh sé ar an mbus abhaile.
3 Chaith sí a lán ama ag féachaint ar an teilifís (ina óige) _____.
4 Léigh an príomhoide (mo aiste) _____ don rang inné.
5 Is breá linn (ár áit chónaithe) _____ mar tá na háiseanna do dhaoine óga sármhaith inti.
6 'An maith leat (do eastát) _____ tithíochta, a Sheáin?'

Féach ar an tábla ar leathanach 288. **Cuir an aidiacht shealbhach roimh na hainmfhocail thíos.**

1 amharclann	**2** árasán	**3** athair
4 oifig	**5** oráiste	**6** uaireadóir

Ceart nó mícheart?

	Ceart	Mícheart

1 Chumamar amhrán don cheolchoirm agus chanamar ár amhrán ag an gceolchoirm. ☐ ☐

2 Tháinig m'athair chuig an gcluiche leadóige agus bhí áthas orm é a fheiceáil. ☐ ☐

3 Tá mo chara Éibhlín ina cónaí in árasán agus tá a hárasán go hálainn. ☐ ☐

4 Bhí ár n-urlár sa chistin fliuch agus shleamhnaigh mo chara air. ☐ ☐

5 Chuaigh a n-amharclann trí thine agus bhí brón ar na haisteoirí go léir. ☐ ☐

6 Cuireann sé a húll ina mhála scoile gach maidin. ☐ ☐

7 An bhfaca d'athair an cluiche rugbaí Dé Sathairn seo chugainn? ☐ ☐

Ceartaigh na botúin sna habairtí thíos.

1 Tháinig ár aintín ar cuairt agus bhí áthas an domhain orainn.

2 Baineadh geit asam nuair a thit mo uaireadóir ar an talamh.

3 Tháinig mé isteach sa seomra ranga agus bhí mo chara ag ithe mo úill.

4 Bhí brón an domhain air nuair a gortaíodh a huncail i dtimpiste.

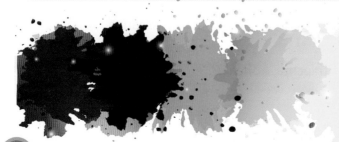

An séimhiú

Réamhfhocail

Rialacha

Bíonn séimhiú ar an ainmfhocal i ndiaidh na réamhfhocal seo thíos de ghnáth.

ar	on	de	from	den (de + an)	from/of/off the
do	for/to	don (do + an)	for/to the	faoi	under/about
ó	from	roimh	before	sa (i + an)	in the
thar	over	trí	through		

Dé ghnáth, ní bhíonn séimhiú i ndiaidh 'den', 'don' ná 'sa' ar fhocal a thosaíonn le 'd', 's', nó 't' ('sa siopa', 'den teach').

Ní chuirtear séimhiú ar an ainmfhocal i gcás na nathanna thíos.

ar ball   ar bord   ar buile   ar crith   ar deireadh

ar díol   ar fáil   ar maidin   ar meisce

Scríbhneoireacht

Léigh na habairtí samplacha thíos. Scríobh abairtí leis na réamhfhocail atá sa bhosca i do chóipleabhar. Léigh na habairtí os ard sa rang.

Samplaí

Bhí díomá **ar Chormac** nuair a theip air sa scrúdú tíreolaíochta.

Thug a mamó cárta breithlae **do Shiobhán**.

Chonaic mé an cat **faoi bhord** na cistine aréir.

Fuair mo thuismitheoirí litir **ó phríomhoide** na scoile agus ní raibh siad sásta.

Thug an múinteoir duais **don chailín** mar gur bhuaigh sí an comórtas.

ar
do
faoi
ó
don

Ceacht le déanamh anois

Líon na bearnaí thíos leis an bhfoirm cheart den réamhfhocal agus den ainmfhocal.

1 'Ar thug tú airgead (*do Tomás*) _____ dá bhreithlá?'

2 Fuair mo chara glao fóin (*ó príomhoide*) _____ na scoile inné.

3 Chonaic mé an madra ina chodladh (*faoi mála*) _____ Liam sa halla.

4 'Ar thug an múinteoir leabhar nua (*do an cailín*) _____ sa rang?'

5 Bhí brón (*ar buachaill*) _____ amháin sa rang nuair a theip air sa scrúdú.

Scríbhneoireacht

Léigh na habairtí samplacha thíos. Scríobh abairtí leis na réamhfhocail atá sa bhosca i do chóipleabhar. Léigh na habairtí os ard sa rang.

Samplaí

Bhí mé i mo shuí **sa chistin** nuair a chonaic mé an luichín.

Thit mé amach an fhuinneog **trí thimpiste** agus bhris mé mo chos.

Chonaic mé an capall ag léim **thar gheata** na feirme.

Shroich mé an bhialann **roimh Chlár** agus cheannaigh mé cupán tae di.

D'fhiafraigh mé **de Thomás** an raibh sé ag dul chuig an gcluiche rugbaí.

sa
trí
thar
roimh
de

Ceacht le déanamh anois

Líon na bearnaí thíos leis an bhfoirm cheart den ainmfhocal.

1 Chuaigh mo chara ag siopadóireacht (*sa cathair*) _____ inné.

2 Chuaigh oifig i mo cheantar (*trí tine*) _____ i lár na hoíche.

3 Léim an cat (*thar bord*) _____ na cistine agus amach an fhuinneog.

4 Shroich mé an phictiúrlann (*roimh Breandán*) _____ aréir.

5 D'fhiafraigh mé (*de Caitríona*) _____ an raibh sí ag dul go dtí an dráma.

Aidiachtaí sealbhacha

Rialacha

Bíonn séimhiú ar an ainmfhocal i ndiaidh na n-aidiachtaí sealbhacha thíos.

> mo   do   a (*his*)

Samplaí

Bhí **mo dheirfiúr** tinn agus d'fhan sí sa leaba ar maidin.

'Chonaic mé **do dhearthár** ag stad an bhus inné, a Liam.'

Bhí **a dhaideo** tinn agus thug sé cuairt air san ospidéal.

Ceacht le déanamh anois

Líon na bearnaí thíos leis an bhfoirm cheart den ainmfhocal.

1 Chaill mé (*mo geansaí*) _____ spraoi sa chlub peile aréir.

2 An raibh (*do tuismitheoirí*) _____ san ollmhargadh inniu?

3 Chaill sé (*a fón póca*) _____ agus bhí brón an domhain air.

Uimhreacha (1–6)

Rialacha

Bíonn séimhiú ar an ainmfhocal i ndiaidh na n-uimhreacha thíos de ghnáth.

aon	dhá	trí	ceithre	cúig	sé

Ní bhíonn séimhiú i ndiaidh 'aon' ar fhocal a thosaíonn le 'd', 's' ná 't'.

Samplaí

Tá **aon mhadra** amháin ag mo chara Ciara.

Tá **dhá chat** againn sa bhaile.

Beidh **trí cheolchoirm** ar siúl sa scoil i rith Sheachtain na Gaeilge.

Scóráil mé **ceithre chúl** sa chluiche cispheile inné.

Chonaic mé **cúig charr** sa charrchlós ar maidin.

Cheannaigh mo dheirfiúr **sé chóipleabhar** sa siopa.

Ceacht le déanamh anois

Líon na bearnaí thíos leis an bhfoirm cheart den ainmfhocal.

1 Tá (*aon cistin*) _____ amháin sa scoil seo.

2 Chonaic mé (*dhá bád*) _____ ar an bhfarraige inniu.

3 D'fhág mé (*trí cóipleabhar*) _____ sa bhaile.

4 Tá (*ceithre siopa*) _____ sa bhaile mór.

5 Fuair mo chara (*cúig ticéad*) _____ don cheolchoirm.

6 Chonaic mé (*sé cat*) _____ ina gcodladh sa tseid.

Má + séimhiú

Samplaí

Má thugann m'aintín airgead dom do mo bhreithlá, rachaidh mé ag siopadóireacht.

Má cheannaíonn tú na ticéid don cheolchoirm, rachaimid ann le chéile.

Ceacht le déanamh anois

Líon na bearnaí thíos leis an bhfoirm cheart den bhriathar.

1 (*Má briseann sé*) _____ an fhuinneog, beidh fearg ar a thuismitheoirí leis.

2 (*Má tagann sí*) _____ abhaile déanach, beidh fearg ar a tuismitheoirí léi.

Nuair a + séimhiú

Nuair a thagaim abhaile ón scoil, ithim mo dhinnéar.

Nuair a shiúlann an múinteoir isteach, seasann na daltaí suas.

Ceacht le déanamh anois

Líon na bearnaí thíos leis an bhfoirm cheart den bhriathar.

1 Nuair a (*teipeann*) _____ ar na daltaí sa scrúdú, bíonn fearg ar an múinteoir.

2 Nuair a (*tosaíonn*) _____ an scrúdú, bíonn ciúnas sa rang.

Ró + séimhiú

Samplaí

Bhí an teach **róbheag** don chlann agus dhíol siad é.

Bhí an geansaí **rómhór** dom agus thug mé do mo dheirfiúr é.

Ceacht le déanamh anois

Líon na bearnaí thíos leis an bhfoirm cheart den aidiacht.

1 Bhí ár gcarr ró(*beag*) _____ agus cheannaigh mo thuismitheoirí carr nua.

2 Bhí ár seomra ranga ró(*salach*) _____ agus níor tháinig an múinteoir isteach.

An- + séimhiú

Ní bhíonn séimhiú i ndiaidh 'an-' ar fhocal a thosaíonn le 'd', 's' ná 't'.

Ceacht le déanamh anois

Líon na bearnaí thíos leis an bhfoirm cheart den aidiacht.

1 Bhí cóisir ar siúl sa teach agus bhí na páistí an-(*glórach*) _____.

2 Bhí na páistí an-(*brónach*) _____ nuair a fuair a gcat bás.

3 Bhí na tuismitheoirí an-(*feargach*) _____ nuair a chonaic siad an teach salach.

An t-urú

Rialacha

Urú	Tús an ainmfhocail	Sampla
g	c	ag an **gc**óisir
m	b	ag an **mb**ord
bh	f	faoin **bhf**uinneog
d	t	a **dt**uismitheoirí
b	p	leis an **bp**áiste
n	g	chuig an **ng**airdín

Bíonn urú ar an ainmfhocal a leanann na focail thíos.

ár	our	**bhur**	your (plural)	**a**	their

i	in	**ag an**	at the	**ar an**	on the
as an	from/out of the	**chuig an**	to the	**faoin**	under/about the
leis an	with the	**ón**	from the	**roimh an**	before the
thar an	over the				

dá	if	**lena**	with their	**nach**	is not

seacht	seven	**ocht**	eight	**naoi**	nine	**deich**	ten

Scríbhneoireacht

Scríobh an liosta thuas i do chóipleabhar. Ansin, scríobh cúig abairt i do chóipleabhar.
Léigh na habairtí os ard sa rang agus scríobh na habairtí ar an gclár bán.

Ceachtanna le déanamh anois

Samplaí

Léim an cat **thar an ngeata** agus rith sé isteach sa pháirc.

Tháinig ár gcairde **chuig an gcóisir** agus bhí oíche iontach againn.

Tá **seacht gcat** ag mo mhamó **i mbosca** sa chistin.

Dá mbeadh a lán airgid agam, rachainn timpeall an domhain.

Líon na bearnaí thíos leis an bhfoirm cheart den ainmfhocal/den bhriathar.

1 Léim mé thar an (*balla*) _____ nuair a chonaic mé an garda.

2 Thug ár (*cat*) _____ luichín beag isteach sa teach aréir.

3 Chonaic mé seacht (*carr*) _____ i (*carrchlós*) _____ na scoile ar maidin.

4 Dá (*buafadh sí*) _____ an carr nua sa chrannchur bheadh an-áthas uirthi.

Samplaí

Nach bhfágann fear an phoist na litreacha sa bhosca?

Chuir mé **ocht gcupán ar an mbord**.

Rith sé amach **as an ngort** agus léim sé **thar an gclaí** nuair a chonaic sé an madra rua.

Bhí **a dtuismitheoirí** ar saoire san Iodáil.

Líon na bearnaí thíos leis an bhfoirm cheart den ainmfhocal/den bhriathar.

1 Nach (*tugann*) _____ an múinteoir sin a lán obair bhaile don rang?

2 D'fhreastail mé ar ocht (*ceolchoirm*) _____ le mo chairde anuraidh.

3 Léim an bó thar an (*geata*) _____ agus as an (*páirc*) _____ .

4 Nuair a léim an luichín as an (*bosca*) _____ bhí ionadh ar a cairde.

Samplaí

Fuair mo chara beart mór óna aintín agus thóg sé teilifís nua **as an mbeart**.

Sheas siad **ag an bpictiúrlann** agus bhuail siad **lena gcairde**.

Cheannaigh na déagóirí a lán milseán **roimh an gcóisir**.

Chonaic mé **naoi gcoinín ar an bhféar** sa ghairdín ar maidin.

Líon na bearnaí thíos leis an bhfoirm cheart den ainmfhocal.

1 Thóg mo thuismitheoirí an ríomhaire nua as an (*bosca*) _____ .

2 Bhí na déagóirí ag an (*cóisir*) _____ lena (*cairde*) _____ .

3 Bhí sceitimíní ar na buachaillí roimh an (*cluiche*) _____ .

4 Bhí naoi (*clár*) _____ iontacha ar an teilifís aréir.

Samplaí

I gceann cúpla nóiméad beidh an scrúdú ag tosú.

Bhí mé ag caint **leis an bpríomhoide** nuair a chonaic mé mo dhaid san oifig.

Thóg mé an siúcra **ón gcófra** don bhricfeasta.

Chonaic mé cat beag **faoin gcarr** ar maidin.

'Ar fhág sibh **bhur gcóipleabhair** ar an tseilf, a chailíní?'

Scríbhneoireacht

Léigh na habairtí samplacha uilig thuas os ard sa rang. Éist leis an urú san abairt. Cum abairtí samplacha leis na focail sna táblaí ar leathanach 295.

Ceachtanna le déanamh anois

Líon na bearnaí thíos leis an bhfoirm cheart den ainmfhocal.

1 Bhí mé ag imirt leis an (*foireann*) _____ iománaíochta Dé Sathairn seo caite.

2 An raibh bhur (*príomhoide*) _____ ag an (*ceolchoirm*) _____ aréir?

3 Thóg mo dhaid an buidéal bainne ón (*cuisneoir*) _____ ar maidin.

4 Ar chuir tú do mhála faoin (*cathaoir*) _____ ar maidin?

5 Ar fhág sibh bhur (*cótaí*) _____ ar an mbus scoile ar maidin?

Ceartaigh na habairtí thíos. ✗

1 Bhí mé ag an cluiche le mo chara aréir.

2 Chonaic mé an madra ina chodladh faoin cathaoir.

3 Tá seacht cóipleabhar agam i mo mhála scoile.

4 Dá beadh míle euro agam, rachainn ag siopadóireacht.

5 Baineadh geit asam nuair a léim an cat as an bosca.

Réamhfhocail agus forainmneacha réamhfhoclacha

ag		le
agam		liom
agat		leat
aige		leis
aici		léi
againn		linn
agaibh		libh
acu		leo

Scríbhneoireacht

Scríobh na forainmneacha réamhfhoclacha thuas i do chóipleabhar. Cum abairtí leo agus scríobh na habairtí ar an gclár bán sa seomra ranga. Mar cheacht obair bhaile, scríobh cúig abairt i do chóipleabhar leis na forainmneacha réamhfhoclacha thuas.

Ceacht le déanamh anois

Líon na bearnaí thíos leis an bhfoirm cheart den fhorainm réamhfhoclach.

1 Tá an-suim (*ag mé*) _____ sa spórt ach deir mo dheirfiúr nach bhfuil suim (*ag sí*) _____ sa spórt ar chor ar bith.

2 Bhí airgead (*ag iad*) _____ agus chuaigh siad ag siopadóireacht.

3 'An maith (*le tú*) _____ úlla, a Jeaic?'

4 Chuamar chuig an trá don lá agus thugamar picnic (*le sinn*) _____.

5 Nuair a bhuamar an cluiche rugbaí bhí cóisir (*ag sinn*) _____ sa scoil.

6 Is aoibhinn (*le mé*) _____ a bheith ag caint le mo chairde ar na suíomhanna sóisialta.

7 Taitníonn Fraincis go mór (*le é*) _____ agus chuaigh sé go dtí an Fhrainc ar a chuid laethanta saoire.

8 Bhí fón póca nua (*ag é*) _____ agus chaill sé sa chlub óige aréir é.

9 Bhí cóisir (*ag sinn*) _____ sa teach nuair a tháinig mo dheartháir abhaile ó Mheiriceá.

10 Is maith (*le í*) _____ Gaeilge ach is fearr (*le í*) _____ stair.

ar
orm
ort
air
uirthi
orainn
oraibh
orthu

do
dom
duit
dó
di
dúinn
daoibh
dóibh

Scríbhneoireacht

Scríobh na forainmneacha réamhfhoclacha thuas i do chóipleabhar. Cum abairtí leo agus scríobh na habairtí ar an gclár bán sa seomra ranga. Mar cheacht obair bhaile, scríobh cúig abairt i do chóipleabhar leis na forainmneacha réamhfhoclacha thuas.

Ceacht le déanamh anois

Líon na bearnaí thíos leis an bhfoirm cheart den fhorainm réamhfhoclach.

1 Bhí brón (*ar mé*) _____ nuair a fuair mo mhadra bás.

2 Nuair a bhuamar an cluiche ceannais bhí áthas an domhain (*ar sinn*) _____.

3 Thug an múinteoir Béarla peann deas (*do mé*) _____ nuair a bhuaigh mé an comórtas sa rang.

4 Thug an príomhoide leathlá (*do sinn*) _____ nuair a bhuamar an comórtas díospóireachta.

5 Bhí díomá ar na buachaillí nuair a theip (*ar iad*) _____ sa scrúdú tíreolaíochta.

6 Ar thug d'aintín bronntanas (*do tú*) _____ ar do bhreithlá?

7 Bhí áthas an domhain (*ar í*) _____ nuair a chonaic sí an sneachta.

8 Thug cairde Sheáin geansaí nua (*do é*) _____ dá bhreithlá.

9 Ar thug an múinteoir Gaeilge duais (*do tú*) _____ riamh?

10 Bhí brón (*ar é*) _____ nuair a chaill sé an cluiche peile.

Cuimhnigh!
Téigh go dtí **www.edco.ie/cinnte1** agus bain triail as na hidirghníomhaíochtaí.

Scríbhneoireacht

1 Scríobh alt fút féin agus faoi do theaghlach.

2 Scríobh alt faoi do shaol ar scoil.

3 Scríobh alt faoin bhfómhar nó faoin ngeimhreadh.

4 Scríobh alt faoi do theach.

5 Scríobh alt faoi d'áit chónaithe.

6 Scríobh alt faoin earrach nó faoin samhradh.

7 Scríobh alt faoi do chuid caitheamh aimsire.

Nótaí

Nótaí